Berliner Platz 1

Lehrerhandreichungen

von
Anne Köker

in Zusammenarbeit mit
Christiane Lemcke
und
Lutz Rohrmann

Langenscheidt

Berlin · München · Wien · Zürich · New York

Autorin: Anne Köker, in Zusammenarbeit mit Christiane Lemcke (Aussprache) und Lutz Rohrmann

Umschlaggestaltung (unter Verwendung eines Fotos von Vanessa Daly)
und Innenseitenlayout: Kommunikation + Design, München

Illustrationen (Kopiervorlagen): Nicola Lainović
Redaktion: Carsten Schmidt, München

Berliner Platz 1

Materialien

Lehr- und Arbeitsbuch	3-468-47831-3
2 Audiokassetten zum Lehrbuchteil	3-468-47833-X
2 Audio-CDs zum Lehrbuchteil	3-468-47834-8
1 Audiokassette zum Arbeitsbuchteil	3-468-47835-6
1 Audio-CD zum Arbeitsbuchteil	3-468-47836-4
Intensivtrainer	3-468-47832-1
Lehrerhandreichungen	3-468-47837-2
Glossar Deutsch-Englisch	3-468-47838-0
Glossar Deutsch-Russisch	3-468-47839-9
Glossar Deutsch-Türkisch	3-468-47840-2
Glossar Deutsch-Französisch	3-468-47841-0
CD-ROM	3-468-47844-5

Umwelthinweis: gedruckt auf chlorfrei gebleichtem Papier

Satz: Druckhaus „Thomas Müntzer" GmbH, Bad Langensalza
Druck: Druckhaus Langenscheidt, Berlin
Bindung: Schöneberger Buchbinderei, Berlin
Printed in Germany · ISBN 3-468-47837-7

Besuchen Sie auch unsere Homepage: www.langenscheidt.de/berliner-platz

2. 3. 4. 5. 07 06 05 04 03

Inhalt

A Alles Wissenswerte über *Berliner Platz*

Für wen ist *Berliner Platz*?

Zielgruppe

Berliner Platz ist ein Lehrwerk für Erwachsene (ab 16 Jahren) ohne oder mit geringen Kenntnissen aus ungesteuertem Erwerb, die in einem deutschsprachigen Land oder im Ausland Deutsch lernen, um in Deutschland (Österreich oder der Schweiz) längere Zeit zu leben.

Progression und Zeitaufwand

Berliner Platz orientiert sich am europäischen Referenzrahmen: Band 1 führt zum Niveau A1, Band 2 zum Niveau A2, und Band 3 (Niveau B1) bereitet auf das Zertifikat Deutsch vor.
Band 1 bietet Material für ca. 160–200 Unterrichtsstunden (12–16 Unterrichtsstunden pro Kapitel plus ca. 4 Unterrichtsstunden pro Raststätte), je nach Voraussetzungen der Lernenden und des Kurstyps (Intensiv- oder Extensivkurse).

Einsatzbereich

Berliner Platz wurde speziell für den Unterricht mit heterogenen Lerngruppen entwickelt. Die Problematik, Lernende aus vielen Kulturen mit unterschiedlichen Muttersprachen, Lernerfahrungen, Lerngewohnheiten, Erwartungen und Zielen in einer Institution bzw. in einem Kurs zu unterrichten, stand im Mittelpunkt der Konzeption dieses Lehrwerks.

Eigenschaften

Berliner Platz ist deshalb ein Lehrwerk,
- das auch lernungewohnten Lernenden durch Übersichtlichkeit, Transparenz und einen klaren Lernweg einen leichten Einstieg in die deutsche Sprache bietet;
- das Alltagsthemen in den Vordergrund stellt und durch eine pragmatische Landeskunde und die Wortschatzauswahl den Lernenden hilft, sich im Alltag schnell zurechtzufinden;
- das durch kurze Kapitel in kurzer Zeit viele Themen anspricht, die die Lernenden zur Alltagsbewältigung brauchen;
- das eine sanfte Grammatikprogression auf der Buchebene bietet;
- das mit seinen vier „Raststätten" nach je drei Kapiteln ein großes Wiederholungsangebot liefert;
- das modular aufgebaut ist, d. h. durch Intensivtrainer und CD-ROM viele zusätzliche Materialien zum Vertiefen, Wiederholen und Differenzieren anbietet, die entsprechend der Leistungsfähigkeiten der Lernenden ausgewählt werden können (Binnendifferenzierung);
- das eine systematische Ausspracheschulung enthält, die in jedes Kapitel integriert ist;
- das viele Ausspracheübungen am Anfang enthält, um möglichst früh für die Aussprache zu sensibilisieren und fehlerhaften Verfestigungen vorzubeugen.

Die Komponenten von *Berliner Platz 1*

Lehr- und Arbeitsbuch

mit
- Aufstellung wichtiger Redemittel und Grammatikübersicht nach jedem Kapitel
- vier Raststätten zum Wiederholen und Vertiefen
- viermal Testtraining zur Vorbereitung auf den A1-Test
- alphabetischer Wortliste
- Lösungsschlüssel zum Lehr- und Arbeitsbuchteil
- Liste unregelmäßiger Verben
- Liste der Zahlen, Zeiten, Maße und Gewichte
- Grammatikübersicht im aufklappbaren Umschlag

Hörmaterialien

2 Lehrbuchkassetten/-CDs
1 Arbeitsbuchkassette/-CD

Intensivtrainer

- Grammatik- und Wortschatzübungen zur Vertiefung
- Übersicht über den Basiswortschatz am Ende jedes Kapitels
- Überblick über die gesamte Grammatik von ***Berliner Platz 1***

CD-ROM

- großes Übungsangebot, nach Schwierigkeitsgrad in drei Lernniveaus gestaffelt
- jede Seite zum Ausdrucken

Lernglossare

- mit Lerntipps in der Muttersprache der Lernenden

Lehrerhandreichungen

- detaillierte Unterrichtsvorschläge in übersichtlicher Form
- Anregungen für Erweiterungen, Varianten und Spiele
- methodisch-didaktische und landeskundliche Zusatzinformationen
- Diktate
- Kopiervorlagen
- Transkripte der Hörtexte

Das Lehr- und Arbeitsbuch

Lehrbuchteil

Der **Lehrbuchteil** besteht aus zwölf Kapiteln und vier Raststätten nach jeweils drei Kapiteln. Jedes Kapitel umfasst zehn Seiten, die nach dem Doppelseitenprinzip aufgebaut sind:

1. Doppelseite Einstieg ins Lektionsthema

Die **erste Doppelseite** führt jeweils in das Thema ein und präsentiert einen wesentlichen Teil des Kapitelwortschatzes und wichtige Redemittel. Die Lernenden werden durch Zeichnungen, Fotos und grafische Elemente in das Thema hineingeleitet. Einfache Redemittel geben ihnen ein erstes sprachliches Gerüst. Die Illustrationen ermöglichen es lernunerfahrenen Lernenden, den Kontext spontan zu verstehen, und entlasten somit die Vermittlung des Neuen. Aber auch Lernende mit Vorkenntnissen finden in den Illustrationen eine Fülle von Anknüpfungspunkten, die ihr Vorwissen aktivieren und sie zur verbalen Umsetzung animieren. Die mit dem Einstiegsbild verbundenen Aufgaben zum Hörverstehen sind so für alle Lernergruppen gut zu bewältigen, in die ersten, leichten Aufgaben zum aktiven Umgang mit dem hier präsentierten Wortschatz und den Redemitteln kann potenzielles Vorwissen der Lernenden problemlos einfließen.

2. und 3. Doppelseite

Auf der **zweiten** und **dritten Doppelseite** werden die lexikalischen und grammatischen Schwerpunkte des Kapitels erarbeitet und gefestigt und alle vier Fertigkeiten (Hören, Sprechen, Lesen, Schreiben) geübt.
Es gibt:

- kurze Hör- oder Lesetexte mit Aufgaben zum globalen, selektiven oder detaillierten Verstehen,
- Übungen zur Dialogarbeit,
- Anregungen zur kommunikativen Umsetzung des Gelernten im Unterricht,
- Aufgaben zum Entdecken und Systematisieren des jeweiligen Grammatikphänomens,
- reproduktive und in den späteren Kapiteln auch kreative Schreibaufgaben und
- Übungen für eine systematische Ausspracheschulung sowie Markierungen zu Satzakzent und Satzmelodie in den Dialogen.

Projekte

Anregungen, aus dem Buch auszusteigen, den deutschsprachigen Alltag aktiv zu erkunden, die erworbenen sprachlichen Kenntnisse mit einer ganz praktischen Zielsetzung anzuwenden, bieten die **Projektvorschläge**. Die Arbeitsanweisungen im Lehrbuchteil haben wir bewusst knapp gehalten, um die Kreativität der Lernenden nicht zu sehr einzuschränken. In den Lehrerhandreichungen finden Sie dann konkrete Hinweise zur Planung und Durchführung der Projekte. Zu manchen Projekten gibt es darüber hinaus Kopiervorlagen, die unsicheren Teilnehmern und Teilnehmerinnen Anstöße und Hilfestellungen geben. So eignen sich die Projekte auch hervorragend zur Binnendifferenzierung. (S. a. unten, S. 11.)

4. Doppelseite: „Deutsch verstehen"

„Strukturen verstehen"

Längere, komplexere und teilweise authentische Hör- und Lesetexte finden sich auf der **vierten Doppelseite**. Die Lernenden sollen im Abschnitt **„Deutsch verstehen"** schrittweise an die Rezeption authentischer Texte herangeführt werden, um zu lernen, auch den Sprachquellen, die sie außerhalb des Unterrichts umgeben, die Informationen zu entnehmen, die sie verstehen können und die für sie wichtig sind (globales und selektives Hör- und Leseverstehen). Darüber hinaus werden den Lernenden auf dieser Doppelseite unter der Rubrik **„Strukturen verstehen"** Grammatikphänomene vorgestellt, die ihnen auch in ihrer deutschsprachigen Umgebung ständig begegnen, die sie aber zum jeweiligen Stand ihres Deutscherwerbs weder aktiv beherrschen können noch sollen. Hier geht es darum, diese Phänomene zu erkennen und einzuordnen (s. S. 9, „Schulung rezeptiver Fertigkeiten").

5. Doppelseite: „Auf einen Blick" Redemittel

Auf der **fünften Doppelseite** werden die jeweiligen Kapitelinhalte noch einmal in komprimierter und übersichtlicher Form in **„Auf einen Blick"** dargestellt.
Unter der Überschrift **„Im Alltag"** finden die Lernenden eine Aufstellung der im Kapitel eingeführten Redemittel, z. T. durch weitere ergänzt. Darüber hinaus gibt es hier hin und wieder zusätzliche landeskundliche Informationen zum jeweiligen Thema in einem blauen Infokasten.

Grammatik/ Aussprache

Der grün unterlegte Teil der Doppelseite fasst die Grammatik des Kapitels in Tabellen und Übersichten zusammen, und auch die Ausspracheregeln des Kapitels werden hier zusammengefasst. Das Ganze wird durch Lerntipps abgerundet.
So erfüllt diese Doppelseite mehrere Funktionen:

- Sie ist eine Fundgrube für die Dialogarbeit, vor allem für Lernende, die schon mehr Vorwissen mitbringen und mehr Input benötigen.
- Sie können sie zur Unterstützung bei der Grammatikarbeit hinzuziehen und als Kontrollmedium einsetzen.
- Sie dient den Lernenden als Nachschlagewerk, auf das sie immer wieder zurückgreifen können.

Raststätten

Die **Raststätten** nach jeweils drei Kapiteln sind ein Ort zum Ausruhen, Haltmachen, Durchatmen. Hier soll sprachlich nichts Neues gelernt werden, sondern das bereits Gelernte noch einmal aufgegriffen und in bekannten und neuen Kontexten meist spielerisch wiederholt und gefestigt werden. Die Lernenden haben die Möglichkeit, in entspannter Form ihren Lernstand zu überprüfen, Schwachstellen zu erkennen, v. a. aber Stärken festzustellen.

Selbstkontrolle „Was kann ich schon?"

Unter diesem Aspekt steht auch die Rubrik **„Was kann ich schon?"** am Ende der Raststätten, die einen kleinen Ansatz zur Selbstevaluation bietet und von der Aufgabenstruktur her so konzipiert ist, dass eine positive Verstärkung möglich ist. Diese Abschnitte sind keine Tests und sollten keinesfalls zur Leistungsmessung eingesetzt werden (s. u., „Testtraining").

Lerntechniken „Effektiv lernen"

Gerade für lernungewohnte Lernende ist es wichtig, Strategien zu entwickeln, die ihnen das Lernen erleichtern. ***Berliner Platz 1*** bietet mit der Rubrik **„Effektiv lernen"** sowohl in den **Raststätten** als auch im **Arbeitsbuch** Lerntipps an, die in sehr leicht verständlicher und visuell stark unterstützter Form die Lernenden animieren sollen, individuell geeignete Lernformen und -techniken auszuwählen und konsequent anzuwenden. Die mit den Lerntipps verbundenen Übungen sollten alle einmal im Unterricht gemacht oder zumindest besprochen werden. Hilfreich sind hier auch die **Lernglossare**, in denen die meisten Lerntipps aus dem LAB (und noch einige mehr) in der Muttersprache der Lernenden erläutert werden.

Einsatz

Sie können die Aufgaben der Raststätten „am Stück" im Unterricht durchführen oder ebenso gut „häppchenweise" einsetzen. Alle Raststättenaufgaben und -spiele eignen sich gut für die Wiederholung am Anfang einer Unterrichtsstunde oder für zwischendurch zum Auflockern. Die meisten Spiele können auch mehrmals oder in Varianten (mit anderem Wortschatz) gespielt werden, ohne dass sie langweilig werden.

Navigation zwischen Lehr- und Arbeitsbuchteil

Ein Verweissystem zwischen Lehr- und Arbeitsbuchteil erleichtert Ihnen und auch den Lernenden den Umgang mit beiden Teilen. In der Randspalte der Lehrbuchteilseiten verweist „▶ S. XX" auf die Übungen im Arbeitsbuchteil.

Im Arbeitsbuchteil kennzeichnet ein grüner Balken, nach welcher Lehrbuchaufgabe die darunter stehenden Übungen sinnvoll sind.

Arbeitsbuchteil

Der **Arbeitsbuchteil** umfasst pro Einheit sechs Seiten mit Übungen, die sich auf die ersten drei Doppelseiten des jeweiligen Lehrbuchkapitels beziehen und keinen neuen Wortschatz einführen. Die Übungen sind abwechslungsreich und umfassen die Vertiefung und Festigung von Wortschatz und Grammatik sowie das Training der Kommunikationsfähigkeit, der Aussprache und des Hörverstehens.

Das Schreiben im Arbeitsbuch dient in erster Linie der schriftlichen Fixierung des Lernstoffs und hat so zunächst weitgehend eine lernunterstützende Funktion. Erst in den späteren Kapiteln werden die Lernenden auch sanft an kreatives, freies Schreiben herangeführt, das in ***Berliner Platz 2*** und ***3*** dann sukzessive eine immer umfangreichere Rolle einnimmt.

„Aussprache spezial" „Schwierige Wörter"

Ein Teil der Ausspracheübungen im Arbeitsbuchteil ist auf die Aufgaben im Lehrbuchteil bezogen und vertieft und variiert das dort behandelte Thema. Unter den Rubriken **„Aussprache spezial"** und **„Schwierige Wörter"** werden weitere Schwerpunkte aufgegriffen, die es ermöglichen, auf individuelle Ausspracheschwierigkeiten der Lernenden einzugehen (s. a. unten den Abschnitt „Ausspracheschulung").

„Effektiv lernen"

Ab dem fünften Kapitel erscheinen die Rubriken „Aussprache spezial" und „Schwierige Wörter" im Wechsel mit **„Effektiv lernen"**, wo Lernstrategien erarbeitet werden sollen (s. a. unter „Raststätten").

Testtraining

Anstelle der „Raststätten" des Lehrbuchteils finden die Lernenden im Arbeitsbuchteil nach jeweils drei Einheiten ein **Testtraining**. Das erste (S. 167) umfasst nur eine Seite, die weiteren dann jeweils vier Seiten. Ziel dabei ist es, die Lernenden auf die möglichen Prüfungsrituale innerhalb des Referenzrahmens zum Niveau A1 vorzubereiten. Nach den Vorgaben des Referenzrahmens stehen die „Kann-Beschreibungen" im Zentrum der Leistungsmessung. Die Tests sind so angelegt, dass die Lernenden zeigen können, was sie mit den neu erworbenen sprachlichen Mustern im Alltag tun können. Das Grammatikwissen tritt demgegenüber in den Hintergrund.

Sollten in Ihrer Institution ganz andere Prüfungsformen eingesetzt werden, dann sollten Sie entsprechende Trainingsmodule für die Lernenden erstellen bzw. die in ***Berliner Platz*** vorgeschlagenen entsprechend variieren.

Anhang

Der Anhang von ***Berliner Platz 1*** kann im Unterricht regelmäßig als Informationsquelle und Nachschlagewerk eingesetzt werden. Die Teilnehmer/-innen lernen so den selbständigen Umgang damit und erhalten ein selbstverständliches Handwerkszeug für das eigenständige Lernen zu Hause.

Lösungsschlüssel

Ein den Lernenden zugänglicher **Lösungsschlüssel** zum Lehr- und Arbeitsbuchteil soll ihnen die Möglichkeit geben, auch Lehrbuchaufgaben zu Hause nachzuholen und sich anschließend selbst zu kontrollieren, z. B. wenn sie Unterricht versäumt haben.

Umschlag

Der **ausklappbare Umschlag** mit den wichtigsten Grammatikübersichten und einigen wichtigen Redemitteln zur Kurssprache hilft den Teilnehmer/-innen, während der Arbeit mit dem Buch die wichtigsten Konjugationen und Deklinationen auf einen Blick parat zu haben, ohne umständlich blättern zu müssen. Die Kurssprecheredemittel sollen die Teilnehmer/-innen animieren, Fragen zu stellen, Unverständnis auszudrücken und so ihren Lernprozess aktiv mit zu beeinflussen.

Die Hörmaterialien

LAB-CD
AB-CD

Die zwei Lehrbuchkassetten/-CDs enthalten alle Hörtexte und das Hörmaterial zu den Ausspracheübungen des Lehrbuchteils. Sie sind in erster Linie für den Unterricht im Kurs gedacht. Die Arbeitsbuchkassette/-CD enthält zusätzliche Hörtexte, die sich sowohl für die Vertiefung im Unterricht als auch für das selbständige Lernen zu Hause eignen. Mit dem Lösungsschlüssel im Anhang des LAB können die Lernenden ihre Antworten selbst überprüfen. Im Anhang der Lehrerhandreichungen befinden sich die Transkripte der Hörtexte, die im LAB nicht abgedruckt sind. Sie können die Texte ggf. fotokopieren und den Lernenden, die Probleme beim Hörverstehen haben, als zusätzliche Verstehenshilfe zur Verfügung stellen.

Der Intensivtrainer

zusätzliche Übungen

Der **Intensivtrainer** bietet auf jeweils sechs Seiten pro Kapitel zusätzliche Übungen zu Lexik und Strukturen, die in Ergänzung zu den Arbeitsbuchübungen eingesetzt werden können. Mit einer „Hitliste" des wichtigsten Lektionswortschatzes und einer Grammatikübersicht im Anhang unterstützt der Intensivtrainer besonders leistungsschwächere Lernende, die mehr Training benötigen, um das Lernziel der Kapitel / des Kurses zu erreichen. Er ist ein weiteres Element, das die Binnendifferenzierung erleichtert.

Die CD-ROM

Differenzierung nach Schwierigkeitsgraden

Die **CD-ROM** baut das Übungsangebot von ***Berliner Platz*** noch weiter aus. Sie bietet unterschiedliche Übungen zu jedem Kapitel in drei Schwierigkeitsstufen an, sodass hier nach Lerntempo der Lernenden (langsam, normal, schnell) differenziert werden kann.

Während der Intensivtrainer die Differenzierungsmöglichkeiten im Hinblick auf lernungewohnte oder -schwächere Lernende erweitert, liegt der Schwerpunkt bei der CD-ROM auf der Vertiefung der Kenntnisse durchschnittlicher und der Ausweitung der Fähigkeiten lernstarker Lernender. Die CD-ROM ist ein multimediales Übungsarchiv mit ca. 260 Übungen. Viele Übungen können jedoch auch ausgedruckt und auf Papier gelöst werden.

Nähere Hinweise finden Sie im Begleitheft zur CD-ROM.

Die Lernglossare

Vokabular und mehr

Die Lernglossare enthalten – nach Kapiteln geordnet – das Vokabular mit muttersprachlicher Übersetzung. Zusätzlich finden die Lernenden hier die Lerntipps und Hinweise zu Lerntechniken in ihrer Muttersprache.

Didaktische und methodische Grundlagen von *Berliner Platz*

Grammatik- und Wortschatzprogression

„flache“ Progression

Der Traum von der „flachen Progression“ ist so alt wie die Entwicklung von Lehrwerken. Alle Lehrwerke jedoch, die innerhalb bestimmter Richtlinien entwickelt worden sind, müssen ein gewisses Grundpensum an Redemitteln, Wortschatz und Strukturen präsentieren. ***Berliner Platz*** orientiert sich an den Richtlinien des Referenzrahmens und erreicht mit Band 1 das Niveau A1. Wie also ist eine Progression erreichbar, die für eher lernungewohnte Lernende zu bewältigen ist? Wie kann man eine Progression aufbauen, die in heterogenen Gruppen den Bedürfnissen unterschiedlicher Lernzeiten entgegenkommt?
Die Antworten in ***Berliner Platz*** heißen:

- Reduktion und Aktualisierung
- Verteilung
- Wiederholung
- Differenzierung.

Orientierung im Alltag

Reduktion und Aktualisierung
Durch die thematische Eingrenzung auf die unmittelbaren Bedürfnisse einer klar definierten Lernergruppe erreichen wir, dass möglichst wenig Ballast mitgeschleppt werden muss. Die zwölf Themen des ersten Bandes gehören alle zum Bereich der unmittelbaren „Überlebensnotwendigkeiten“. Die dabei präsentierten Redemittel und Strukturen sowie der Wortschatz orientieren sich an einer möglichst direkten Umsetzbarkeit im Alltag außerhalb des Klassenraums.

Verteilung
Große Grammatikkapitel, die erfahrungsgemäß Lernschwierigkeiten bereiten, haben wir auf mehrere Kapitel verteilt. So beginnt z. B. die Auseinandersetzung mit den Formen der Vergangenheit auf rezeptiver Ebene im Kapitel 4 (S. 47). Hier geht es lediglich um die Wahrnehmung des Phänomens und es wird keine Aktivierung angestrebt. Allerdings besteht für lernstarke Teilnehmer/-innen natürlich die Möglichkeit, sich intensiver mit den Strukturen zu befassen.
In den Kapiteln 10 und 11 wird dann das Perfekt und das Präteritum von „sein“ und „haben“ eingeführt. Am Beginn von Band 2 wird dann mit der Einführung des Präteritums der Modalverben die Präsentation der für den aktiven Sprachgebrauch relevanten Formen abgeschlossen.

Wiederholung

Wiederholung
Durch die hohe Frequenz von Wiederholungskapiteln wird die Progression verlangsamt. Der Lernstoff kann so besser verarbeitet und verknüpft werden.

Differenzierung

Differenzierung
Durch die differenzierenden Lernangebote auf den vierten Doppelseiten, in den Projekten und im Intensivtrainer können die Bedürfnisse unterschiedlicher Lernertypen berücksichtigt werden. (S. a. „Möglichkeiten der Binnendifferenzierung“, S. 11.)

Schulung rezeptiver Fertigkeiten

Die Schulung der rezeptiven Fertigkeiten (Lesen/Hören) gehört seit langem zum Standardrepertoire fast aller Sprachlehrwerke. Sie trägt der Erkenntnis Rechnung, dass Menschen große Informationsmengen so speichern können, dass sie diese Informationen jederzeit wieder erkennen. Die Fähigkeit zur aktiven Produktion ist jedoch wesentlich geringer ausgebildet. Wir können uns also relativ schnell in einer fremdsprachlichen Umgebung orientieren, obwohl wir zugleich noch kaum in der Lage sind, uns in dieser Umgebung aktiv sprachlich zu verhalten.
In der bisherigen Fertigkeitsdidaktik hat man sich auf die Vermittlung so genannter „Verstehenstechniken“ konzentriert. Die Lernenden sollen lernen, ihr Weltwissen zu aktivieren, außersprachliche Hilfen beim Textverstehen einzubeziehen, bereits vorhandene Kenntnisse in anderen Fremdsprachen zu nutzen, ihr Leseinteresse zu überprüfen usw. Alle diese Ansätze führen wir in ***Berliner Platz*** weiter.

„Deutsch verstehen"

Ab dem dritten Kapitel steht jeweils die vierte Doppelseite unter der Überschrift **„Deutsch verstehen"**. Hier finden die Lernenden viele unterschiedliche Textsorten zur Schulung des Lese- und Hörverstehens, von denen ihnen die meisten immer wieder im Alltag begegnen.

„Strukturen verstehen"

Einen Schritt weiter gehen wir am Ende dieser Doppelseite mit dem Abschnitt **„Strukturen verstehen"**. Hier werden die Lernenden schon früh auf Strukturen des Deutschen hingewiesen, die sie zwar auf dieser Stufe noch nicht aktiv beherrschen können, deren Verständnis aber sowohl beim Lese- und Hörverstehen im Alltag nützlich für sie ist als auch auf die spätere Aneignung als aktiver Sprachmittel vorbereitet.

Die dazugehörigen Aufgaben sind so angelegt, dass die Lernenden strukturelle Phänomene selbst entdecken können. Es gibt bewusst keine Aufgaben, in denen diese Strukturen aktiv verwendet werden sollen. Das wäre eine Überforderung der Lernenden und für den Spracherwerbsprozess im Allgemeinen kontraproduktiv.
Sehen Sie sich als Beispiel die Seite 23 an. Hier werden die trennbaren Verben bewusst gemacht. Die Lernenden können auf diese Weise von Anfang an die Arbeitsanweisungen im Buch, aber natürlich auch Anweisungen aller Art im Alltag leichter verstehen.
Die Aufgabe beschränkt sich auf das Erkennen der Stellung von Verbkern und Präfix im Satz. Es gibt keine Übung zur aktiven Verwendung und es ist nicht intendiert, dass das Phänomen an dieser Stelle vertiefend behandelt wird.
Nehmen Sie sich die Zeit und sehen Sie sich die einzelnen Abschnitte kurz durch. Sie werden das Prinzip schnell erkennen.

Ausspracheschulung

integrierte Ausspracheschulung

Berliner Platz bietet, auf zwölf Kapitel verteilt, eine systematische Ausspracheschulung an, in der die zentralen Aussprachethemen von Intonation und Artikulation behandelt werden. Die Übungen dazu sind in den einzelnen Kapiteln innerhalb der Spracharbeit auf der zweiten oder dritten Doppelseite integriert, **Ausspracheregeln** zum Kapitelthema finden Sie jeweils auf der 5. Doppelseite und in dem **Ausspracheüberblick** im Anhang.
Zu den jeweiligen Übungen im Kursbuchteil gibt es im Arbeitsbuchteil **vertiefende Übungen**, die v. a. das Hören neuer Laut- und Intonationsmuster trainieren.

Intonationsmarkierungen

In den Kapiteln ist in allen Dialogen die Intonation (Satzakzent und Satzmelodie) markiert, um die Aussprache bewusst zu machen und den Lernenden die sprecherische Erarbeitung zu erleichtern. Gleichzeitig sollen die Markierungen auch immer eine „Erinnerungshilfe" für Lernende und Lehrende darstellen, auf die korrekte Aussprache zu achten. Denn entscheidend für den Lernerfolg ist neben der systematischen und individuellen Aussprachearbeit eine behutsame, aber konsequente Korrektur von Ihnen.

zusätzliche Übungen

„Aussprache spezial" bietet im Arbeitsbuchteil in den ersten vier Lektionen zusätzlich einfaches Übungsmaterial zu weiteren Schwerpunkten an. Dieses Angebot können Sie für individuelle Ausspracheschwierigkeiten nutzen oder auch um möglichst früh möglichst viele Aussprachephänomene bewusst zu behandeln, um fehlerhafte Einschleifungen möglichst zu vermeiden. Bewusstes Vorsprechen von Ihnen und aktives (Zu-)Hören und Nachsprechen der Lernenden ist nach wie vor eine wirksame und einfache Methode, die – kontinuierlich angewendet – ausgezeichnete Erfolge verspricht.

„Schwierige Wörter"

Eine weitere Rubrik der Ausspracheschulung in ***Berliner Platz*** ist **„Schwierige Wörter"** – alle zwei Lektionen im Arbeitsbuchteil –, die noch einmal zentrale Redemittel der Lektion aufgreift, um diese gemeinsam sprecherisch zu erarbeiten. Ergänzend dazu werden die Lernenden aufgefordert, ihre jeweils individuellen Ausspracheprobleme nach diesem Modell zu bearbeiten.

In den Unterrichtsvorschlägen hier in den Lehrerhandreichungen finden Sie methodisch-didaktische Hinweise zu den einzelnen Übungen sowie Hinweise und Tipps zu Korrekturmöglichkeiten für das jeweilige Laut- bzw. Intonationsthema.

Das Erlernen einer neuen Sprache ist von dem Erlernen einer neuen Aussprache nicht zu trennen. Dieser Lernweg soll in ***Berliner Platz*** konsequent durch ein vielfältiges Angebot unterstützt werden:

- viele Ausspracheübungen am Anfang, verbunden mit schnellen Erfolgserlebnissen, da fehlerhafte Einschleifungen vermieden werden;
- Hinweise auf Regeln mit hoher Reichweite unterstützen das Lernen und machen die Aussprachearbeit handhabbar;

- die Markierungen in den Dialogen schärfen das Bewusstsein für eine gute Aussprache;
- eine konsequente Ausspracharbeit berücksichtigt das Bedürfnis der Lernenden, wirklich mühelos verstanden zu werden.

Möglichkeiten der Binnendifferenzierung

Berliner Platz bietet Ihnen diverse Möglichkeiten, auch innerhalb des Unterrichts gemäß den Fähigkeiten und Vorkenntnissen Ihrer Kursteilnehmer/-innen zu differenzieren, die wir hier noch einmal zusammenfassen wollen:

1. Doppelseite

- Durch die **Bild-** und **Themensteuerung** der ersten Doppelseite, werden offene Sprechanlässe geschaffen, die jede/-r Lernende nach eigenem Vermögen und Vorwissen unterschiedlich detailliert und differenziert bewältigen kann.

Projekte

- Die **Projekte** in ***Berliner Platz*** sind wie geschaffen für eine innere Differenzierung: Bei fast jedem Projekt fallen sprachlich unterschiedlich schwierige Aufgaben an, die dementsprechend verteilt werden können. Hier werden aber auch Stärken von den Lernenden gefordert, die nicht unbedingt sprachlicher Art sind, wie Kreativität, Engagement, Kombinationsvermögen, landeskundliches Vorwissen etc. So können auch Lernende, die sonst zu den Leistungsschwächeren zählen, „ganz groß rauskommen".

4. Doppelseite

- Die vierte Doppelseite und insbesondere der Abschnitt **„Strukturen verstehen"** bieten viele Möglichkeiten der Binnendifferenzierung. Sie können die Form der Bearbeitung den Bedürfnissen ihres jeweiligen Kurses anpassen. So kann es für manche Kursteilnehmer sinnvoll sein, sich bei dem Abschnitt **„Deutsch verstehen"** weitgehend auf das globale Textverstehen zu beschränken und ggf. auch auf den Abschnitt „Strukturen verstehen" zu verzichten, während andere sich viel intensiver mit den Texten auseinander setzen und vielleicht sogar bei „Strukturen verstehen" weiter gehen, als das im Buch von uns angelegt ist.

5. Doppelseite

- Die fünfte Doppelseite bietet neben dem Kapitelwortschatz weitere thematisch relevante Redemittel, die lernstarke Lernende/Gruppen als Fundgrube für die Dialogarbeit nutzen können und die somit ihrem erweiterten Bedarf an Input gerecht werden.

Raststätten

- Die **Raststätten** liefern ein Wiederholungspotenzial, das Sie je nach Bedarf nutzen können. Vor allem die Wortschatzspiele und Wortfeldübungen können sie mehrfach und/oder mit Varianten (erweiterter Wortschatz) einsetzen. Die Aufgaben der Raststätten sind alle optional, d. h. die späteren Kapitel bauen nicht darauf auf. So ist es durchaus möglich, Gruppen zu bilden, die jeweils unterschiedliche Aufgaben bearbeiten.

Intensivtrainer CD-ROM

- Durch die weiteren Komponenten von ***Berliner Platz*** können Sie sowohl die Übungsphasen im Unterricht als auch die Hausaufgaben nach der Leistungsfähigkeit und dem Bedarf der Lernenden differenzieren, indem Sie z. B. lernschwächere Lernende vertiefende Übungen des **Intensivtrainers**, lernstärkere Lernende erweiternde Übungen der **CD-ROM** (die auch ausgedruckt werden können) durchführen lassen.
  Beispiel: Während eine Gruppe mithilfe des Intensivtrainers den Basisstoff festigt, kann eine andere sich intensiver mit den Inhalten der 4. Doppelseiten auseinander setzen oder ggf. mit den Angeboten der CD-ROM arbeiten.

offene Aufgaben

Darüber hinaus sind die meisten Aufgaben in ***Berliner Platz*** so offen, dass sie sich leicht erweitern oder ggf. auch vereinfachen lassen:

- durch quantitative Differenzierung: Für leistungsschwächere Lernende kann der Umfang vieler Aufgaben ohne weiteres reduziert werden, indem sie z. B. nur einen Teil eines Textes bearbeiten; schnellere Lerngruppen können z. B. bei Grammatikaufgaben aufgefordert werden, weitere Beispiele im Kapitel zu suchen oder zu konstruieren;
- durch qualitative Differenzierung: Lernungewohnten Teilnehmern und Teilnehmerinnen können Sie Hilfestellungen durch weitere Vorgaben (s. a. „Kopiervorlagen") und mehr Lösungsbeispiele geben;
- durch Erweiterung der Lernwege: Lernende, die Schwierigkeiten mit dem Hörverstehen haben, erhalten die Transkripte der Hörtexte beim zweiten Hören oder als Kontrolle;
- durch unterschiedliche Produktionsbedingungen: Lernende mit mehr Vorkenntnissen brauchen weniger Vorentlastung und können z. B. aufgefordert werden, sich spontan mündlich oder schriftlich zu äußern.

Übersicht über die Zusatzinformationen in den Unterrichtsvorschlägen

Übersicht über die Projekte in *Berliner Platz 1*

Projekt	Kapitel / Nummer der Aufgabe	Seite im LAB
„Steckbrief“	1 / 12	11
„Flohmärkte in Ihrer Region“	3 / 15	31
„Öffnungszeiten in Ihrer Region“	5 / 8	53
„Internationales Essen“	6 / 17	65
„Unsere Stadt“	7 / 14	81
„Stellenanzeigen“	8 / 15	93
„Ärzte und Krankenhäuser“	9 / 14	101
„Wo kann man in Ihrer Region günstig Kleidung kaufen?“	12 / 14	137

Abkürzungen in den Lehrerhandreichungen

EA – Einzelarbeit
PA – Partnerarbeit
GA – Gruppenarbeit
W – Wiederholung
T – Kursteilnehmer/-in/-innen
L – Lehrer/-in/-innen
ZM – Zusatzmaterial
AB – Arbeitsbuchteil
LB – Lehrbuchteil
LAB – Lehr- und Arbeitsbuch
LHR – Lehrerhandreichungen
OHP – Overheadprojektor

evtl. – eventuell
ggf. – gegebenenfalls
u. a. – unter anderem
z. T. – zum Teil
s. a. – siehe auch
o. Ä. – oder Ähnliches

B Unterrichtsvorschläge

Hinweise zum Aufbau der Unterrichtsvorschläge

Aufbau

Die Unterrichtsvorschläge stellen **eine** von vielen Möglichkeiten (und potenzielle Varianten) dar, den Unterricht mit ***Berliner Platz 1*** durchzuführen, und sind so aufgebaut, dass Sie auf einen Blick erkennen können, welche Informationen für Sie wichtig sind. Je nach Erfahrung werden das mehr oder weniger sein.

Am Anfang jedes Kapitels steht ein kurzer Überblick in Stichworten über Inhalte und Lernziele des gesamten Kapitels, gegliedert nach **Handlungsbereich, Wortschatz, Grammatik, Strukturen verstehen, Aussprache**.

Die Unterrichtsvorschläge sind in Spaltenform strukturiert:

1. Spalte

Die **erste Spalte** gibt sehr kurz Inhalt und/oder Lernziel der jeweiligen Übung an. Ansonsten ist hier noch Platz für Ihre Notizen.

2. Spalte

In der **zweiten Spalte** werden die einzelnen Unterrichtsschritte skizziert.
Dort, wo sich aus unserer Sicht eine Aktivierung potenziellen Vorwissens der Lernenden oder eine Wiederholung anbietet, wurde das entsprechend markiert: **Vorwissen aktivieren** / ***W.*** Anregungen für Tafelbilder wurden grau unterlegt.
Bei vielen Aufgaben finden Sie darüber hinaus Vorschläge für Varianten, Erweiterungstipps zur Binnendifferenzierung und Spiele.

3. Spalte

In der **dritten Spalte** wird auf benötigte Zusatzmaterialien (**ZM**) und Übungen im Arbeitsbuchteil (**AB**) hingewiesen, Letztere wiederum grau unterlegt.

Zusatzinformationen

Die **Informationskästen** geben Ihnen methodisch-didaktische Hinweise, Tipps zur Ausspracheschulung und landeskundliche Informationen. Sie unterbrechen die Spaltenstruktur und sind so situiert, dass sie thematisch zu der vorangegangenen Aufgabe passen. Damit Sie auch früher oder später auf diese Informationen zurückgreifen können, finden Sie auf S. 12 eine Übersicht.

Diktate

Am Ende der Unterrichtsvorschläge zu jedem Kapitel finden Sie ein **Diktat**.
Insgesamt variieren die Diktatformen (Lehrer-, Partner-, Rätsel-, Lücken- und Laufdiktate). Diese Varianten sollen auch den Lernenden verdeutlichen, dass Diktate nicht in erster Linie dazu da sind, um Leistung abzutesten, sondern vor allem eine Übungsform darstellen, die auch Spaß machen kann. Diktate üben nicht nur die Rechtschreibung, sondern auch das Hörverstehen, das Grammatikverständnis, den Wortschatz usw.
Bei der Korrektur sollte das Augenmerk auf die Leistungen und nicht nur auf die Fehler gelenkt werden.

Kapitel 1 – Hallo!

Handlungsbereich
jemanden kennen lernen, jemanden begrüßen, Name und Herkunft mitteilen und erfragen, formelle und informelle Anrede unterscheiden, eine andere Person vorstellen, buchstabieren
Wortschatz
Fragewörter, Anredeformen, Begrüßungsformen, Namen auf Deutsch (Länder, Städte, Sprachen), Alphabet
Grammatik
Wortfrage und Aussagesatz, Personalpronomen und Verbformen 1., 2. Person Singular, 3. Person Singular + Plural
Aussprache
Melodie und Akzent

Vor der Arbeit mit dem Buch

sich kennen lernen, sich vorstellen, Namen und Herkunft erfragen

Für Ihre Kursteilnehmer (im Folgenden „T") ist zu Beginn des Sprachkurses in der Regel alles neu: die Räumlichkeiten, in denen der Kurs stattfindet, die anderen T, Sie, die Kursleiterin / der Kursleiter (im Folgenden „L") und natürlich die Sprache. Die Hemmungen, sich in einer fremden Umgebung vor fremden Leuten in einer fremden Sprache zu äußern, sind bei den meisten Anfängern sehr groß. Deshalb sollten Sie noch nicht gleich mit der Lektionsarbeit beginnen, sondern dieser eine Kennenlernphase vorausschicken, die hilft, Hemmungen abzubauen, Unsicherheit abzulegen, und die behutsam die ersten Redemittel einführt.

- L stellt sich vor, fragt einen T nach seinem Namen, Redemittel an die Tafel (zunächst die rechte, dann die linke Spalte):

Wie heißen Sie?	*Ich heiße ... / Ich bin ...*

- Entweder L fragt weiter oder T fragen einander durch Zuwerfen eines Balls. (Ein T nennt seinen Namen, wirft den Ball einem weiteren T zu und erfragt dessen Namen. Dieser antwortet und macht dann weiter. Statt eines Balls kann im Grunde alles verwendet werden, was handlich ist und gefahrlos geworfen werden kann: Papier- oder Wollknäuel, Kreide, ein trockener Schwamm etc.)
- L zeigt Herkunftsland und -ort an einer Weltkarte. (Wenn man die Karte der Kopiervorlage 1a (S. 138) auf Folie kopiert und sie dann per Overheadprojektor (OHP) auf ein großformatiges Blatt Papier (z. B. auf die Rückseite eines alten Posters) projiziert, kann man die Umrisse der Kontinente leicht abzeichnen.)
  Tafel:

Woher kommen Sie?	*Ich komme aus ...*

- Zweite Fragerunde wie die erste.

Variante:

- Bei der zweiten Fragerunde zeigt L oder zeigen die T selbst ihre Herkunftsländer und Städte auf der Weltkarte. (Wenn die vergrößerte Karte der Kopiervorlage benutzt wird, können die T im Anschluss die Grenzen ihres Heimatlandes und ihre Heimatstadt in die Karte einzeichnen.)

ZM:
- Klebestreifen mit Vor- und Nachnamen der T
- Weltkarte (Kopiervorlage 1a „Weltkarte" und ein Plakat)

Einstiegsbild — Seite 6

den Kurs *Berliner Platz* kennen lernen

Das Einstiegsbild stellt die Situationen dar, in denen sich die T vor und zu Beginn eines Sprachkurses selbst befinden: die Anmeldung bei einem Sprachkursveranstalter (z. B. bei der VHS), die Begrüßung in einem neu beginnenden Kurs, das Kennenlernen der anderen T. Die Protagonisten, die in diesem Bild vorgestellt werden, sind selbst Anfänger in einem Deutschkurs und werden in den nächsten Kapiteln immer wieder auftauchen.

ZM:
- Liste des Kurses ***Berliner Platz*** auf Folie
- OHP

- T sehen sich das Einstiegsbild an und lesen den Text in den Sprechblasen.
- Liste des ***Berliner Platz***-Kurses, wenn möglich auf OHP, präsentieren.
- L stellt den ***Berliner Platz***-Kurs vor (*Sie heißt ... Sie kommt aus ...*; unter Verwendung der 3. Person, ohne diese grammatisch zu thematisieren), T suchen die Personen im Einstiegsbild (Frage: *Ist das Carmen Sans? – Nein, das ist Sabine Wohlfahrt. – Wo ist Carmen Sans?*).

1.2

1 Die Kursliste Seite 7

selektives Hörverstehen: Namen erkennen

- L kündigt gestisch drei Dialoge als Hörtext an und demonstriert das Ankreuzen an der Tafel.
- *Wer ist das?* – L macht deutlich, dass die T lediglich die Namen der Sprechenden heraushören sollen.
- Ersten Dialog zweimal vorspielen, Frage an Plenum, Lösung gemeinsam ankreuzen.
- Zweiten und dritten Dialog hintereinander zweimal vorspielen, Lösungen erst in Partnerarbeit (PA), dann im Plenum vergleichen.

Lösung: Jordan, Winter, Org, Sans

Sozialformen: Partnerarbeit

Gerade zu Beginn eines Kurses ist es für das Kursklima wichtig, dass die Teilnehmer/-innen sich untereinander gut kennen lernen. Eine gute Möglichkeit hierfür ist die Zusammenarbeit mit wechselnden Partnern. Anfangs sollte der Zufall die Partnerzusammensetzung bestimmen. Später, wenn auch Sie die T besser kennen, können Paare nach didaktischen und lernpsychologischen Gesichtspunkten (z. B. ein lernstarker und ein lernschwacher Teilnehmer bzw. Teilnehmerin) gebildet werden.
Vorschläge für die Partnerfindung:

- Bindfädenchaos: Diese nicht sprachliche Variante eignet sich besonders für die ersten Unterrichtseinheiten. Dafür brauchen Sie genau halb so viele lange Bindfäden, wie Teilnehmer/-innen im Kurs sind. Legen Sie die Bindfäden übereinander und halten Sie sie in der Mitte zusammen. Jeder Teilnehmer greift nun ein Fadenende, Sie lassen los und die Teilnehmer/-innen versuchen nun, den Partner am anderen Ende ihres Bindfadens zu finden.
- Durchzählen: Teilen Sie die Anzahl aller Teilnehmer/-innen durch zwei und zählen Sie zweimal durch, also bei sechzehn Teilnehmer/-innen zweimal bis acht. Dann arbeiten beide „Einser", beide „Zweier" etc. zusammen. Das funktioniert natürlich auch mit dem Alphabet.

Folgende Varianten bieten zugleich auch die Möglichkeit, den Wortschatz vorangegangener Unterrichtseinheiten zu wiederholen:

- Mehrsilbige/Zusammengesetzte Wörter: Schreiben Sie den ersten Teil des Wortes auf einen, den zweiten auf einen anderen Zettel: *Heimat – land, Vor – name, Ara – bisch ...*
- Geteilte Redewendungen: *Woher – kommen Sie?, Wo – wohnst du?, Wie – heißen Sie? ...*
- Gegensatzpaare: Im fortgeschrittenen Lernstadium können Sie Zettel mit Antonymen verteilen: *groß – klein, teuer – billig ...*

2 Fragen im Kurs

Sprechen: Name und Herkunft erfragen

- L verweist auf den Monolog von Sabine Wohlfahrt und ergänzt das Dialoggerüst an der Tafel:

Wie heißen Sie? /	*Ich heiße ... / Ich bin ... /*
Wie ist Ihr Name?	*Mein Name ist ...*
Woher kommen Sie?	*Ich komme aus ...*

- Anhand eines Vergleichs von Tabelle und Text die Bedeutung von „Name" (Familienname) und „Vorname" klären. (In vielen Sprachen wird der Familienname vor dem Vornamen genannt und geschrieben, ohne dass beide durch ein Komma getrennt werden!)

ZM:
– Tabelle für Kursliste als Kopie und auf Folie

- L fordert T gestisch auf, aufzustehen, im Raum umherzugehen, die anderen T nach Namen, Herkunftsland und -ort zu befragen und diese Informationen in einer Kursliste wie im Buch zu notieren (evtl. mit von L vorbereiteter Kopie einer Tabelle).
- L greift bei Problemen helfend ein, korrigiert behutsam mit Schwerpunkt auf Personalpronomen und Verbendungen.
- Vergleich durch Sammeln der Informationen an der Tafel / auf Folie (OHP).

Hinweise:

- Wenn die Tabelle um die Rubriken „Adresse“ und „Telefonnummer“ erweitert wird, kann sie in Kap. 2/13 wieder verwendet werden und sollte deshalb aufgehoben werden.
- Wenn T aus Ländern kommen, deren Namen im Deutschen mit Artikel geführt werden, kann an dieser Stelle schon darauf hingewiesen werden (ohne grammatische Erklärung!), ansonsten folgt eine Differenzierung bei Aufgabe 11ff.

AB: S. 150
1 Dialoge ergänzen
2 Satz ergänzen

Hörtexte im Unterricht

Die spezifische Schwierigkeit beim Hörverstehen liegt darin, dass die Verarbeitung von Hörtexten im Regelfall nicht durch die Lernenden selbst gesteuert werden kann. Sie können nicht wie bei Lesetexten das Darbietungstempo selber bestimmen oder einzelne Passagen beliebig oft wiederholen, abgesehen von der autonomen Arbeit mit den Arbeitsbuch-Hörtexten zu Hause.

Im Unterricht sollten deshalb die Hörtexte mehrmals vorgespielt werden, um ein Verstehen zu gewährleisten.

Die sinnvolle Anzahl der Wiederholungen lässt sich leider nicht pauschal festlegen. Sie hängt einerseits von der Komplexität der Texte, vom Schwierigkeitsgrad der Aufgabenstellung und andererseits von der Kompetenz der Lernenden ab.
Auch die Hörkompetenz hängt wiederum von vielen Faktoren ab: von der Ausgangssprache und der/den schon vorher erlernten Fremdsprache(n) und der Zeit, die die Lernenden schon vor Beginn des Deutschkurses in deutschsprachiger Umgebung verbracht haben.
So können die Angaben hier nur Richtwerte sein. Sie als Lehrende/-r werden schnell herausfinden, wie oft ein Hörtext wiederholt werden muss/darf, um eine Über- oder Unterforderung der Lernenden zu vermeiden.

1.3

3 *Du* und *Sie* — Seite 8

***du* und *Sie* – Dialoge in Begrüßungssituationen formell/informell**

- Betrachten der Fotos, L geht nacheinander auf zwei T zu und begrüßt sie einmal formell, einmal informell, indem er/sie die jeweiligen Konventionen betont: Handschlag – Handgruß, steife – lockere Körperhaltung, *Guten Tag – Hallo, Herr/Frau* (Nachname) – (Vorname), *Sie – du*.
- Hören der Dialoge: zweimal, beim zweiten Mal mitlesen.

ZM:
– evtl. weitere Fotos von Begrüßungssituationen (z. B. aus Zeitungen / politischen Magazinen)

Erweiterung:

- Evtl. weitere Bilder zeigen, T entscheiden, ob die Dargestellten sich duzen oder siezen.
- L kann im Anschluss noch einmal auf die Einstiegsseite verweisen, auf der drei verschiedene Situationen dargestellt sind:
  a) Anmeldung: *Sie*
  b) T untereinander: *du*
  c) L stellen sich vor: *Sie*
  Dies kann zum Anlass genommen werden, über Anredeformen im Kurs zu sprechen: *Was sagen wir im Kurs? „Du“ oder „Sie“?*

AB: S. 150
3 Dialoge ergänzen. Kontrolle über Hörvermögen

Aussprache: Dialoge sprechen üben

Bevor die T die Dialoge selbständig sprechen, sollten Sie zunächst die Aussprache gemeinsam erarbeiten.

1. Sprechen Sie dazu die einzelnen Parts langsam vor und lenken Sie die Aufmerksamkeit auf den Akzent, indem Sie z. B. unterstützend mit dem Fuß stampfen, und auf die Satzmelodie, indem sie diese gestisch mit der Hand unterstreichen. Lassen Sie die einzelnen Rollen dann von verschiedenen Lernenden nachsprechen und ermuntern Sie sie, Gestik und Mimik einzusetzen und Blickkontakt aufzunehmen.

Dies sind wichtige nonverbale Elemente, die das Sprechen begleiten und die Verständigung erleichtern.
2. Sie sprechen eine Rolle, T übernehmen die andere Rolle.
3. T üben die Dialoge zu zweit oder in der Gruppe.
4. Dialoge im Plenum vorstellen („vor Publikum" sprechen).

Das sollten Sie beachten:
- Stimmen Akzent und Satzmelodie?
- Was kann auf der Lautebene durch Imitation verbessert werden?
- Schwierige Wörter mit den T ggf. einzeln üben, dann erweitern auf Wortgruppen und Sätze.
- Korrigieren Sie behutsam, aber konsequent.
- Achten Sie auf Blickkontakt.

1.4

4 Aussprache üben: Melodie und Akzent

Aussprache: Melodie und Akzent

a

- Vorentlastung: Bewusstmachen der Melodie
  1. L spricht (betont) sachlich, Melodie mit der Hand gestisch begleiten:
  Wie heißt du? ↘ *na-na-na* ↘
  L spricht (betont) freundlich, Melodie mit der Hand gestisch begleiten:
  Wie heißt du? ↗ *na-na-na* ↗
  2. L wiederholt und lässt einzelne T nachsprechen. Für T kann es hilfreich sein, das eigene Sprechen gestisch zu begleiten.
  3. Reihenspiel: T1 sagt: *Wie heißt du?* T2 spricht das „Echo": *na-na-na*. T3 spricht einen Satz, T4 spricht das Echo usw.
- T hören die Mini-Dialoge. L spricht mit und begleitet das Sprechen gestisch. Sachliche bzw. freundliche Sprechweise mit passender Mimik verdeutlichen.
- L geht im Kursraum umher und spricht die T direkt an. L spricht jeweils eine Sequenz vor und lässt sie von einzelnen T nachsprechen. T zu Blickkontakt, Mimik und Gestik ermuntern.
- L spricht einen Part und lässt einzelne T antworten.

AB: S. 151
4 Melodie und Akzent sprechen
5 W-Fragen freundlich oder sachlich sprechen

b

- T üben in PA die Dialoge aus 3. L korrigiert behutsam in den Gruppen und ermuntert zu Mimik und Blickkontakt.
- Einzelne Dialoge werden im Plenum vorgestellt.

Aussprache: W-Fragen und Satzmelodie

Bei W-Fragen findet man häufig auch den steigenden Melodieverlauf, der auf eine freundliche, zugewandte, kontaktbetonte Sprecherintention hindeutet oder auch Erstaunen ausdrücken kann.
Fallender Melodieverlauf hingegen signalisiert bei W-Fragen eher eine distanzierte, sachliche, auf die Information gerichtete Sprecherintention.

Korrekturhilfen in Hinblick auf die Satzmelodie:
- Bei steigender Melodie den Akzent etwas tiefer sprechen, die Melodie steigt – bei fallender den Akzent etwas höher sprechen, dann fällt die Melodie.
- Melodieverlauf gestisch unterstützen.
- Melodieverläufe summen oder den Satz in „Nonsenssilben" sprechen.
  Beispiel: *Woher kommen Sie? na-na-na-na-na.*

5 *Du* oder *Sie*?

Grammatik: Personalpronomen 2. Pers. Sing.

- PA: T füllen die Lücken, entdecken selbständig die Regularitäten.
- Vergleich im Plenum, L weist auf Groß- und Kleinschreibung hin.
- Erläutern der Duz- und Siezkonventionen.

1.5

6 Drei Dialoge

selektives Hörverstehen: formelle und informelle Anrede

- Ersten Dialog hören mit der Vorgabe, die Anredeform herauszuhören, Vergleich im Plenum.
- Zweiten und dritten Dialog mit kurzer Pause hintereinander vorspielen, T kreuzen an, Vergleich im Plenum. Evtl. nochmaliges Hören zur Kontrolle.

Hinweis:

- Da beim dritten Dialog kein Personalpronomen vorkommt, sondern lediglich der Possessivartikel in „Wie ist Ihr Name?" die informelle Anrede deutlich macht, kann L bei Schwierigkeiten noch einmal die beiden Fragemöglichkeiten „Wie heißen Sie?" / „Wie ist Ihr Name?" gegenüberstellen.

Lösung: Dialog 1: informell, Dialog 2: formell, Dialog 3: formell

1.5

7 Hören Sie die Dialoge bitte noch einmal. Seite 9

a
detailliertes Hörverstehen: Dialoge ordnen

- Zweites Hören der Dialoge mit Pausen, in denen die T in PA die Dialogabfolge bestimmen (evtl. Dialog 1 exemplarisch im Plenum sortieren).

Lösung:

Dialog 1:
– Hallo.
– Tag, ich bin Helgi.
– Und ich heiße Yong-Min.
– Entschuldigung, wie heißt du?
– Yong-Min. Ich bin aus Korea, und du?
– Ich bin aus Estland.

Dialog 2:
– Guten Tag. Mein Name ist Sans.
– Guten Tag, Frau Sans. Ich bin Pavel Jordan.
– Woher kommen Sie?
– Aus Pilsen. Und Sie?
– Aus Valencia.

Dialog 3:
– Guten Abend.
– Guten Abend, ich bin Markus Schmeling.
– Entschuldigung, wie ist Ihr Name?
– Schmeling, Markus Schmeling.
– Und ich bin Frau Jacob, Irene Jacob.

b
Dialoge aufschreiben und spielen

- T schreiben die Dialoge aus a auf.
- Unterschiede des Grußes nach Tageszeit („Guten Tag/Abend") besprechen (hilfreich ist hier die Übersicht auf S. 14).
- PA: T üben einen der Dialoge ein (L achtet dabei auf Melodie und Akzent) und spielen ihn im Plenum vor.

Schreiben im Unterricht

Das Schreiben im Fremdsprachenunterricht ist nicht nur eine der Zielfertigkeiten, es dient in ganz besonderem Maße auch als Mittel zum Zweck: Durch den langsameren Verlauf der Schreibtätigkeit prägen sich sprachliche Strukturen besser ein als beim Hören, Sprechen und auch beim Lesen.

Das rein reproduktive Schreiben (Abschreiben, Aufschreiben von Paralleltexten, ordnendes Aufschreiben) sollte gerade im Anfangsunterricht seinen festen Platz haben.
Dies gilt im besonderen Maße für Lernende, die vorher schon ungesteuert gelernt haben: Hier können häufige Schreibübungen helfen, eingeschliffene Fehler im Sprachgebrauch abzubauen.

8 Eine Tabelle selbst machen

Grammatik: Position des Verbs

Das Tafelbild im Buch stellt eine feste Konvention dar, die die gemeinsame Erarbeitung/ Strukturierung von Grammatik signalisiert.

- Zwei Gruppen: Die erste Gruppe sucht in den bisher bearbeiteten Aufgaben Aussagesätze, die zweite W-Fragen. Beide Gruppen schreiben ihre Ergebnisse – wie im Buch demonstriert – an die Tafel, dabei auf deutliche Trennung der Positionen achten.

- Position des Verbs klären.

Erweiterung:

- Im Plenum Fragen und Aussagesätze an der Tafel einander zuordnen und fehlende Fragen oder Aussagesätze ergänzen.

AB: S. 152
6 Sätze in Tabelle schreiben

9 Schreiben Sie bitte die Sätze.

Syntax: Sätze bilden

- Sätze ins Heft schreiben, in PA vergleichen, im Plenum vorlesen.

Lösung: 1. Woher kommen Sie? 2. Guten Tag, ich heiße Peter. 3. Mein Name ist Sans. 4. Hallo, ich bin Paul. 5. Wie heißen Sie? 6. Entschuldigung, wie ist Ihr Name? 7. Wie heißt du? 8. Wie bitte?

1.6

10 Eine Weltkarte — Seite 10

Wortschatz: Kontinente und Länder; selektives Hörverstehen

Vorwissen aktivieren:

- Weltkarte im Buch betrachten, Kontinente in Tabellenform an der Tafel sammeln und zunächst die Herkunftsländer der T einordnen.
- *Welche Länder kennen Sie noch?* Tabelle auf Zuruf der T ergänzen. L markiert den Wortakzent. T sprechen nach.
- Auf das Bild von Frau Wohlfahrt und Herrn Schuhmann, den ***Berliner Platz***-Kursleitern, verweisen und die Situation erläutern.
- T sehen sich die Steckbriefe an: *Welche Information fehlt?*
- Hören des Dialogs bis *Wer kommt denn aus Schweden?* – als Frage ans Plenum.
- Hörtext zu Ende hören: *Woher kommen die anderen Kursteilnehmer?*
- Beim zweiten Hören des gesamten Dialogs füllen die T die Lücken in Steckbriefen.

Hinweis:

- Im Hörtext wird noch Carmen Sans genannt, für die kein Steckbrief abgebildet ist. Mit lernstarken Kursen können die Informationen zu dieser Teilnehmerin bei einem dritten Hören an der Tafel gesammelt werden.

Lösung: Helgi Org, Estland / Magdalena Marquez, Mexiko / Michael Kukan, Slowakei / Yong-Min Kim, Korea / Mônica Nunes, Brasilien / Hosni Bouslimi, Tunesien / Tom Winter, Schweden / Birsen Althun, Türkei

1.6

11 Deutschkurs 1A

- Drittes (viertes) Hören, T lesen mit.
- T führen den Dialog in PA mithilfe der Steckbriefe weiter. Sie benutzen dabei Personalpronomen und die Verbform der 3. Person, was aber erst in Aufgabe 12 grammatisch thematisiert wird.
- Wenn noch nicht in Aufgabe 2 angesprochen, dann hier auf die Besonderheit bei Ländernamen mit Artikel verweisen, jedoch noch nicht grammatisch erläutern.

12 Projekt „Steckbrief" — Seite 11

Sprechen: Partner vorstellen

- T füllen einen eigenen Steckbrief der Kopiervorlage 1b aus und können ein Selbstporträt in den vorgegebenen Rahmen zeichnen. L hilft bei Fragen nach Länderbezeichnungen und Sprachen oder gibt vorher eine Liste mit dem notwendigen Wortschatz aus.
- Gemeinsam den Redemittelkasten besprechen. Ggf. übernimmt L die ersten zwei Sätze an die Tafel und unterstreicht Personalpronomen und Verbendung, um die Beziehung deutlich zu machen.

ZM:
- Kopiervorlage 1b: „Steckbriefe"
- Liste mit Ländern und Sprachen der T

- Nachbarn stellen sich mithilfe der Steckbriefe und der Redemittel im Buch und an der Tafel gegenseitig vor.

Variante:

- Steckbriefe werden eingesammelt, jeder T zieht einen und stellt den jeweiligen T vor.

Erweiterung:

- Im Anschluss können die Steckbriefe an der Weltkarte befestigt werden: je nach Größe der Karte direkt „auf" dem jeweiligen Land oder am Kartenrand, wobei man mit einem durch Heftzwecken befestigten Faden eine Verbindungslinie zwischen Steckbrief und Land/Stadt herstellen kann.

Spiel:

- Im Kreis (Stuhl- oder Tischkreis) mit Ball. L beginnt: *Ich heiße ... und komme aus ... und spreche Deutsch. Das ist ...* (Name eines T), *er/sie kommt aus ... er/sie spricht ...* Die/Der erwähnte T erhält den Ball und fährt entsprechend fort.

Quiz:

- L beginnt: *Sie/Er kommt aus ... sie/er spricht ...* T raten, welcher T gemeint ist, diese/dieser macht mit dem nächsten Rätsel weiter.

AB: S. 152
7 Wortschatzrätsel
S. 153
8 Verben ergänzen
9 Länder, Sprachen ergänzen

Projekt: Das bin ich

Das Projekt „Steckbrief" lässt sich noch erweitern: Die Teilnehmer/-innen (und vielleicht auch Sie, der/die Lehrende) bringen Fotos von sich, von ihrem Heimatland, kleinere Gegenstände aus ihrer Heimat mit und gestalten damit im Kurs ein ganz persönliches Plakat (Sie sorgen für Klebstoff und Pack-/Tonpapier). Es wird im Kursraum aufgehängt und die Teilnehmer/-innen können schon mit den bis jetzt erworbenen Sprachkenntnissen darüber sprechen. So können die Teilnehmer/-innen schon im Anfangsstadium des Kurses mit wenig sprachlichen Mitteln mehr über die anderen erfahren und sich persönlich in den Kurs einbringen. Außerdem entstehen so sehr persönliche Poster, die den Kursraum ansprechend gestalten.

13 Buchstabieren — Seite 12

1.7

Buchstabieren, selektives Hörverstehen

- L buchstabiert seinen eigenen Namen und schreibt ihn an die Tafel.
- T sehen sich das Bild (evtl. auf Folie) an. *Was passiert hier?* L führt Vokabeln „Auto", „Crash"/„Unfall" ein.
- Dialog zweimal hören, beim ersten Hören ohne Buch: *Wie heißt die Frau?*, beim zweiten Hören ankreuzen.

Lösung: Hülya Kandogmus

ZM:
– Bild auf Folie

14 Mit Rhythmus lernen

1.8

Aussprache: Alphabet rhythmisch sprechen

- L spricht das Alphabet langsam, zeigt dabei auf die einzelnen Buchstaben (Kopiervorlage) und fordert die T gestisch auf, laut mitzusprechen.
- L und T sprechen das Alphabet gemeinsam im Chor, wobei L an dieser Stelle schon Varianten in der Lautstärke oder in der Geschwindigkeit vorgeben kann.

Erweiterung:

- L spricht vier Buchstaben, T sprechen im Chor nach, dann die nächsten vier etc. (es kann sich ruhig schon nach 4/4-Takt anhören).
- T hören den Hörtext. Beim ersten Hören nur den Rhythmus mitklopfen, beim zweiten Hören klopfen und mitsprechen.
- L und T sprechen das Alphabet rhythmisch.

ZM:
– Kopiervorlage 1c: „Alphabet-Poster"
– Kopiervorlage 1d: „Alphabet-Rhythmus"

Erweiterung:

- T erhalten Kopie der Kopievorlage 1d und suchen in Gruppenarbeit (GA) durch Ausprobieren einen eigenen Rhythmus.

Varianten:

- Um den Rhythmus hervorzuheben, sind der Fantasie keine Grenzen gesetzt: mit den Füßen stampfen, rhythmisch laufen, klatschen, trommeln etc.

AB: S. 153
10 Namen der Kontinente notieren

1.9

15 Hören Sie den Dialog und ergänzen Sie bitte.

detailliertes Hörverstehen: einen buchstabierten Namen notieren

- Dialogteile lesen. Erstes Hören ohne Buch, Frage: *Wie heißt die Person?*
- Zweites Hören, T füllen die Lücken.
- Vergleich in PA, drittes Hören zur Kontrolle.

Lösung: Raimondo Pereira

- Im Rahmen eines Dialogs wie im Buch in PA gegenseitig den Namen buchstabieren.

AB: S. 154
11 Informationen zu einer Person notieren

16 Namen im Kurs

Aussprache: Buchstabieren üben

- T schreiben ihre Namen auf kleine Zettel, die eingesammelt und verteilt/gezogen werden.
- Jeder T buchstabiert nun den Namen auf dem gezogenen Zettel, die anderen T raten. (Zur Vereinfachung für die Ratenden kann die Kursliste per OHP projiziert werden.)

Hinweis:

- Um das Alphabet und das Buchstabieren zu beherrschen, brauchen die T erfahrungsgemäß viel Übung. Deshalb sollten Übungen wie diese oder Spiele wie Galgenmännchen oder Buchstabenbingo auch später zur Wiederholung eingesetzt werden (zu Bingo s. auch 2/14, S. 30).

ZM:
- kleine Zettel
- Kursliste auf Folie

AB: S. 154
Aussprache spezial
12 „h“
13 „w“
14 „sch“, „schp“, „scht“
15 „s“

1.10

Deutsch verstehen — Seite 13
17 Vorstellungen

a
globales Hörverstehen
selektives Hörverstehen

Diese drei Hörtexte sind bewusst sehr realitätsnah, also in Bezug auf den Wortschatz relativ komplex. Die T sollen erfahren, dass sie schon in dieser Phase ihres Deutscherwerbs in der Lage sind, Informationen aus authentischer Rede zu filtern.

- T sehen sich die Fotos an. Erstes Hören der drei Hörtexte.
- Fragen zu den Fotos an der Tafel sammeln:

Wie heißt er/sie?
Woher kommt er/sie? / Wo wohnt er/sie?*
Was macht er/sie? / Was ist sein/ihr Beruf?*

* Den Unterschied zwischen „wohnen“ und „kommen aus“ klären. Auf die Possessivartikel soll hier noch nicht eingegangen werden. T sollen die Fragen zunächst nur verstehen.

- Hörtexte mit Pausen hören, in den Pausen erste Antworten zu den Fragen an der Tafel sammeln, auch falsche Antworten akzeptieren.

b
selektives Hörverstehen

- T lesen die Begriffe (ggf. gemeinsam an der Tafel nach Rubriken ordnen), neue Wörter klären, Städte auf Karte (Buchdeckel) zeigen (lassen).
- Drittes Hören mit kleinen Pausen zum Ergänzen der Tabelle.
- Vergleich zunächst in PA, dann im Plenum (möglichst in Form einer Vorstellung: *Das ist Sandra Petri. Sie wohnt in …*).

Lösung:

Familienname:	Petri	Klimmt	Keller
Vorname:	Sandra	Martina	Urs
Wohnort:	Dresden	Wien	Basel
Beruf:	Automechanikerin	Deutschlehrerin	Hausmann

AB: S. 155
Effektiv lernen
16 Wortschatzkarten
17 Wartezeit nutzen

Erweiterung:

- Berufe der T an der Tafel sammeln, zur Verständniserleichterung die T auffordern, ihren Beruf pantomimisch darzustellen.

Effektiv lernen: Lernkarten

Eine von mehreren Möglichkeiten, neuen Wortschatz zu festigen, ist die bewährte Methode mit Lernkarten. Hierfür schreibt man das zu lernende Wort mit allen wichtigen Zusatzangaben (Wortakzent, bei Nomen Artikel und Pluralform, bei Verben zunächst Präsensendungen, später dann Stammformen, obligatorische Ergänzungen und Präpositionen) und einem Beispielsatz auf die eine Seite einer Karteikarte. Die Übersetzung in der Muttersprache wird auf die Rückseite geschrieben (s. AB, Kap. 1/16, S. 155):

kommen (aus)
e - st - t
en - t - en

Ich komme aus Namibia.
Ashwani kommt aus Indien.

come / be from

I'm from Namibia.
Ashwani comes from India.

Die **Lerner** können die Karten praktisch überall zum Lernen einsetzen: beim Arzt im Wartezimmer, im Zug, im Bus und natürlich zu Hause.
Sie sollten die Arbeit mit den Karteikarten am besten vorstellen, indem Sie gemeinsam mit den T eine **Kurskartei** anlegen, diese ständig erweitern und immer wieder einsetzen. In sprachlich heterogenen Kursen kann man statt der muttersprachlichen Übersetzung den Beispielsatz oder die Angaben auf die Rückseite schreiben.
Im **Unterricht** sind die Karten noch vielseitiger einsetzbar:

- zum gegenseitigen Abfragen in PA als Wiederholungsübung,
- als „Pausenfüller" für T, die schneller als die anderen mit der Kursarbeit fertig sind,
- als Wettspiel in Gruppen (welche Gruppe gewinnt mehr Karten durch richtige Antworten beim gegenseitigen Abfragen?). Usw.

Diktat

Diktat

- L liest den Text in etwas verlangsamtem Sprechtempo einmal ganz vor.
- Danach wird der Text in Sinneinheiten diktiert (durch Schrägstriche markiert).
- Zum Schluss liest L den Text noch einmal als Ganzes vor.
- Die effektivste Korrektur ist die Partnerkorrektur. Hierfür erhalten die T den Originaltext als Vorlage und korrigieren das Diktat ihres Partners.
- L sollte die Korrektur jedoch noch einmal überprüfen und häufige Fehler im Plenum noch einmal ansprechen.
- Vor jedem Diktat die relevanten Satzzeichen besprechen und als Zeichen und Wort an der Tafel gegenüberstellen.

Guten Tag. / Ich heiße Tom Winter. / Ich komme aus Malmö. / Malmö liegt in Schweden. / Und das ist Carmen Sans. / Sie kommt aus Spanien, / aus Valencia. / Und Sie? / Woher kommen Sie?

Kapitel 2 – Wie geht's?

Handlungsbereich
Entscheidungsfragen äußern und beantworten, nach dem Befinden anderer fragen, Adressen und Telefonnummern erfragen und notieren
Wortschatz
Getränke, Zahlen von 1–200, offizielle Uhrzeit
Grammatik
Ja/Nein-Frage, Konjugation der regelmäßigen Verben im Präsens, Verben mit Vokalwechsel, „sein" und „haben";
Strukturen verstehen: trennbare Verben
Aussprache
Melodie: Ja/Nein-Fragen

Einstiegsbild — Seite 16

Wortschatz: nach dem Befinden fragen

Das Einstiegsbild führt uns in die Cafeteria der ***Berliner Platz***-Schule. Hier trifft man nicht nur Teilnehmer/-innen und Lehrende des Deutschkurses A, sondern lernt auch Lernende anderer Kurse kennen.

- Ohne Buch: L begrüßt T mit der Frage: *Wie geht's / geht es Ihnen?* L gibt selbst mit übertriebener Mimik die Antwortmöglichkeiten und schreibt sie mit entsprechenden Gesichtsskizzen an die Tafel:

Wie geht's?	*Gut.* ☺
Wie geht es Ihnen?	*Es geht.* 😐
	Nicht so gut. ☹

  Evtl. erweitern um die Varianten auf S. 24, „Im Alltag".
- Unterschiede der beiden Fragen (duzen/siezen) klären und Rückfragen einführen: *Und dir/Ihnen?* L fragt einige T nach ihrem Befinden, T fragen sich dann gegenseitig (im Raum umhergehend).
- L verweist auf das Einstiegsbild im Buch und gibt den T Zeit, es anzuschauen. Frage: *Wo ist das? – Was kann man hier trinken?* Evtl. Vokabular der Getränkekarte klären und erweitern.
- L fragt die T, was sie trinken wollen, zeigt dabei auf entsprechende Abbildungen im Einstiegsbild, variiert die Fragestellung: *Was trinkst du / trinken Sie? – Möchtest du / Möchten Sie ...?* (Tafelanschrieb). Die T werden intuitiv eine entsprechende Antwort geben; bei den Entscheidungsfragen unterstützt L und erweitert: *Ja, gerne. Nein, lieber ...*

Erweiterung:

- Um den Wortschatz anschaulicher einzuführen, kann L einige Getränke und Pappbecher mitbringen und so die T ganz real nach ihren Wünschen fragen. Da dies nicht immer ohne weiteres möglich sein wird, können auch Abbildungen von Getränken aus Zeitschriften/Werbebeilagen diesen Zweck erfüllen.

ZM:
– verschiedene Getränke und Pappbecher / Abbildungen von Getränken (aus Zeitschriften, Werbeprospekten)

1.11

1 In der Cafeteria — Seite 17

globales Hörverstehen

- T lesen den Inhalt der Sprechblasen.
- Hören der Dialoge mit kurzen Pausen zum Zuordnen.
- Vergleich in PA, zweites Hören und Vergleich im Plenum.

Lösung: 1B – 2A – 3E – 4C – 5D

2 Schreiben und sprechen Sie Dialoge.

Wortschatz einüben

- PA: T schreiben selbst kleine Dialoge durch Variieren der vorgegebenen Redemittel im Buch / an der Tafel und lesen diese dann vor. L achtet auf richtige Verbstellung.

Erweiterung:

- Vorher die Dialogkarten der Kopiervorlage 2a verteilen. T suchen sich durch Befragen und Beantworten den/die Partner/-in für die dann folgende PA.

ZM:
– Kopiervorlage 2a: „Dialogkarten"

Wiederholungen

Regelmäßige Wiederholungen sind ausgesprochen wichtig, damit das Gelernte den Weg vom Kurzzeit- ins Langzeitgedächtnis findet. Hausaufgaben sind ein wesentlicher Bestandteil dieser Festigung. Aber auch im Unterricht sollten Wortschatz und Strukturen zumindest in der ersten Zeit nach ihrer Einführung öfters wiederholt werden.
Wann? Da gibt es verschiedene Möglichkeiten:

- Zu Beginn einer Unterrichtseinheit, wo gewissermaßen zum Aufwärmen das schon Bekannte noch einmal aufgefrischt wird, z. B. durch Wortfeldassoziationen: Sie nennen ein Wort und sammeln die Wörter, die den Teilnehmern und Teilnehmerinnen dazu einfallen.
- Im Unterrichtsablauf dann, wenn neuer Stoff an schon bekannten anknüpft. Dann sollte eine Wiederholung vorgeschaltet werden; Wiederholungsangebote finden Sie hier im LHB an entsprechender Stelle unter der Kennzeichnung **W**.
- Zwischendurch als Pausenfüller oder als Abschluss der Unterrichtseinheit in spielerischer Form, z. B. mit dem klassischen „Galgenmännchen", mit dem nicht nur das Buchstabieren, sondern auch bestimmter Wortschatz wiederholt werden kann, wenn man vorher Wortfelder festlegt.

3 Ja/Nein-Fragen und Antworten — Seite 18

Grammatik: Verbstellung in der Ja/Nein-Frage

W: Kurze Wiederholung der W-Fragen durch Sammeln einiger Beispiele mit Antworten an der Tafel/OHP.

- Eine Ja/Nein-Frage mit Antwort an die Tafel schreiben, durch weitere Beispiele der T fortführen (evtl. T selbst an die Tafel schreiben lassen). Positionen der Satzteile eindeutig voneinander trennen und markieren.

AB: S. 156
1 Wortschatz „Getränke"
2 Dialoge schreiben
S. 157
3 Dialoge ergänzen
4 Ja/Nein-Schüttelfragen

Strukturen visualisieren: Tafelbild

Durch Visualisierung und Systematisierung wird den Lernenden die Verarbeitung und das Behalten von Satzstrukturen, Formen und Funktionen wesentlich erleichtert. Bei den Grammatikdarstellungen im LB wurde deshalb größter Wert auf Klarheit, Übersichtlichkeit und Markierungen zum sofortigen Erkennen der wichtigen Informationen gelegt. Das Tafelbild sollte ebenso klar strukturiert sein, denn es stellt für die Lernenden den ersten und wichtigsten Bezugspunkt bei der Einführung neuer grammatischer Informationen dar und sollte von den Lernenden auch in ihre Hefte übertragen werden.
In der Unterrichtspraxis haben sich folgende Anhaltspunkte bei der Erstellung eines Tafelbilds als hilfreich erwiesen:

- Eindeutige Positionen bei der Darstellung von Satzstrukturen, vor allem beim Untereinanderschreiben mehrerer Beispiele.
- Gegenüberstellungen helfen, Unterschiede zu erkennen: bekannt – neu, Regel – Ausnahme.
- Farben unterstützen die Behaltensleistung. Dabei sollte von Anfang an jeder Farbe eine ihr eigene Funktion zukommen. Da die wenigsten Lehrenden unbegrenzt farbige Kreiden/Folienstifte zur Verfügung haben, können die Farben im Laufe der Zeit auch „umbesetzt" bzw. „mehrfach besetzt" werden, jedoch nicht innerhalb eines grammatischen Bereichs. (In ***Berliner Platz*** wird Grün zunächst für Verbendungen und Gelb für Abweichungen wie Ablaute/Vokalwechsel genutzt, später dann Gelb für den Nominativ, Blau für den Akkusativ und Grün für den Dativ.) Wenn in einem Kurs mehrere Lehrende unterrichten, sollte die Farbbesetzung unbedingt untereinander abgesprochen werden.
- Unterschiedliche Umrandungs- und Unterstreichungsformen (oval, eckig, gezackt etc.) helfen,

Satzstrukturen zu verdeutlichen. Im Lehr- und Arbeitsbuch ***Berliner Platz*** ist das Oval immer ein Symbol für ein Verb, ein halbes Oval mit gezackter Trennlinie weist auf ein trennbares Verb hin.

- Weniger ist mehr: ein Tafelbild niemals überfrachten!

1.12

4 Aussprache üben: Melodie Ja/Nein-Fragen

Aussprache: Melodie in der Ja/Nein-Frage

- Erstes Hören: Bücher sind geschlossen. T hören den Text, L unterstreicht die Satzmelodie gestisch.
- Zweites Hören und halblautes Mitlesen.
- L spricht einzelne Sequenzen vor und fordert nacheinander mehrere T zum Nachsprechen auf. L variiert mit bekanntem Wortschatz.

AB: S. 158
5 Melodie
S. 161
Aussprache spezial
14 „ch"
15 „p", „t", „k"
16 „ts"

5 Schreiben Sie Fragen und lesen Sie bitte vor.

Syntax: Schüttelsätze ordnen

- T ordnen in PA die Satzbestandteile zu Fragen und schreiben sie ins Heft. Vorlesen im Plenum. L schreibt Sätze an die Tafel oder setzt sie nach den Angaben der T auf OHP zusammen (Schüttelsätze vorher auf Folie kopieren/schreiben und in Bestandteile zerschneiden).
- Auf Großschreibung bei Satzanfängen hinweisen.

Erweiterung:

- T versehen die Fragen mit Akzentmarkierungen und Intonationspfeilen. Korrektur durch gemeinsames Ergänzen an der Tafel / auf Folie.
- Sprechen im Chor.

Lösung: 1. Möchten Sie Orangensaft? 2. Sind Sie die Lehrerin von Kurs A? 3. Nimmst du Milch und Zucker? 4. Kommen Sie auch aus Indien? 5. Trinkst du Tee mit Milch?

ZM:
– Schüttelsätze auf Folie

1.13

6 In der Cafeteria

selektives Hörverstehen

Vorwissen aktivieren:

- L verweist auf das Bild: *Wer sind die Personen? – Was sagen sie?* Vermutungen an der Tafel sammeln (Pavel ist schon aus dem ersten Kapitel bekannt, Pedro, Beata und Maria noch nicht).
- „Gespräch in der Cafeteria" einmal mit der Aufgabe hören, die Namen und die Herkunft der Sprechenden herauszufiltern. (Frau Wohlfahrt ist nicht anwesend, aber Gegenstand des Gesprächs!)
- T lesen die Informationen im Buch, neues Vokabular klären.
- Die T in drei Gruppen einteilen: Jeder Gruppe wird je eine Person (Beata, Maria, Frau Wohlfahrt) zugewiesen. Zweites Hören: T markieren die richtigen Informationen zu „ihrer" Person. Vergleich in den Gruppen.
- Sammeln der Ergebnisse an der Tafel. Nur sammeln, Korrektur erfolgt durch Aufgabe 7!

Lösung:
Beata: Polen – wohnt bei Frau Wohlfahrt – Warschau
Maria: Aupairmädchen – Hamburg – Kaffee
Frau Wohlfahrt: Lehrerin – zwei Kinder

1.13 — 7 Hören Sie bitte und lesen Sie mit. — Seite 19

detailliertes Hör- und Leseverstehen

- Beim dritten Hören lesen die T im Buch mit.
- Überprüfung der Markierungen aus Aufgabe 6: Jede Gruppe überprüft die Markierungen einer anderen. Besprechung im Plenum.
- Noch offene Fragen zum Vokabular klären.
- GA: Je vier T lesen das „Gespräch in der Cafeteria" mit verteilten Rollen.
- Vorstellung im Plenum.

Erweiterung:

- In lernstarken Kursen kann auch ein Szenenspiel mit Dialogkarten (Kopiervorlage 2b) durchgeführt werden. Dafür erhält jede/-r T nur die für ihre/seine Rolle relevante Karte, kann also den Text der anderen Dialogpartner nicht mitlesen.

ZM:
- Kopiervorlage 2b: „In der Cafeteria – Szenenkarten"

AB: S. 158
6 Multiple-Choice-HV

8 Verbformen und Personalpronomen: *ich, du ...*

a
Grammatik: Kongruenz bei Personalpronomen und Verbendung

- L erklärt an einem Beispiel die Termini „Verb" und „Personalpronomen" und erläutert die Bedeutung von „wir" und „ihr".
- T suchen aus den Aufgaben 1–7 Verben mit Personalpronomen heraus.
- Vergleich im Plenum, L schreibt die Ergebnisse auf Zuruf ungeordnet an die Tafel.

ZM:
- Tabelle auf Folie

b
Verbendungen ergänzen

- PA: T versuchen, mithilfe der markierten / an der Tafel stehenden Verben die Tabelle zu vervollständigen. Da nicht alle im Text vorkommenden Verben in der Tabelle aufgeführt sind, müssen die T hier kombinieren und entdecken so selbständig die Regularitäten und die Ausnahmen. Bei Schwierigkeiten hilft L mit Hinweisen.
- Im Plenum die Tabelle auf der Folie vervollständigen und Regel und Besonderheiten (Konjugation von „sein" und Ablaut/Vokalwechsel bei „sprechen") gemeinsam formulieren, jedoch noch nicht starke und schwache Verben thematisieren.
- Konjugationstabelle auf S. 25 LB zum Vergleich heranziehen.

AB: S. 158
7 Lückensätze: Personalpronomen

9 Verbendungen und Personalpronomen

Grammatik: Verbendungen und Personalpronomen ergänzen

- T ergänzen in Einzelarbeit (EA) die Verbendungen und Personalpronomen. Vergleich zunächst in PA, dann im Plenum.

Erweiterung:

- Satz-Domino (auch als Wiederholungsspiel am Ende des Kapitels):
  Drei bis vier T bilden eine Spielgruppe, die einen Satz Dominokarten erhält (Kopiervorlage 2c auf Karton kleben und ausschneiden). Die Karten werden gemischt und aufgeteilt. Die Person mit der Karte „Trinkst" beginnt und legt diese auf dem Tisch ab. Die nächste Person schaut in ihren Karten nach, ob sie anlegen kann; wenn nicht, ist der/die Nächste dran. Das Spiel ist beendet, wenn alle Karten angelegt sind. Die Gruppe, die zuerst fertig ist, hat gewonnen.

Lösung: 1. Trinkst 2. ihr 3. du 4. arbeiten 5. Nehmt 6. sprechen 7. Sie 8. Kommen

ZM:
- Kopiervorlage 2c: „Satz-Domino"

AB: S. 159
8 Sätze schreiben

10 Übungen selbst machen — Seite 20

Sprechen: Übungen selber machen

Während die bisherigen Aufgaben reproduktiver Art waren, sollen die T nun produktiv tätig werden – und zwar in zweifacher Hinsicht. Bei dieser Aufgabe geht es darum, zunächst eine Ja/Nein-Frage zu formulieren und dann das Frageobjekt als Zeichnung, Symbol oder Begriff auf eine Karte / einen Zettel zu bringen. Die so hergestellten Karten dienen dann als Material für ein Fragespiel.

ZM:
- drei bis vier Zettel oder Karteikarten (DIN-A7) pro T
- etwas dickere Filzstifte

- L demonstriert das Prinzip der Aufgabe mit eigenen Beispielen und stellt die entsprechenden Fragen. Beispiele aus dem Buch: *Sprichst du Türkisch? / Kommst du aus der Türkei? – Trinkst du / Trinken Sie Kaffee? – Heißt du / Ist dein Name Pavel?* Usw.
- T erhalten drei bis vier Karten, denken sich Fragen aus und zeichnen oder schreiben je ein Frageobjekt auf eine Karte.
- Drei bis vier T bilden eine Spielgruppe. Person A zeigt Person B eine ihrer Karten, Person B formuliert die Frage, Person C antwortet. Person B (Person D bei vier Spielern) macht weiter.

Variante:

- Die Karten können auch gemischt werden. Jeder Mitspieler zieht dann eine Karte und formuliert die Frage selbst.

1.14

11 Null (0) bis zwölf (12)

Wortschatz: Zahlen von 0 bis 12

- Ohne Buch: einmal hören, L zählt mit den Fingern mit.
- Zweites Hören mit kurzen Pausen nach jeder Zahl, T tragen die Ziffern in die entsprechenden Kästchen ein. Vergleich in PA.
- L schreibt die Ziffern in richtiger Reihenfolge an die Tafel, T diktieren die Zahlen.
- Rhythmisches Sprechen im Chor: L markiert an der Tafel jeweils die betonten Zahlen:

  1 2 3 4 5 6 7 8 9 10 11 12
  1 2 3 4 5 6 7 8 9 10 11 12
  1 2 3 4 5 6 7 8 9 10 11 12

Erweiterung:

- PA: T zeichnen auf ein Blatt zwölf leere Kästchen, diktieren sich gegenseitig eine Zahl zwischen 1 und 12, die dann in das entsprechende Kästchen eingetragen wird.

1.15

12 Handynummern

detailliertes Hörverstehen: Handynummern notieren

- L verweist auf das Foto: *Was ist das?* (Achtung: „Handy" ist kein Internationalismus!)
- Hörtext zweimal vorspielen, beim zweiten Hören kurze Pause nach der ersten Handynummer, T notieren die Nummern.
- Drittes Hören zum Überprüfen.
- Vergleich: Ein T diktiert die notierte Nummer einem zweiten T, der sie an die Tafel schreibt.

Lösung:

	Vorwahl	Telefonnummer
Handy 1	01 75	2 56 91 38
Handy 2	01 73	9 76 85 41

13 Fragen im Kurs

Adressen und Telefonnummern

- L schreibt die eigene Adresse mit Telefonnummer an die Tafel.
- Zwei T lesen den Dialog.
- Gemeinsame Beschriftung der Adresse:

Vorname	*Frauke Meier*	*Nach-/Familienname*
Straße	*Martinstr. 13*	*Hausnummer*
Postleitzahl	*28745 Bremen*	*Wohnort*
Vorwahl	*(04 21) 45 89 73*	*Telefonnummer*

  Wenn genügend Platz ist, auch die entsprechenden Fragen anschreiben: *Wie heißt die Straße? – Wie ist die Postleitzahl?* etc. (s. a. LB, S. 24).
- T fragen sich gegenseitig nach ihren Adressen und Telefonnummern am Kursort und ergänzen ihre Kurslisten (max. vier Adressen, dann im Plenum auf Folie vollständige Tabelle erstellen).

ZM:
- zweimal drei Seiten als Fotokopien aus dem örtlichen Telefonbuch
- zweimal drei Namen aus den Telefonbuchseiten auf einem Zettel

Telefonauskunft

Erweiterung:

- (für Inlandskurse) Telefonauskunft:

  PA: Jeder Partner erhält drei fotokopierte Seiten aus dem örtlichen Telefonbuch und drei Namen/Institutionen, die den Telefonbuchseiten des Partners entnommen wurden. Jeder Partner ist abwechselnd Telefonauskunft und Kunde.

  Redemittel an die Tafel:

  Kunde/Kundin:
  + Guten Tag. Ich möchte bitte die Telefonnummer von ...
  Auskunft:
  – Entschuldigung, wie ist der Name? Buchstabieren Sie, bitte! – Die Nummer ist ...

  Über das Üben der Zahlen und die Wiederholung des Alphabets hinaus hat diese Übung den Effekt, dass die T Wortschatz für Anrufe bei der Telefonauskunft anwenden und das örtliche Telefonbuch kennen lernen (ideal wäre es, wenn jedem Paar ein komplettes Telefonbuch zur Verfügung stünde).

AB: S. 159
9 Zahlen und Ziffern
10 Zahlen hören und schreiben

1.16 — 14 Zahlen von 13 bis 200 — Seite 21

Wortschatz: Zahlen von 13 bis 200

- L schreibt die 13 und die 21 in Ziffern und im Wort zweifarbig an die Tafel (s. LB, S. 21).
- Hörtext einmal hören mit Pausen nach „zwanzig" und „dreißig", T ergänzen die Zahlen.
- Zweites Hören, T überprüfen ihre Eintragungen.
- Gemeinsames Sammeln der Zahlen an der Tafel (ggf. Ergänzen der Zahlen auf Folie).
- Sprechen der Zahlen im Chor. Dabei auf den Akzent, der jeweils auf der ersten Silbe liegt, achten.
- Die ausgeschriebenen Zahlen werden abgedeckt. L zeigt auf eine Zahl in Ziffern, die T nennen die Zahl.

ZM:
– Aufgabe auf Folie
– Kopiervorlage 2d: „Bingo"

Spiel: Bingo

- Jeder T erhält ein Bingo-Blatt und trägt in das erste Quadrat neun Zahlen seiner Wahl aus einem vorher festgelegten Zahlenbereich ein (1–20, 20–40 ...; 1–50, 1–100).
- L sagt nun Zahlen aus dem Zahlenbereich an und kreuzt diese für sich auf dem Kontrollblatt (auf Folie) an.
- T markieren ihre Zahlen auf dem Bingoblatt, sobald sie genannt werden. Wer zuerst alle neun Zahlen angekreuzt hat, ruft „Bingo!" und hat, wenn alles richtig ist, gewonnen. Zur Kontrolle liest er/sie die Zahlen vor.
- Bei der nächsten Runde kann ein anderer Zahlenbereich gewählt werden und ein T die Ansage übernehmen.

AB: S. 160
11 Zahlenrätsel
12 Rechenaufgaben hören und notieren

1.17 — 15 An der Kasse

detailliertes Hörverstehen

Bei dieser und den folgenden drei Aufgaben geht es um den Umgang mit Zahlen im Alltag. Die T sollen erfahren, dass sie in der Lage sind, das Gelernte in realen Kommunikationssituationen umzusetzen.

- T sehen sich das Bild an: *Wo ist das? – Was machen die Personen?*
  Wortschatz klären: „Kasse", „bezahlen".
- Hören der Dialoge mit kurzen Pausen, T ordnen die Dialoge den Bildern (Tabletts) zu.
- Zweites Hören zur Kontrolle, Vergleich im Plenum.

Lösung: 1C – 2A – 3B

- Den zweiten und den dritten Dialog mit einer Pause noch einmal vorspielen: *Was ist das Problem?* (Evtl. die Transkription der Dialoge an die T verteilen.) Klären des Vokabulars: „Wie viel?", „Mist!", „Hast du mal zwei Euro?"

ZM:
– Kopie der Dialogtranskription

16 Dialoge an der Kasse

Dialoge schreiben und spielen

- T schreiben in PA oder Kleingruppen Dialoge.
- Spielen der Dialoge (mit Realien) zunächst in der Gruppe, dann im Plenum.

ZM:
- evtl. Getränke und (Spiel-)Geld

AB: S. 160
13 Dialog ergänzen

Deutsch verstehen Seite 22

17 Zahlen verstehen

1.18

detailliertes Hörverstehen: Zeitansagen verstehen

Bei dieser Übung geht es zunächst darum, die „offizielle" Form der Zeitangabe (Telefonauskunft/Radio) zu verstehen und als Information zu verwerten. Die weitaus komplexere und schwierigere „inoffizielle" Form (z. B. „Viertel vor sieben") folgt erst in Kapitel 4.

- L verweist auf das Foto: *Wie spät ist es?* Vokabular: „Uhr", „Minute", „Sekunde".
- Zeitansagen zweimal hören, T ergänzen die Zeitangaben.

Lösung: 1. 8 Uhr 15 Minuten 2. 12 Uhr 57 Minuten 3. 1 Uhr 33 Minuten 4. 6 Uhr 48 Minuten 5. 12 Uhr 31

Erweiterung:
- T fragen sich in PA gegenseitig, indem Person A eine Zeit aufschreibt und Partner B die Zeit ansagt und umgekehrt.

18 Angebote im Supermarkt

1.19

selektives Hörverstehen

- Einstieg über die Anzeigen: *Was ist das?* Wortschatz: „Anzeige", „Supermarkt", „Sonderangebote", „kaufen"; „Das ist teuer/günstig."
- L kündigt Ansagen im Supermarkt an, erläutert die Aufgabe.
- Erstes Hören, T markieren die Angebote in den Anzeigen, die auch im Hörtext vorkommen.
- Zweites Hören zur Kontrolle, Vergleich im Plenum.

Lösung: Mineralwasser (Classic/Medium), Buttermilch, Mövenpick-Kaffee, Früchte-/Kräutertee

Erweiterung: (für lernstarke Gruppen)
- GA: T erhalten Prospekte/Werbeanzeigen von Lebensmitteln, Scheren, Klebstoff und Papier und gestalten einen Werbeprospekt ihres fiktiven Supermarkts mit einer individuellen Preisgestaltung. Danach formulieren sie einen Ansagetext, den sie bei der Vorstellung des Prospekts im Plenum vorlesen. Hierfür kann L vorher noch ein paar Redemittel an die Tafel schreiben und erläutern, z. B.: *Heute im Sonderangebot – besonders günstig – Kaufen Sie …*

ZM:
- mehrere Werbeprospekte (Zeitungsbeilagen) von Supermärkten
- Werbeanzeigen
- Scheren
- Klebstoff
- Papier

19 Arbeitsanweisungen verstehen Seite 23

a Arbeitsanweisungen verstehen

Bislang haben die T die Arbeitsanweisungen durch Ihre zusätzlichen, oft gestischen Erklärungen und Beispiele verstanden. Ziel dieser Aufgabe ist es, diese zusätzlichen Verstehenshilfen überflüssig zu machen. Dabei geht es lediglich um das Verstehen der Verbbedeutungen, nicht um die aktive Umsetzung des Imperativs oder der trennbaren Verben.

- Gemeinsames Klären der Symbole für „hören", „sprechen", „lesen", „schreiben"; Lesen der Arbeitsanweisungen ohne weitere Erläuterungen.
- In PA durchforsten die T die Kapitel 1 und 2 nach Arbeitsanweisungen und versuchen, indem sie sich an die Tätigkeiten bei den entsprechenden Aufgaben erinnern, diese den

vier Fertigkeiten zuzuordnen (evtl. den Kurs in zwei Gruppen teilen, eine Gruppe bearbeitet je die Hälfte der Anweisungen).

- Vergleich in der Gruppe, Zusammentragen der Ergebnisse im Plenum (Tafel), Klären der Bedeutungen der Anweisungen erst nach der nächsten Aufgabe.

Lösung:
Ohr: hören, zuhören
Mund: fragen/antworten, nachsprechen, sprechen (vorlesen)
Brille: anschauen, lesen, mitlesen, vorlesen
Stift: ankreuzen, aufschreiben, ergänzen, markieren, notieren, schreiben, zuordnen

b
trennbaren Verbzusatz erkennen

- L erläutert den Terminus „Infinitiv" an einem Beispiel / an der Konjugationstabelle im LB, S. 25.
- Anhand der Beispiele „schreiben" und „aufschreiben" darauf aufmerksam machen, dass „auf-" zum Verb gehört. Bedeutungsunterschiede klären.
- T ergänzen in EA die Infinitive, Vergleich zuerst in PA, dann im Plenum durch Sammeln der Verben an der Tafel; dabei gruppieren:

hören	*zuhören*		
sprechen	*nachsprechen*		*fragen, antworten*
lesen	*mitlesen*	*vorlesen*	
	anschauen		
schreiben	*aufschreiben*		*markieren*
	ankreuzen		*ergänzen*
	zuordnen		

Lösung: 3. ergänzen 4. ankreuzen 5. markieren 6. vorlesen 7. mitlesen 8. nachsprechen 9. fragen/antworten 10. zuhören 11. anschauen 12. zuordnen

Strukturen verstehen
20 Trennbare Verben

Strukturen verstehen: trennbare Verben markieren

Durch diese Aufgabe sollen die T lediglich darauf aufmerksam gemacht werden, dass einige Verben in der deutschen Sprache ein trennbares Präfix haben und im Satz eine Klammer bilden. Es geht hier also nur um das Erkennen dieses Phänomens, nicht um eine aktive Umsetzung.

- T markieren die Verben in den Sätzen aus Aufgabe 19b.
- Gemeinsames Ordnen der Sätze an der Tafel, getrennt nach Verben ohne und mit trennbarem Präfix. Markieren der Satzklammer an der Tafel.

Erweiterung:

- L wählt einige der Sätze mit trennbaren Verben aus und fordert T auf, die Verben im Wörterbuch nachzuschlagen. T sollen so selbst entdecken, dass ein trennbares Verb unter dem Anfangsbuchstaben des Verbzusatzes zu finden ist und nicht unter dem Anfangsbuchstaben des konjugierten Verbteils.

AB: S. 161
Aussprache spezial
14 „ch"
15 „p", „t", „k"
16 „ts"
Schwierige Wörter
17 Hören und sprechen
18 Individuelle Auswahl
Effektiv lernen
19 Karten für Wortgruppen erstellen

Diktat

Diktat

Hosni kommt aus Tunesien. / Er lebt in Deutschland, / in Berlin. / Er wohnt in der Martinistraße 56. / Seine Telefonnummer ist 45 72 38. / Hosni spricht viel Deutsch. / Er ist im Deutschkurs bei Frau Wohlfahrt.

Kapitel 3 – Was kostet das?

Handlungsbereich
preiswert einkaufen, nach Preisen fragen, Dinge bewerten
Wortschatz
Zahlen als Preisangaben, Zahlen bis 1 Million, Adjektive, Gegenstände des Lernumfelds, Gebrauchsgegenstände
Grammatik
Nomen (Genus), Artikel, Negativartikel
Strukturen verstehen: Kompositabildung
Aussprache
lange und kurze Vokale

Einstiegsbild — Seite 26

- L lässt den T Zeit, sich das Bild anzusehen. Klären der dargestellten Situation mit Einführung wichtiger Wörter: „Flohmarkt", „verkaufen", „kaufen", „neu", „nicht neu", „gebraucht", „Secondhand" etc.

1 Gegenstände

Wortschatz: Haushaltsgeräte, elektronische Geräte – Internationalismen

Vorwissen aktivieren:
- T lesen die Wortliste und suchen die entsprechenden Gegenstände im Einstiegsbild.
- Unstimmigkeiten noch offen lassen.

Variante:
- L fragt, wie viele Wörter schon bekannt sind. Der T, der die meisten Wörter kennt, nimmt die Rolle des L ein und zeigt die von den anderen T genannten Wörter im Buch / auf der Folie.

ZM:
– Kopiervorlage 3a „Flohmarkt" auf Folie

Wortschatz: Internationalismen

Internationalismen (international bekannte Begriffe) sind im DaF-Unterricht besonders für Lernanfänger wichtige Stützpunkte, die ihnen zeigen, dass nicht alles an der neu zu erlernenden Sprache unbekannt sein muss.
Jedoch ist es nicht immer selbstverständlich, dass alle Lernenden die deutsche Version international bekannter Wörter ohne weiteres verstehen, weil die Aussprache und/oder Orthographie im Deutschen von den dem Lerner bekannten Wörtern mehr oder weniger stark abweichen kann. Oft erkennen Lernende einen gehörten Internationalismus erst dann, wenn sie das Schriftbild vor Augen haben, und umgekehrt, sie verstehen ein gelesenes international bekanntes Wort erst, wenn sie es auch hören.
Hinzu kommt, dass Internationalismen in der deutschen Sprache meist lateinischen, griechischen, romanischen oder englischen Ursprungs sind und in manchen anderen (z. B. asiatischen) Sprachen gar nicht existieren.
Sie als Lehrende/-r sollten also v. a. in heterogenen Kursen damit rechnen, ggf. bei Internationalismen weitere Hilfestellungen geben zu müssen.

2 Was ist das? — Seite 27

1.20

selektives Hörverstehen

- Den ersten Dialog hören, T lesen den Dialoganfang im Buch mit (der Dialog ist nicht vollständig abgedruckt).
- Gemeinsam die in dem Dialog angesprochenen Gegenstände unter den Illustrationen suchen. *Wo ist die Vase? Wo ist die Lavalampe?*
- Die übrigen Dialoge mit kurzen Pausen hören, in denen die T die Gegenstände unter den Bildern ausfindig machen.
- Vergleich in PA. Partner tragen bei der Wortliste in Aufgabe 1 die noch fehlenden Bildnummern ein.

1.20

3 Was kostet ...?

selektives Hörverstehen

- Die Dialoge 3, 4, 5 noch einmal hören. T notieren die Preise der drei Gegenstände.
- Vergleich im Plenum durch Tafelanschrieb: Ein T schreibt an, die anderen diktieren.
- L fragt: *Was kostet der Computer? Was bezahlt die Frau?* Dialog 6 noch einmal hören. Vergleich im Plenum. (Die Frau zahlt 180 €.)

Lösung: der Drucker 23 € – der Fernsehapparat 160 € – die Nähmaschine 65 €

AB: S. 162
1 Nomen und Artikel

4 Fragen Sie im Kurs.

Sprechen: Preise erfragen

- PA: T befragen sich gegenseitig. Die Preise sollen von den T selbst festgelegt werden. Hierfür können auch schon Kommentare wie „Das ist billig/teuer" eingeführt werden.

1.21

5 Zahlen bis eine Million — Seite 28

Wortschatz: Zahlen bis eine Million

- L schreibt den Anfang (erste bis vierte Zahl) der ersten Zahlenreihe in Ziffern und in Wörtern an die Tafel und lässt die T spekulieren, wie die Reihe fortzuführen ist.
- Hören der Zahlenreihen ohne Pause.
- PA: T setzen die Reihen fort. Vergleich im Plenum: Je ein T schreibt eine Zahlenreihe in Ziffern an die Tafel, der jeweilige Partner liest sie vor.

Lösung:
604 sechshundertvier, 705 siebenhundertfünf ...
3200 dreitausendzweihundert, 4300 viertausenddreihundert, 5400 fünftausendvierhundert ...
32.000 zweiunddreißigtausend, 43.000 dreiundvierzigtausend, 54.000 vierundfünfzigtausend ...
320.000 dreihundertzwanzigtausend, 430.000 vierhundertdreißigtausend, 540.000 fünfhundertvierzigtausend ...

Erweiterung:

- GA: T können selbst Zahlenreihen entwickeln, dann nur die ersten drei, vier Zahlen aufschreiben und sie anschließend einer anderen Gruppe geben. Diese muss dann herausfinden, wie die Zahlenreihe weitergeht.
  L kann vorher ein Beispiel geben: 200, 220, 260, 320, 400 ... (+ 20, + 40, + 60, + 80 ...)

1.22

6 Was kostet wie viel?

selektives Hörverstehen: Preise hören und zuordnen

- L präsentiert die Gegenstände/Geräte und die Preise im eigenen Buch (besser, wenn möglich, per Folie/OHP). Das Buch der T ist geschlossen. Klären des neuen Vokabulars.
- L fragt die T, welcher Preis zu welcher Ware gehören könnte: *Was kostet der Staubsauger?*, etc., und notiert die Ergebnisse an der Tafel (schreibt die Kennbuchstaben zu den Preisen auf der Folie; OHP wird ausgeschaltet).
- Hören der Dialoge je zweimal mit Pausen, in denen die T die Waren den Preisen im Buch zuweisen.
- Drittes Hören ohne Pausen zur Kontrolle.
- Vergleich durch gegenseitiges Abfragen im Plenum und Vergleich mit der zunächst geschätzten Zuordnung an der Tafel (auf der Folie).

Lösung: a 139 € – b 511 € – d 289 € – g 2312 €

- Kursgespräch: *Was ist teuer? Was ist neu, was ist gebraucht?*

ZM:
– Kopiervorlage 3b „Gegenstände" auf Folie

1.23

7 Acht Zahlen

detailliertes Hörverstehen: Zahlen notieren

- Zweimal Hören der Zahlen, T notieren die Ziffern in den Kästchen.
- Vergleich in PA, dann im Plenum.

Lösung: a 987 – b 2463 – c 3761 – d 8999 – e 727 – f 567 – g 5491 – h 7655

Spiel:

- In PA: Jeder T denkt sich vier Zahlen über 1000 aus, schreibt sie auf und diktiert sie der Partnerin / dem Partner. Anschließender Vergleich.
- GA: Jede Gruppe notiert pro Person der anderen Gruppe eine Zahl über 1000 auf einen Zettel. Der Zettel wird der jeweils anderen Gruppe gegeben. Jedes Gruppenmitglied muss an die Tafel und die Zahl notieren, die ihm ein Gruppenkollege / eine Gruppenkollegin diktiert. Jede Zahl darf nur einmal wiederholt und danach nicht mehr korrigiert werden. Jeder T sollte einmal schreiben und einmal diktieren. Gewonnen hat die Gruppe mit den meisten richtigen Zahlen.

Variante: Eckendiktat für Kurse mit gutem Hörverstehen

- GA: Wie oben, jedoch werden die Zahlen jeweils auf zwei Zettel verteilt. Jede Gruppe teilt sich noch einmal, erhält einen der Zettel der Gegengruppe und positioniert sich auf die zwei gegenüberliegenden Ecken des Raumes. Die Zahlen werden nun den Gruppenmitgliedern in der gegenüberliegenden Ecke diktiert bzw. zugerufen. Diese schreiben sie auf. Die Schwierigkeit besteht darin, die richtigen Zahlen herauszuhören, denn auch die Mitglieder der anderen Gruppe rufen sich ja Zahlen zu. Die Gruppe, die zuerst fertig ist und alle Zahlen richtig notiert hat, hat gewonnen.

AB: S. 162
2a Einwohnerzahlen schätzen
b Sätze schreiben

8 Bestimmter – unbestimmter Artikel: *der/das – ein, die – eine* Seite 29

Grammatik: bestimmte und unbestimmte Artikel

- L macht schrittweise mithilfe je eines „femininen, maskulinen und neutralen" Gegenstands den Unterschied zwischen unbestimmten Artikeln (bei unbekannten/neuen Nomen im Text) und bestimmten (bei bekannten / nicht neuen) deutlich und baut ein Tafelbild auf, das der Darstellung im Buch entspricht. Im Anschluss führt L die Begriffe „unbestimmt"/„bestimmt" und „Maskulinum", „Neutrum", „Femininum" ein.
- Die T ergänzen die Darstellung im Buch.
- Erweiterung des Tafelbilds um die Begriffe mehrerer Gegenstände, die sich auf den Tischen der T und im Kursraum befinden.
- Zur Festigung des Wortschatzes und Einführung des Negativartikels („kein", „keine") stellt L Nonsensfragen (s. Aufgabe 10).
- Bei Unklarheiten anhand der Übersichten „Im Alltag" 1 (S. 34) und 4 und 5 (S. 35) die Funktion der Artikel noch einmal klären.

Spiel: Gegenstände erfühlen

- Mehrere kleinere Gegenstände, deren Bezeichnungen schon eingeführt wurden, befinden sich in einem blickdichten Beutel oder auf einem Tablett unter einem Tuch / einer Decke. Jeder T darf nun einmal in den Beutel / unter das Tuch greifen und einen Gegenstand erfühlen. L fragt jedes Mal: *Was ist das?* Hat der/die T seine Vermutung genannt, wird der Gegenstand hervorgeholt und im Plenum mit der Frage *Ist das ein ...?* begutachtet.

ZM:
- verschiedene kleinere Gegenstände
- ein blickdichter Beutel oder ein großes Tuch

9 Gegenstände beschreiben

Schreiben: Artikel und Adjektive

- Neues Vokabular in den Redemittelkästen klären. L erklärt anhand des Beispiels die Aufgabe.
- EA: T schreiben zu fünf Gegenständen je zwei Sätze wie im Beispiel.
- Vortrag einiger Sätze im Plenum.

10 Fragen Sie im Kurs: *ein – kein – eine – keine.*

Sprechen: Negativartikel

- Jede/-r T nimmt drei bis fünf beliebige Gegenstände, geht im Kursraum umher und stellt anderen T Nonsensfragen (wie im Beispiel) und antwortet auf deren Fragen.

AB: S. 163
3 Suchrätsel
4 Kurzdialoge schreiben

11 Ein Flohmarkt im Kursraum — Seite 30

Lerntechnik: Umgang mit dem Wörterbuch

Erweiterung: (vor der eigentlichen Aufgabe)
Kopiervorlage 3c „Die Arbeit mit dem Wörterbuch 1" bearbeiten:

- Gemeinsam die Wörterbuchauszüge durchgehen und die unterschiedlichen Symbole zur Genusmarkierung vergleichen.
- T vergleichen die Auszüge mit den entsprechenden Einträgen in ihrem Wörterbuch.
- EA/PA: T suchen die Artikel zu den Nomen (Wortschatz aus Kapitel 1 und 2) und tragen beides in die Tabelle ein.
- Vergleich im Plenum.

ZM:
- Kopiervorlage 3c: „Die Arbeit mit dem Wörterbuch 1"
- wenn möglich, Wörterbücher unterschiedlicher Größe

Wortschatz erweitern

Vorwissen aktivieren:

- PA: T sammeln zunächst die Bezeichnungen der Gegenstände auf dem Flohmarktbild, die sie schon auf Deutsch benennen können, und schreiben sie auf.
- Die noch nicht bekannten Begriffe sollen die T in EA dem eigenen Wörterbuch entnehmen (ggf. in PA, s. u.).
- Vergleich im Plenum durch Auflistung der im Bild zu erkennenden Gegenstände an der Tafel (mit Artikel).

Hinweis:

- T, die kein eigenes Wörterbuch besitzen, sollten mit „Wörterbuchbesitzern" derselben Muttersprache zusammenarbeiten. Ist auch dies nicht möglich, sollten schon vorhandene Fremdsprachenkenntnisse über die Zusammenarbeit entscheiden (L stellt je zwei T, die z. B. Grundkenntnisse im Englischen haben, ein englisch-deutsches Wörterbuch zur Verfügung).

1.24

12 Dialog auf dem Flohmarkt

detailliertes Hörverstehen

dialogisches Sprechen

- Erstes Hören mit der Aufgabe: *Wer auf dem Foto ist Verkäufer, wer Käufer?*
- Zweites Hören: T lesen im Buch mit.
- Nachspielen des Dialogs: L (Verkäufer) mit einem/einer T (Kunde). Dadurch kann L neue Begriffe gestisch verdeutlichen.
- L verweist auf die Akzentmarkierungen und Intonationspfeile.
- Nachsprechen des Dialogs in PA mit bewusster Akzentuierung und Intonierung.

13 Spielen Sie Flohmarkt! — Seite 31

Sprechen: Redemittel aktiv anwenden

- Für das Flohmarktspiel gibt es verschiedene Möglichkeiten:
  1. Als Ware dienen die Schreib- und Lernutensilien, die jede/-r T dabeihat. Der Flohmarkt wird simuliert.
  2. T schneiden aus Katalogen/Werbeprospekten „Ware" aus und kleben sie auf Karteikarten oder gestalten Plakate.
  3. L bringt Gegenstände mit, die real oder fiktiv verkauft werden.
  4. T bringen Gegenstände mit, die sie nicht mehr benötigen. Die Ware wird real verkauft. Der Erlös kann in eine Kurskasse fließen und bei einer gemeinsamen Aktivität (Kurstreffen) eingesetzt werden.

ZM:
- Redemittel auf Folie
- Ware für den Flohmarkt (je nach Umsetzung des Spiels, s. links)

- L erklärt das Flohmarktspiel.
- Redemittel an die Tafel schreiben / per OHP projizieren.
- T lesen die Redemittel, L erklärt noch unbekanntes Vokabular.
- Die Tische im Kursraum werden so aufgestellt, dass sie als Verkaufsfläche dienen können. Je zwei T „bewirtschaften" einen Tisch: Sie legen die Ware aus, setzen die Preise dafür fest und schreiben evtl. Preisschilder.
- Während einer der Partner verkauft, kann der andere auf dem Flohmarkt herumgehen und einkaufen. Nach einer gewissen Zeit (fünf bis zehn Minuten, je nach Motivation und Kauf- bzw. Verkaufsengagement der T) werden die Rollen der Partner getauscht.
- L geht von Tisch zu Tisch, unterstützt und achtet darauf, dass die Redemittel verwendet werden.
- Nach „Flohmarktschluss" präsentiert jede/-r T seine Errungenschaften.

AB: S. 164
5 Dialoge schreiben

Ausspracheübungen selber sprechen

Die Ausspracheübungen in *Berliner Platz* sind so konzipiert, dass sie von jedem Lehrer / jeder Lehrerin auch selbst gesprochen werden können. Das hat den Vorteil, dass Sie flexibel auf die Kurssituation und auf Ihre T reagieren können. Sie können die Übungen wiederholen, ggf. deutlich präzisieren und variieren und/oder die Übungen mimisch/gestisch begleiten. Sie können die T direkt ansprechen (Blickkontakt), schnell auf individuelle Probleme eingehen und/oder Kurzdialoge initiieren (Frage – Antwort). Die Unterrichtssituation gewinnt an Lebendigkeit und Authentizität und ist somit entscheidend für die Motivation der Lernenden.

1.25

14 Lange und kurze Vokale

a
lange Vokale

b
kurze Vokale

- L spricht einzelne Wörter übertrieben langsam vor und begleitet die Aussprache gestisch (langer Vokal: Arme weit auseinander, kurzer Vokal: Faust).
- L wiederholt und lässt einzelne T / im Chor nachsprechen. Einzelwörter zu Wortgruppen erweitern. *Schere / die Schere / eine Schere haben.* Sprechweise dabei variieren: laut, leise, erfreut, wütend etc. sprechen.
- T hören die Übungen von der Kassette/CD, lesen halblaut mit und üben anschließend in PA.

c
lange und kurze Vokale

- T hören die Dialogsequenzen und lesen halblaut mit.
- L spricht schwierige Wörter vor (*Papierkorb, Waschmaschine* etc.) und lässt sie von mehreren T einzeln nachsprechen. Erweitern auf Wortgruppen.
- In PA die Sätze üben lassen. In dieser Phase kann es auch hilfreich sein, die Unterrichtssituation etwas aufzulockern: aufstehen, im Kursraum umhergehen, Partner häufig tauschen.
- L achtet auf die richtige Aussprache der Vokale, korrigiert behutsam und ermuntert die T zu Blickkontakt und Körpersprache. Dies kann „unauffällig" gut dadurch geschehen, dass L selbst Dialogpartner ist und verstärkt auch vielfältige nonverbale Elemente beim Sprechen einsetzt.

AB: S. 165
6 Vokale
7 Wortpaare bilden und Sätze schreiben

Vokale

Ein Vokal kann – je nach Position im Wort – lang oder kurz gesprochen werden. Die Vokale spielen im Wort/Satz eine herausragende Rolle, weil sie zugleich auch Akzentträger sind und eine korrekte Aussprache somit besonders wichtig ist. Gleichzeitig ist dieses für das Deutsche so zentrale Aussprachephänomen für fast alle Deutschlernenden problematisch, da sie dies so nicht aus ihrer Muttersprache kennen. Um falsche Einschleifungen zu verhindern, sollten Sie gerade am Anfang sehr auf die korrekte Aussprache der Vokale achten und konsequent korrigieren.

Ausspracheregeln: Um die Lernenden nicht mit zu viel Metasprache zu belasten, schlagen wir so genannte „95 %-Regeln" vor (s. Ausspracheanhang / „Auf einen Blick"), an denen sich die Lernenden bei der Aussprache der Vokale im Zweifelsfall schnell orientieren können.

Korrekturhilfen: Vokale

Die langen Vokale werden mit viel Energie, mit viel Muskelspannung gesprochen. Man spricht sie lang und gespannt.

- Unterstützen Sie die Lautbildung der langen Vokale mit anderen Spannungselementen wie Lautstärke, emotionalem Sprechen (Freude, Überraschung) und/oder steigendem Melodieverlauf.
- Begleiten Sie die Aussprache der Vokale möglichst häufig mit Gesten: z. B. lang (_) – Arme wie bei einem Expander auseinander ziehen, kurz (.) – Hand zur Faust formen / Finger schnipsen.
- Beim Anschreiben neuer Wörter an die Tafel die Vokallänge markieren und laut sprechen (lassen).
- Bei neuen Wörtern den Akzentvokal, (_) oder (.), gleich mitlernen lassen.

15 Projekt – Flohmärkte in Ihrer Region

Nachdem die T den Flohmarkt im Unterrichtsraum simuliert haben, haben sie sicherlich Interesse daran, einen deutschen Trödelmarkt in natura kennen zu lernen. Durch dieses kleine Projekt sollen sie animiert werden, verstärkt auf Ankündigungen (Plakate, Wurfzettel) zu achten.

- L fragt die T, ob, wann und wo sie schon einmal auf einem Flohmarkt in Deutschland waren, und verweist auf das Foto des Plakats: „Trödelmarkt" = „Flohmarkt".
- T erhalten die Aufgabe, im außerunterrichtlichen Alltag (hierfür sollten sie einige Tage Zeit haben) auf Flohmarktankündigungen zu achten (Plakate, Werbezettel, Anzeigen in der Zeitung, Anschläge an Pinnbrettern im Supermarkt, Veranstaltungskalender etc.) und die Informationen abzuschreiben oder mitzubringen.
- In der vereinbarten Unterrichtseinheit werden die Suchergebnisse vorgestellt. L sollte unbedingt selbst ausreichend Material (z. B. einen Klassensatz Veranstaltungskalender von der Touristeninformation etc.) mitbringen, damit bei mangelndem Erfolg der T das Projekt nicht ins Leere läuft. Dieses Material kann dann im Unterricht nach Hinweisen durchforstet werden. Leitfragen für die Auswertung:

Wo ist ein Flohmarkt?
Wann ist er?
Was verkaufen die Leute dort?

ZM:
- Veranstaltungskalender, Tageszeitungen etc.

Deutsch verstehen — Seite 32

16 Sie suchen

selektives Leseverstehen

Für die meisten T an Deutschkursen in D/A/CH ist das Thema „Preiswert einkaufen" von großem Interesse. Nachdem die T nun schon den Flohmarkt als günstige Einkaufsquelle kennen gelernt haben, werden hier drei weitere Möglichkeiten vorgestellt: Kleinanzeigen aus Tages- oder Inseratszeitungen, die in vielen Regionen in zwei- bis vierwöchigem Turnus erscheinen, schwarze Bretter, die im Eingangsbereich vieler Supermärkte als Secondhand-Börse dienen, und Secondhandläden, die es mittlerweile nicht nur für Kleidung, sondern auch für Elektrogeräte, Möbel und andere Gebrauchsgegenstände gibt. Ein weiteres Ziel dieser Übung ist es, die T an den Lesestil des selektiven Lesens (s. u.) heranzuführen.

- T sehen sich die Seite an. L erklärt, um welche Textsorten es sich hier handelt (hierfür, wenn möglich, Realien zeigen) bzw. was ein Secondhandgeschäft ist.
- PA: Jedes Paar erhält einen Notizzettel (Kopien der Vorlage vorher zerschneiden) mit dem Auftrag, die Texte nach dem gewünschten Gegenstand zu durchsuchen und die Angebote herauszuschreiben. L erläutert die Bedeutung von „je" und der Abkürzung „zus." („zusammen"). Mehr Worterklärungen sollten nicht gegeben werden.
- Im zweiten Schritt ordnen die Paare die Angebote nach Preisen, wie im Buch angegeben.
- Zusammentragen der Ergebnisse im Plenum.

ZM:
- regionales Anzeigenblatt, Werbung örtlicher Secondhandläden etc.
- Kopiervorlage 3d: „Notizzettel" (mit fünf verschiedenen Notizzetteln: Kinderwagen, Waschmaschine, Kühlschrank, Fernseher, Videorekorder)

Lese- und Hörstile

In der Muttersprache nehmen die meisten Menschen Informationen je nach Situation und Interesse unterschiedlich auf; es gibt verschiedene sog. Hör- und Lesestile:
Oft möchte man sich nur einen Eindruck, einen Überblick verschaffen und so reicht es aus, einen Lesetext zu überfliegen bzw. nur wenige Informationen eines Hörtextes aufzunehmen **(globales Lesen/Hören)**, während man in anderen Situationen nur spezifische Informationen erhalten will und diese in einem Lesetext sucht (z. B. Anzeigen) bzw. bei einem Hörtext „aufhorcht" **(selektives Lesen/Hören)**. Seltener will man eine Gesamtäußerung aufnehmen, indem man jedes Wort des geschriebenen oder gesprochenen Textes genau aufnimmt **(detailliertes Lesen/Hören)**.
Dass man beim Erlernen einer Fremdsprache dazu neigt, jedes Wort verstehen zu wollen, ist verständlich: Gerade im Anfangsstadium fühlt man sich noch sehr unsicher darin, wichtige von unwichtigen Informationen zu unterscheiden. Aber besonders für Lernende im Zielsprachenland, die im Alltag schon von Anfang an mit komplexen Texten konfrontiert werden, ist die Adaption ihrer muttersprachlichen Lesegewohnheiten auf die Fremdsprache entscheidend. Im Unterricht werden sie darin unterstützt, wenn durch eine genau umrissene Aufgabenstellung das Hör- oder Leseinteresse gelenkt wird.

17 Zwei Telefongespräche

selektives Hörverstehen

Wie bei den Lesetexten sollen die T auch bei diesen komplexen Hörtexten nur die jeweils gefragte Information herausfiltern.

- T hören die drei Dialoge unter der Fragestellung *Was suchen die Personen?* je zweimal mit kurzen Pausen, in denen sie die Antworten notieren.

Lösung: Dialog 1: Campingbus – Dialog 2: Waschmaschine

- Vergleich im Plenum. Bei Unstimmigkeiten die jeweiligen Dialoge noch einmal hören.
- Mit der zweiten Aufgabenstellung ebenso verfahren.

Lösung: Dialog 1: 8.800 € – Dialog 2: 120 €

- Bei Lerngruppen, die mit diesen Aufgaben keinerlei Schwierigkeiten haben, kann L im Anschluss noch fragen, auf welches der Angebote auf S. 32/33 sich die Dialoge beziehen.

Strukturen verstehen — Seite 33

18 Komposita

Komposita erkennen

Die T haben in diesem Kapitel sehr viele Komposita als neuen Wortschatz kennen gelernt. Hier sollen sie nun einen Einblick in die Wortbildung bekommen, um im Alltag leichter Hypothesen bilden und sich ohne Wörterbuch weiterhelfen zu können:

- L schreibt *Kinderstuhl* an die Tafel. *Was ist das?*
- T liefern Hypothesen. Wichtig ist, dass das Grundwort „Stuhl" erkannt wird; *das Kind + der Stuhl = der Kinderstuhl = ein Stuhl für ein Kind.*
- EA: T suchen sich aus den im Buch stehenden Komposita je fünf Beispiele aus und markieren die Grundwörter. Wenn ihnen sowohl Grund- als auch Bestimmungswort einzeln klar sind, können sie Hypothesen über die Bedeutung des Kompositums aufstellen, ansonsten schlagen sie im Wörterbuch nach.
- PA: T tauschen ihre Ergebnisse aus. In sprachlich heterogenen Kursen Zusammentragen der Ergebnisse im Plenum.

AB: S. 165
Aussprache spezial
8 „-er"
9 „ch", „f" – „w"
S. 166
Effektiv lernen
10 Artikel-Bilder (s. u.)

Effektiv lernen: Wörter und Bilder

Die im Arbeitsbuch (Kap. 3/10) vorgestellte Lernhilfe ist an die schon in der Antike entwickelte Mnemotechnik des Lyrikers Simonides von Keos (556–467 v. Chr.) angelehnt, der sich bestimmte Sachverhalte und Wörter merkte, indem er sie verschiedenen Orten oder Plätzen zuordnete, diese dann später im Geiste abschritt und somit die Erinnerungen weckte.
Bei der visuellen Eselsbrücke „Artikel-Bilder" denkt sich der Lerner je ein Bild von etwas aus, was für ihn typisch männlich, weiblich oder sächlich ist, und verknüpft alle neu gelernten Wörter dem Genus entsprechend mit dem jeweiligen Bild: Also legt er, wie im AB vorgeschlagen, im Geiste alle Dinge, die auf Deutsch maskulin sind, auf „den Tisch", alle neutralen ordnet er „dem Bild" zu und die femininen steckt er in „die Vase".
Die Artikel-Bilder hier können natürlich nur ein Vorschlag sein. Jeder Lerner muss die für ihn geeigneten Bilder finden bzw. herausfinden, ob er überhaupt mit dieser Merktechnik zurechtkommt.

Diktat

Diktat

Auf dem Flohmarkt
„Kommen Sie, / kaufen Sie! / Hier ist alles billig. / Der Staubsauger / kostet nur 25 Euro, / das Bügeleisen nur zwölf Euro. / Das Fahrrad ist nicht alt, / es kostet nur 135 Euro."

Raststätte 1

Hinweise zu den Raststätten allgemein: s. S. 7

1 Zehn Wörter und viele Sätze — Seite 36

Syntax

- Gemeinsam die Spielregeln durchgehen. Bei Unsicherheiten macht L mit einer/einem T einen Probedurchgang: T nennt ein Wort, L bildet mit diesem Wort möglichst unterschiedliche Fragen und Sätze und notiert sie an der Tafel. Für jeden richtigen Satz (L kann auch Fehler einbauen) gibt es einen Punkt, der in einer Strichliste festgehalten wird (ebenfalls exemplarisch an der Tafel).
- PA: T spielen das Spiel wie angegeben. L geht herum und achtet auf die Einhaltung der Spielregeln (dreißig Sekunden).
- Am Ende der Gesamtspielzeit (zehn Minuten, ggf. auch kürzer) tauschen die Partner ihre Aufzeichnungen und kontrollieren die Sätze des anderen; nur syntaktisch korrekte Sätze gehen in die Wertung ein, bei der Rechtschreibung sollte man weniger streng sein. Evtl. vorher die wichtigsten Punkte, auf die die T hierbei achten sollten, an der Tafel festhalten (Position des Verbs, Groß- und Kleinschreibung etc.). L geht herum, hilft bei Uneinigkeiten und achtet auf gröbere Fehler.
- Vergleich der Punktzahlen im Plenum.

Variante:

- Das Spiel lässt sich auch in zwei Gruppen durchführen. Jede Gruppe erhält eine Seite der Tafel / eine Folie und wählt einen Sekretär / eine Sekretärin, dem/der die Sätze diktiert werden. (Der/Die Sekretär/-in kann innerhalb des Spielverlaufes wechseln.)

2 Dialoge – Ordnen Sie bitte und lesen Sie vor.

sich vorstellen – Redemittel

- PA: T bringen die Teile eines Dialogs oder beider in die richtige Reihenfolge und schreiben diesen/diese auf.
- T lesen den Dialog / einen der beiden mit verteilten Rollen. L geht herum und achtet auf richtige Akzentuierung und Intonierung.
- Jeder Dialog wird im Plenum vorgetragen.

Lösung:

Dialog 1
○ Guten Tag, mein Name ist Nikos Kukidis.
● Und ich bin Boris Bogdanow.
○ Woher kommen Sie?
● Ich komme aus der Ukraine – und Sie?
○ Ich komme aus Griechenland, aus Athen.
● Und ich bin aus Kiew.

Dialog 2
○ Wo wohnst du?
● In der Kaiserstraße – und du?
○ In der Blumenstraße 34.
● Hast du Telefon?
○ Nur Handy. Die Nummer ist 0172 5480808.

Erweiterung:

- Fortgeschrittenere T können die Dialoge als Muster verwenden und variieren (Personen und Inhalte austauschen).

3 Drei Bilder

Begrüßung und Einkauf – Redemittel wiederholen

Nachdem die Dialogarbeit in Aufgabe 2 rein rezeptiver Art war, sollen die T hier kreativ werden und können so das bisher Gelernte in vollem Umfang aktivieren. Die auf den Fotos dargestellten Kommunikationssituationen sind unterschiedlich komplex, sodass hier nach den Möglichkeiten der T differenziert werden kann.

- Gemeinsam die Bilder ansehen und kurz die Situationen klären.
- PA: T suchen sich ein Foto aus und schreiben dazu einen Dialog, der dann im Plenum vorgespielt wird.

4 Verben konjugieren – ein Würfelspiel Seite 37

Satzkonstruktionen

- Gemeinsam die Spielregeln klären: *Wer macht was?*
- PA: T1 nennt einen der Infinitive aus der Liste (z. B. *wohnen*). T2 würfelt und bildet einen Satz, dessen Subjekt und Verbendung vom Würfelergebnis abhängen; würfelt er z. B. eine Drei, müssen Subjekt und Verb in der dritten Person Singular stehen (*er/sie wohnt*), bei einer Fünf in der zweiten Person Plural (*ihr wohnt*) etc. Für jeden richtig gebildeten Satz gibt es einen Punkt. Die Punkte werden in einer Strichliste festgehalten.
- Nach einer vorher festgelegten Zeitspanne (zehn bis fünfzehn Minuten) die Punkte auszählen und im Plenum vergleichen.

Variante:

- Zwei Gruppen, die gegeneinander spielen: Ein/-e T aus Gruppe A nennt einen Infinitiv, ein/-e T aus Gruppe B würfelt und ein weiterer / eine weitere konstruiert einen entsprechenden Satz. Ist der Satz nicht korrekt, hat Gruppe B die Möglichkeit, ihn zu korrigieren. Nur für korrekte Sätze gibt es einen Punkt. Dann Wechsel: T aus Gruppe B nennt einen Infinitiv, T aus Gruppe A bildet einen Satz. Es wird mindestens so lange gespielt, bis jedes Gruppenmitglied einmal einen Infinitiv genannt hat und einen Satz gebildet hat.
- Punkte werden an der Tafel festgehalten, am Ende wird die Siegermannschaft ermittelt.

Hinweis:

- Dieses Spiel kann zwischendurch immer wieder gespielt werden, auch später, wenn neue Verben oder andere Zeitformen (Perfekt in Kapitel 10 und 11) dazukommen.

ZM:
– Pro Paar/Gruppe einen Würfel

1.27

5 Ein Diktat

Hörverstehen

- EA: T lesen den Lückentext.
- Hörtext zweimal vorspielen: Der Text ist im Sprachduktus und mit Pausen wie bei einem Diktat aufgenommen. T ergänzen die Lücken.
- Ggf. Hörtext zur Kontrolle noch einmal vorspielen.
- Vergleich in PA, dann im Plenum.

Lösung:
Der Deutschkurs von Frau Wohlfahrt und Herrn Schuhmann hat zehn Teilnehmer und Teilnehmerinnen aus vielen Ländern.
Einige sprechen schon eine Fremdsprache. Tom Winter spricht Englisch und Hosni Bouslimi spricht auch Französisch. Der Kurs hat sechs Stunden Unterricht am Tag.
In der Pause gehen viele in die Cafeteria. Sie trinken einen Kaffee mit Milch und Zucker oder ein Mineralwasser.

Erweiterung:

- Ein bis zwei T ergänzen den Lückentext auf Folie. Abschließender Vergleich durch Korrektur der Folie/-n auf dem OHP.

Variante:

- Lernstarken Gruppen/T gibt L die zu ergänzenden Begriffe vor, sie versuchen, die Lücken ohne Hörtext zu füllen. Der Hörtext dient dann als Kontrolle.

ZM:
– ggf. Lückentext auf Folie

6 Wortschatz wiederholen – Wie viele Gegenstände finden Sie im Bild? Seite 38

Wortschatz trainieren

- PA: T übernehmen die Tabelle ins Heft, sehen sich das Bild an und versuchen, so viele der dort dargestellten Gegenstände wie möglich zu benennen und in die Tabelle einzuordnen. (Im Zweifel können die T in der Wortliste oder im Wörterbuch nachschlagen, um das Genus herauszufinden.)
- Vergleich durch Sammeln der Begriffe auf Zuruf an der Tafel (L/T umkreist die von den T genannten Gegenstände auf der Folie).

ZM:
Bild auf Folie

Lösung:
der: Bleistift, Computer, Drucker, Fernsehapparat, Füller, Kassettenrecorder, Kinderwagen, Kochtopf, Kühlschrank, Kuli, Orangensaft, Ordner, Papierkorb, Rasierapparat, Schrank, Staubsauger, Videorecorder, Wasserkocher, Zucker
das: Auto, Bügeleisen, Fahrrad, Heft, Radio, Telefon, Wörterbuch
die: CD, Kaffeemaschine, Lampe, Nähmaschine, Schere, Schreibmaschine, Vase, Waschmaschine

Variante: Wettspiel

- Zwei bis vier Gruppen, Spielzeit fünf Minuten: Jede Gruppe ernennt einen Sekretär / eine Sekretärin, der/die auf Zuruf der anderen Gruppenmitglieder die Begriffe in eine Tabelle (wenn möglich an der Tafel) einträgt.

  Auswertung und Korrektur der Tabellen werden jeweils von einer anderen Gruppe vorgenommen. Gewonnen hat die Gruppe mit den meisten richtigen (mit Blick auf Artikel und Orthographie) Begriffen.

1.28

7 Der Aussprache-Hit

Grundsätzlich sollte (nicht nur) bei Liedern und/oder bei freieren Dialogen viel Bewegung im Kursraum stattfinden. T sollten aufstehen, sich im Kursraum verteilen, sich in verschiedenen Gruppen wieder finden, im Laufen/Umhergehen sprechen, Gestik und Mimik einsetzen.

- L liest den Refrain vor und lässt einzelne Sequenzen nachsprechen.
- L sagt: „Hey, Leute", T antworten: „Das ist der Aussprache-Hit / kommt her und macht mit."
- T und L gehen im Kursraum umher und machen ein Frage-Antwort-Spiel mit dem Refrain. An dieser Stelle bereits variieren in Sprechrhythmus, Gestik, Körperbewegung.
- Vier bis fünf Gruppen bilden, Sprechablauf für Refrain vereinbaren (z. B. eine Gruppe ruft im Chor: „Hey, Leute", eine andere antwortet: „Das ist der ...", o. Ä.).
- L liest die Strophen vor, T und L sprechen den Refrain. L ermuntert zu Gestik und Körperbewegung!
- Jede Gruppe inszeniert nun einen eigenen „Sprech-Hit" zu diesem Text. L hilft bei der Aussprache, beim Chorsprechen und ermutigt zu Variationen.
- Vorstellen der „Sprech-Hits" der einzelnen Gruppen im Plenum.
- Hören des Aussprache-Hits. Mitsingen, mitraven, mitsprechen – alles erlaubt!

Lieder

Lieder im Unterricht, speziell im Ausspracheunterricht, werden von Lehrenden und Lernenden sehr unterschiedlich aufgenommen. Das hängt von vielen Faktoren ab und ist nicht zuletzt auch eine Frage der persönlichen Vorliebe. Experimentieren mit der eigenen Stimme, Variationen des stimmlichen Ausdrucks, Spannung/Entspannung und Rhythmus sind wesentliche Bestandteile von Ausspracheschulung und sollten im Unterricht möglichst vielfältige Anknüpfungspunkte finden. Auf der anderen Seite sollen kreative, experimentelle Unterrichtssequenzen von Ihnen als erweiterndes Angebot betrachtet werden, da der Einsatz sehr stark von der jeweiligen Kurssituation abhängt.

8 Wortschatzkarten — Seite 39

Lernstrategien

Wortschatzkarten haben die T schon im Arbeitsbuchteil des ersten Kapitels kennen gelernt (AB, S. 155). Diese Lerntechnik wird in ***Berliner Platz*** immer wieder aufgegriffen und erweitert und sollte auch im Unterricht ihren festen Platz haben (vgl. zur „Kurskartei" auch S. 23. Bei dieser Aufgabe wird eine Möglichkeit der effektiven Kartenbeschriftung für Nomen vorgestellt. Hierzu gehören selbstverständlich auch die Pluralformen, die allerdings erst in Kapitel 5 als grammatisches Thema eingeführt werden.

ZM:
– Blanko-Karten zum Beschriften

- Gemeinsam die Beschriftung der Karteikarten klären. L verweist darauf, dass die Pluralformen hier schon genannt werden, weil sie grundsätzlich für die Kartenbeschriftung wichtig sind, aber erst ab Kapitel 5 für die T eine Rolle spielen und deshalb erst dann ergänzt werden können.
- Jede/-r T erhält fünf bis zehn Karteikarten (T bringen selber Karteikarten mit). T suchen sich aus der Wortliste eine entsprechende Anzahl von schon bekannten Nomen heraus. L kann jedem/jeder T eine Seite der Wortliste zuweisen, damit möglichst verschiedene Nomen gewählt werden.
- T beschriften die Karteikarten wie im Buchbeispiel.
- PA: Wenn möglich, arbeiten zwei T mit gleicher Muttersprache zusammen: Die Karten beider werden gemischt und mit der muttersprachlichen Seite nach oben auf einen Stapel gelegt.

Hinweis:

In den Glossaren zu ***Berliner Platz 1*** werden die Lerntipps aus dem LAB (und noch einige mehr) in der Muttersprache der Lernenden erläutert.

9 Regelmäßig lernen

Lernstrategien

Hier soll den T deutlich werden, dass regelmäßige Wiederholungen wichtig sind, dass es effektiver ist, jeden Tag fünf Minuten für das Wortschatzlernen zu investieren, als einmal dreißig Minuten.

- Gemeinsam die beiden Abbildungen miteinander vergleichen, T stellen Vermutungen über die Bedeutung an.
- L sammelt auf Zuruf an der Tafel dreißig Wörter, die die T aus Kapitel 4 heraussuchen.
- T erhalten die Hausaufgabe, Wortschatzkarten nach obigem Muster herzustellen und zu Hause den Lerntipp auszuprobieren.
- Nach einer Woche wird Bilanz gezogen, ob der Lerntipp wirklich erfolgreich war, und evtl. ein Vokabeltest geschrieben.

Variante:

- Im Kurs eine kleine empirische Studie durchzuführen, kann sehr animierend sein: den Kurs in zwei Gruppen teilen, dabei auf eine gleichmäßige Verteilung lernstarker und lernschwacher T achten. Gruppe A bekommt die Aufgabe, noch am selben Tag die dreißig Wörter zu lernen, Gruppe B die Aufgabe, jeden Tag fünf Minuten zu lernen. Eine Woche später wird dann ein Test durchgeführt und ausgewertet, welche Gruppe im Durchschnitt besser abgeschnitten hat.

10 Machen Sie Aufgabe 1 bis 6 und kontrollieren Sie im Kurs.

Selbstevaluation

Die Selbstkontrolle „Was kann ich schon?" am Ende jeder Raststätte soll nicht als Test verstanden werden, sondern als ein Anlass, über den bisherigen Lernweg nachzudenken. Vor allem soll den T bewusst werden, was sie schon gelernt haben und beherrschen.

- Gemeinsam die Aufgaben besprechen: 1. Frage und Antwort formulieren, 2. den abgedruckten Namen leise buchstabieren, 3. drei verschiedene Antworten formulieren, 4. Frage formulieren, 5. Frage nach dem Wörterbuchpreis formulieren und beantworten, 6. Unterrichtsanweisungen ergänzen.
- EA: T bearbeiten die Aufgaben 1 bis 6 für sich allein.
- Im Plenum die Lösungen vergleichen. T machen daraufhin für sich allein eine Beurteilung ihrer eigenen Leistung.
- Im Plenum Fehler besprechen und Fehlerquellen ausmachen: *Wo ist das Problem? Wo finde ich das? Was muss ich wiederholen?* Ggf. spricht L mit T, die ein nicht zufrieden stellendes Ergebnis hatten.

Lehrwerkquiz

Berliner Platz ist ein Lehrwerk, das die Lernenden an das selbständige Lernen heranführen will. Eine Grundvoraussetzung hierfür ist, dass die Lernenden ihr Lehrwerk kennen, wissen, wie es aufgebaut ist, wo sie welche Informationen und Lerntipps finden können und wie das Verweissystem funktioniert.

- T erhalten eine Kopie der Vorlage.
- Gemeinsam die Quizfragen durchgehen und Fragen der T zu den Aufgaben klären. Evtl. die erste Aufgabe exemplarisch im Plenum lösen.
- PA: T bearbeiten die Aufgaben und ergänzen die Lösungen.
- Auswertungen im Plenum.

ZM:
– Kopiervorlage R2/A und R2/B „Lehrwerkquiz"

Kapitel 4 – Wie spät ist es?

Handlungsbereich
die Uhrzeit erfragen und sagen, einen Tagesablauf beschreiben, Verabredungen treffen
Wortschatz
Tätigkeiten im Alltag, Zeitangaben, Zeiträume, Uhrzeit
Grammatik
trennbare Verben und Satzklammer;
Strukturen verstehen: Perfekt und Präteritum von „sein“ und „haben“
Aussprache
Wortakzent und Rhythmus, Wortakzent bei trennbaren Verben

Einstiegsbild — Seite 40

Vorwissen aktivieren

W: Vor dem Einstieg in das Kapitel ist es sinnvoll, die Zahlen 1 bis 60 kurz zu wiederholen: Schreiben Sie je eine der Zahlen in Ziffern auf sechzig kleine Zettel, die Sie einmal falten, in eine Schachtel o. Ä. stecken und gut mischen. Jede/-r T zieht mehrere Zettel, sodass alle gleichmäßig auf die T verteilt sind (bei fünfzehn T je vier Zettel). Dann wird durchgezählt: Der/Die T mit dem Zettel 1 beginnt, steht auf, ruft laut: „Eins“, und setzt sich wieder, der/die T mit Zettel 2 folgt usw., bis alle sechzig Zahlen ausgerufen wurden. (Wenn Sie es ruhiger wollen, können die T auch sitzen bleiben.)

Einstiegsbild:
Das Bild bietet einen Einblick in ein Mehrfamilienhaus mit fünf Mietparteien: Im Erdgeschoss befindet sich die Bäckerei von Frau Keller, die auch im zweiten Stock rechts wohnt. Rechts neben der Bäckerei lebt Klaus Hansen, der mit Petra Imhoff aus dem zweiten Stock links liiert ist. Familie Schmidt, bestehend aus Vater, Mutter und den Kindern Holger und Ilona, wohnt in der ersten Etage links in direkter Nachbarschaft zum Ehepaar Axel und Heidi Baatz. Die Bewohner des Hauses haben, bedingt durch ihre sehr unterschiedlichen beruflichen Tätigkeiten, ebenso unterschiedliche Tagesabläufe.

- Bild angucken: Begriffe „Haus“ und „Uhr“ an die Tafel.
- L malt ein stilisiertes Haus mit sieben Räumen an die Tafel:

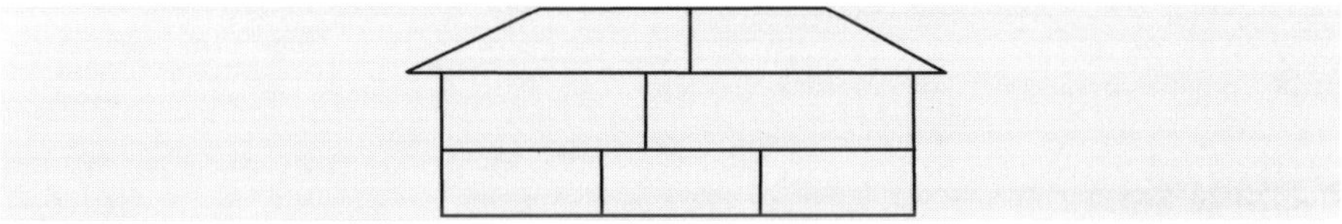

- Gemeinsam Assoziationen sammeln, die den T zu dem Geschehen im Haus einfallen, und diese in die entsprechenden Räume eintragen. Dabei das Material in den Redemittelkästen schon einbeziehen, wenn T nach Worten suchen.

1.29 — 1 Ein Tag

globales Hörverstehen

- L verweist auf die Familiennamen und erläutert die Aufgabe. Hierzu den Hörtext bis *Sie öffnet die Bäckerei jeden Morgen um sechs* hören.
- Hörtext in Abschnitten weiter hören. T ergänzen die Namen.
- Zweites Hören des gesamten Hörtextes zur Kontrolle.
- Vergleich in PA, dann im Plenum (L ergänzt das Tafelbild).

Lösung:
S. 40, von oben nach unten: Imhoff, Schmidt
S. 41, von oben nach unten: Keller, Baatz, Hansen

1.29 — 2 Hören Sie noch einmal.

Wortschatz: Uhrzeit, Zeitraum, Zeitdauer

- Zunächst an Kapitel 2 anschließen und die offizielle Uhrzeit anhand des Tagesablaufs von Frau Keller wiederholen, an der Tafel festhalten:

6.00 Uhr	*Frau Keller öffnet die Bäckerei.*
12.30 Uhr	*Sie macht Mittagspause.*
15.00 Uhr	*Sie öffnet die Bäckerei.*
18.00 Uhr	*Sie macht die Bäckerei zu.*

- L führt die inoffizielle Uhrzeit mithilfe einer Spieluhr/Pappuhr (s. Kopiervorlage 4a) ein, zunächst nur volle und halbe Stunden, und ergänzt das Tafelbild.

sechs Uhr
halb eins
zwei Uhr
sechs Uhr

- Die Fragen nach Zeitpunkt, Zeitraum und Zeitdauer und die Antwortmöglichkeiten anhand des Tagesablaufs von Frau Keller einführen: Bedeutungsunterschied zwischen „Uhr" und „Stunde" klären.

Wann öffnet Frau Keller die Bäckerei?	*Um sechs Uhr*
Von wann bis wann macht sie Pause?	*Von halb eins bis zwei Uhr*
Wie lange arbeitet sie?	*10 ½ Stunden!*

- Die Hörtexte noch einmal mit Pausen hören. Nach jedem Abschnitt stellt L Fragen zum Hörtext (s. Transkription), die die T mithilfe des Einstiegsbildes beantworten können, und ergänzt das Tafelbild entsprechend.

ZM:
– Kopiervorlage 4a: „Pappuhr"

AB: S. 168
1 Wortschatz ordnen

Landeskunde: Uhrzeit

Je nachdem wo die T Deutsch lernen, können sie anderen Uhrzeitangaben begegnen als den hier vermittelten. So sind in einigen Regionen der deutschsprachigen Länder die Zeitangaben „viertel" und „drei viertel" verbreitet: z. B.: *viertel zwölf = 11.15 Uhr; drei viertel zwölf = 11.45 Uhr.*

Die T sollten diese Form der Zeitangabe nur dann aktiv anwenden können, wenn sie dort, wo sie leben, gebräuchlich ist. Ansonsten sollten sie lediglich die Bedeutung verstehen.
Zum Üben beider Varianten dient das Arbeitsblatt der Kopiervorlage 4d.

1.30 — 3 Uhrzeiten — Seite 42

selektives Hörverstehen

- T stellen Vermutungen an, welche Zeitangabe zu welcher Uhr gehört.
- L erläutert mithilfe der Pappuhr / der Kopiervorlage auf Folie die Zeitangaben „Viertel", „zehn", „fünf vor" und „nach".
- Jeden Kurzdialog zweimal mit Pausen hören. Die T ergänzen die Zeitangaben im Buch. Vergleich im Plenum.
- Klären der Redewendungen „gleich" und „kurz vor/nach".

Lösung: 1. zwanzig nach eins 2. fünf vor drei 3. zehn nach drei 4. halb acht

ZM:
– Kopiervorlage 4b: „Folienuhr"

4 Uhrzeiten systematisch

Uhrzeiten systematisch

- Systematisch anhand einer Stunde die offizielle Uhrzeit der alltagssprachlichen Zeitangabe an der Tafel gegenüberstellen.
- PA: Ein/-e T sagt die offizielle, der/die andere die informelle Version.

ZM:
– Kopiervorlage 4c: „Uhrzeit-Spiel"

Spiel:

- Jede/-r T erhält zwei Kärtchen aus der Vorlage und zeichnet in das Zifferblatt eine beliebige Uhrzeit ein.
- Je vier bis fünf T stellen sich im Kreis auf. Ein T fängt an und reicht eines seiner Kärtchen mit der Frage *Wie spät ist es?* an den nächsten weiter.
- Ist die Antwort richtig, macht der nächste T mit einem seiner Kärtchen weiter. Ist die Antwort falsch, fragt der T nach: *Entschuldigung,* ***wie*** *spät ist es?*, und gibt dem Mitspieler Gelegenheit, sich zu korrigieren.
- L kann das Prinzip des Spiels vorher mit ein bis zwei T verdeutlichen.

AB: S. 168
2 Uhrzeiten üben
3 Uhrzeiten üben
S. 169
4 Uhrzeiten hören und notieren

5 Verbformen

Grammatik: trennbare Verben

Trennbare Verbformen haben die T schon in Kap. 2 kennen gelernt. Jetzt geht es darum, sie nicht nur zu erkennen, sondern die in diesem Kapitel eingeführten trennbaren Verben auch aktiv anzuwenden.

- L erklärt die Aufgabe anhand der beiden ersten Fragen.
- EA: T markieren das Verb und notieren die jeweilige Infinitivform.
- Vergleich erst in PA, dann im Plenum. Dazu Sätze an die Tafel schreiben und Verben auf Zuruf der T markieren.

6 Trennbare Verben

Syntax: Satzklammer Sätze schreiben

- L demonstriert das Prinzip der Übung anhand des Beispiels, weist darauf hin, dass die Verben in den Satzbausteinen in der Infinitivform stehen. Der Beispielsatz sollte so an die Tafel geschrieben werden, dass die Satzklammer deutlich wird:

|---|
Ich stehe jeden Morgen um fünf Uhr auf.

- EA: T konstruieren vollständige Sätze, die sie (wenn möglich, auf der Kopie der Vorlage) notieren.
- Vergleich im Plenum durch Ergänzen des Tafelbildes.

Lösung: 1. Ich stehe jeden Morgen um fünf Uhr auf. 2. Der Unterricht fängt jeden Tag um 9 Uhr an. 3. Frau Wohlfahrt schreibt das Wort auf. 4. Wann macht der Supermarkt auf? 5. Um wie viel Uhr macht die Bibliothek zu?

ZM:
– Kopiervorlage 4e: „Satzklammer“

AB: S. 169
5 Lückentext: Verben ergänzen
S. 170
6 Wiederholung: Konjugation
7 Lückendiktat

1.31 7 Aussprache üben: Wortakzent und Rhythmus Seite 43

Aussprache:

a Wortakzent

- Zum Einhören in den Rhythmus klopft L den Rhythmus von 1. und spricht jeweils als Echo ein Wort vor.
- L klopft den Rhythmus, spricht das Wort vor, einzelne T / alle im Chor sprechen es nach. Von 2. bis 4. genauso verfahren.
- L oder T klopfen einen Rhythmus, T bestimmen das passende Wort dazu.
- Zum Abschluss die Kassette/CD hören und laut mitlesen.

b Rhythmus

- T hören die Wörter und ordnen zu. T vergleichen, indem sie laut vorlesen und das „Echo“ klopfen.

Lösung: 1. Nachmittag 2. Information 3. Waschmaschine 4. korrigieren

Erweiterung:

- T suchen weitere Wörter/Wortgruppen zu den jeweiligen Rhythmen.

AB: S. 171
8 Wortakzent markieren
9 Wortakzent üben

Aussprache: Akzent und Rhythmus

Der Sprechrhythmus bezeichnet das Verhältnis von betonten und unbetonten Silben in einem Wort, einer Wortgruppe, einem Satz. Da der Akzent im Deutschen nicht immer auf derselben Silbe eines Wortes liegt, ist es besonders wichtig, eine Flexibilität im Rhythmus zu trainieren.

Wortakzent: *kaufen / einkaufen / verkaufen*

●• / ●•• / •●•

Wortgruppenakzent: *Butter kaufen / eine Schere verkaufen*

●••• / ••●••••

Satzakzent: *Er trinkt Kaffee. / Wann ist Mittagspause?*

••●• / ••●•••

Da die Wortakzentregeln im Deutschen vielfältig und differenziert sind, haben wir uns auf einige „95 %-Regeln" beschränkt. Für den Wortakzent gilt das Gleiche wie für Genus- und Pluralformen: Bei jedem neuen Wort den Wortakzent mitlernen!

Korrekturhilfe Akzent

- Akzente werden mit erhöhter Sprechspannung/Energie gesprochen.
- Unterstützen Sie die Sprechspannung durch „Körperspannung" (Körperbewegung): mit den Händen klatschen/klopfen, rhythmisch (energisch) laufen, mit dem Fuß aufstampfen, übertrieben laut und präzise sprechen usw.

8 Was macht man morgens, mittags, nachmittags, abends?

Wortschatz: Tageszeiten und Tätigkeiten

- L erläutert die Aufgabe und die Bedeutung des indefiniten Pronomens „man":

Vorwissen aktivieren:

- L schreibt die Temporaladverbien untereinander an die Tafel und lässt T Vermutungen zum Zeitraum anstellen:

morgens	*ca. 5.00–11.30 Uhr*
mittags	*ca. 11.30–14.00 Uhr*
nachmittags	*ca. 14.00–17.30 Uhr*
abends	*ca. 17.30–22.30 Uhr*
nachts	*ca. 22.30–5.00 Uhr*

- PA: T stellen spezifische Tätigkeiten zu den jeweiligen Tageszeiten zusammen. Dabei können sie sowohl die bisher bearbeiteten Übungen des Kapitels als auch ein Wörterbuch zu Hilfe nehmen.
- Je zwei Paare setzen sich zusammen, vergleichen und ergänzen ihre Ergebnisse.
- Zusammentragen der Ergebnisse im Plenum und Ergänzen des Tafelbildes.

9 Ihr Tag

Schreiben: persönlicher Tagesablauf

- L berichtet, um die Aufgabe zu verdeutlichen, über seinen/ihren persönlichen Tagesablauf.
- EA: T schreiben ihren persönlichen Tagesablauf mit Zeitangaben auf.

Variante:

- T erhalten eine Kopie des Arbeitsblattes „Mein Tag" und notieren dort zunächst Uhrzeiten und Stichpunkte zu ihrem persönlichen Tagesablauf, die sie dann in Sätze umformulieren. L geht herum, leistet Hilfestellung und achtet auf die Einhaltung der Satzklammer.

ZM:
– Kopiervorlage 4f: „Mein Tag"

10 Interviews im Kurs

Sprechen: Partnerinterviews

- T lesen die Fragen im Buch. Gemeinsam weitere Fragen entwickeln und an der Tafel festhalten. L erläutert die für die Antworten notwendigen Zeitangaben „ungefähr", „Punkt" etc.
- PA: T interviewen sich gegenseitig und machen sich dazu Notizen auf dem Arbeitsblatt.
- T stellen den Tagesablauf des Partners je nach Kursgröße in Kleingruppen oder im Plenum vor (nicht mehr als vier, sonst erlahmt die Aufmerksamkeit).

Sozialformen: Ergebnisbesprechung in Kleingruppen

Ergebnisse einer umfangreicheren Aufgabe im Plenum zu besprechen, kann oft sehr langwierig und langweilig werden, wenn es wichtig ist, dass jeder Lernende zu Wort kommt.
Dann bietet es sich an, Kleingruppen zu bilden (drei bis vier T, nach einer Partnerarbeit zwei Paare), in denen die Ergebnisse zusammengetragen werden.
Neben einer Zeitersparnis hat dieses Vorgehen den Vorteil, dass zurückhaltende T in einem kleineren Kreis eher die Scheu verlieren, sich zu äußern.
Ein Nachteil ist, dass der Lehrende nicht gleichzeitig überall sein kann, um mögliche Fehler zu korrigieren. Doch auch dies kann durchaus positive Folgen haben: Die T lernen, selbst Fehler der anderen wahrzunehmen und zu korrigieren.

11 Freizeitaktivitäten — Seite 44

selektives Leseverstehen: Freizeitaktivitäten

- L nimmt einige Freizeitaktivitäten aus den Tagesabläufen der T auf oder fragt T, was sie gerne in der Freizeit machen, und entwickelt auf dieser Grundlage ein Tafelbild analog zu den Kategorien im Buch.
- Gemeinsames Betrachten des Veranstaltungskalenders, Klären der Wochentage.
- Gemeinsam die Veranstaltungen vom Montag in die Tabelle an der Tafel einordnen, Schlüsselwörter hervorheben: „Diät", „Cinema", „Backstage", „Latin & Blues", „Workout", „Fitness". *Wo finden die Veranstaltungen statt?*
- GA: Gruppen à drei T, jede/-r T übernimmt zwei Rubriken und sucht die entsprechenden Veranstaltungen aus dem Kalender heraus; Gruppengespräch.
- Sammeln der Ergebnisse im Plenum, Ergänzen der Tabelle an der Tafel.

Variante:

- T erhalten eine Kopie des Kalenders, schneiden die Veranstaltungen heraus und gestalten einen neuen, nach Rubriken geordneten Kalender. Die Übersichten können dann nebeneinander gelegt und verglichen werden.

ZM:
- Kopien des Veranstaltungskalenders
- Scheren
- Klebstoff
- DIN-A3-Blätter

1.32

12 Verabredungen

selektives Hörverstehen

- Zwei T lesen den Dialog mit verteilten Rollen, Hypothesenbildung: *Was könnte die Überraschung sein?*
- Dialog hören (mehrmals). *Wann gehen Petra und Horst wohin?*

Lösung: 1. Sie gehen am Freitag in das „Pur"-Konzert. 2. Sie gehen am Donnerstag ins Kino, in den Film „Rossini".

- Mit dem anderen Dialogen ebenso verfahren.

13 Was interessiert Sie?

Schreiben

- T erhalten ein Blatt Papier, um ein Kalenderblatt zu gestalten, oder eine Kopie der Vorlage.
- T suchen sich aus dem Veranstaltungskalender drei Veranstaltungen aus und tragen diese in das Kalenderblatt ein.

ZM:
– Kopiervorlage 4g: „Verabredungen"

14 Kommst du mit?

Sprechen: Verabredungen treffen

Vorwissen aktivieren:
- L schreibt *Hast du morgen Mittag Zeit?* an die Tafel. Sammeln möglicher Antworten, die durch L ergänzt und erläutert werden.
- Mit den anderen Fragekomplexen ebenso verfahren, sodass ein Tafelbild analog zu der Darstellung im Buch entsteht.
- T gehen im Raum umher und suchen im Kurs Begleiter für die von ihnen gewählten Veranstaltungen (L achtet darauf, dass die Redemittel angewendet werden) und tragen ihre Verabredungen in das Kalenderblatt ein.
- *Wer geht mit wem wohin?* Gespräch im Plenum.

Variante:
- L projiziert den Redemittelkasten per OHP, deckt aber bis auf den ersten Fragenkomplex alle anderen Teile ab und fordert die T auf, mögliche Antworten zu nennen. Die Antworten auf der Folie werden sukzessive aufgedeckt und, wenn nötig, erläutert. Mit den übrigen Redemitteln ebenso verfahren.

Variante:
- L bringt einen Veranstaltungskalender des Kursortes mit. T führen die Aufgaben 13 und 14 damit durch.

ZM:
– Redemittel auf Folie
– Veranstaltungskalender des Kursortes

AB: S. 171
10 Dialog ergänzen
S. 172
11 Selektives Lesen

Deutsch verstehen Seite 46
15 Der Wecker

a selektives Leseverstehen

Vorwissen aktivieren:
- T sehen sich die Fotos an. Gemeinsam Bild für Bild beschreiben: *Was sehen Sie? Wer ist das? Was macht die Person / machen die Personen? Was bedeutet das Schild?* L schreibt unter der Nummer des jeweiligen Bildes Antworten der T stichpunktartig an die Tafel.
- T lesen die Textüberschriften. Gemeinsam die Bedeutung der Überschriften klären: „Meine Arbeitswoche" – *Montag bis Freitag, das macht Kurt Vogel jeden Tag / jede Woche.* „Gestern war alles anders" – *Ein spezieller Tag, der Tag ist nicht normal.*
- T spekulieren, welche Fotos zu welcher Überschrift passen könnten.
- L weist darauf hin, dass es bei der folgenden Aufgabe lediglich darum geht, den Texten die passenden Bilder zuzuordnen, und gibt ein Zeitlimit vor (ca. fünf Minuten), um ein Wort-für-Wort-Entziffern zu vermeiden. T lesen beide Texte und ordnen die Bilder zu.
- Vergleich in PA: Partner suchen Textstellen, die zur Lösung führen, und markieren sie.
- Im Plenum Schlüsselwörter sammeln und an die Tafel schreiben / auf der Folie unterstreichen:

Text A: Cappuccino trinken, Zeitung lesen, mit Kollegen in die Kantine gehen
Text B: Bäckerei geschlossen, kein Frühstück, nicht in die Kantine, Döner gekauft

Lösung: A – Bild 2, 3; B – Bild 1, 4

ZM:
– Text auf Folie

Variante:
- Zwei Gruppen: Gruppe A liest Text A, Gruppe B Text B. T ordnen die entsprechenden Bilder zu.
- Je ein/-e T aus Gruppe A und ein/-e T aus Gruppe B setzen sich zusammen und vergleichen ihre Ergebnisse.
- T lesen den anderen Text und überprüfen die Ergebnisse des Partners / der Partnerin.
- Sammeln der Ergebnisse im Plenum.

b
selektives Hör- und Leseverstehen

- Zur Verdeutlichung der Aufgabe gemeinsam für die erste Aussage die relevante Textstelle suchen.
- T lesen die Aussagen. Neues Vokabular klären.
- T lesen beide Texte noch einmal und kreuzen die richtige Lösung an.
- Vergleich in PA: T markieren die Textteile, die ihre Lösung belegen.
- Vergleich im Plenum.

Lösung: 3B – 4A – 5B – 6B – 7A – 8A – 9B – 10B – 11A – 12B – 13A/B

Erweiterung:
- L markiert beim Vergleich im Plenum die relevanten Textteile auf der Folie.

c

- PA: T überlegen, warum Nicoletta nicht angerufen hat.
- Ideen im Plenum sammeln und besprechen.

Strukturen verstehen — Seite 47
16 *Gestern* ... – Vergangenheitsformen

Strukturen verstehen:
a
Vergangenheitsformen erkennen

Lerner im Zielsprachenland haben sehr früh das Bedürfnis, Vergangenheitsformen kennen zu lernen. Jedoch sind diese so komplex, dass eine intensive Beschäftigung mit diesem Thema in diesem Stadium des Deutscherwerbs eine Überforderung wäre.
Bei dieser Übung soll es lediglich darum gehen, die T für die Vergangenheitsformen Perfekt und Präteritum zu sensibilisieren. Ein aktiver Gebrauch des Perfekts und des Präteritums von „sein" und „haben" wird erst ab dem 10. Kapitel geübt.
- L verweist noch einmal auf die Überschrift von Text B und fragt die T, wann sich die Handlung abspielt.
- Gemeinsam die ersten drei Sätze des Textes lesen: *Wo sind die Verben?*
- L erklärt lediglich, dass es sich bei den Verben in Text B um Verben der Vergangenheit handelt.
- T lesen die Textzitate in der Übersicht und erkennen, dass hier zwei Formen gebraucht werden: eine einfache und eine aus zwei Teilen bestehende (die Terminologie ist an dieser Stelle noch nicht wichtig).

b

- T markieren in PA die Vergangenheitsformen im Rest des Textes.
- L schreibt diese auf Zuruf an die Tafel, nach Perfekt und Präteritum getrennt: gemeinsam Infinitiv und Präsensform ergänzen:

habe ... vergessen	*vergessen*	*ich vergesse*
habe ... angezogen	*anziehen*	*ich ziehe ... an*
bin ... gegangen	*gehen*	*ich gehe*
habe ... gewartet	*warten*	*ich warte*
habe ... gekauft	*kaufen*	*ich kaufe*
habe ... aufgeräumt	*aufräumen*	*ich räume ... auf*
bin ... gefahren	*fahren*	*ich fahre*
habe ... gemerkt	*merken*	*ich merke*
habe ... angerufen	*anrufen*	*ich rufe ... an*

bin … eingeschlafen	*einschlafen*	*ich schlafe … ein*
habe … geträumt	*träumen*	*ich träume*
wollte	*wollen*	*ich will*
war	*sein*	*ich bin*
hatte	*haben*	*ich habe*

Erweiterung: für Lernstarke

- T sammeln weitere ihnen schon bekannte Verben im Infinitiv und ermitteln die Perfektformen mithilfe der Wörterliste.

AB: S. 173
Aussprache spezial
12 „p-t-k" und „b-d-g"
13 „ei", „eu", „au"
14 Vokaleinsatz üben
Schwierige Wörter
15 Hören und sprechen
16 Schreiben und sprechen

Diktat

Diktat

Heidi Baatz ist Deutschlehrerin. / Sie steht jeden Morgen / um acht Uhr auf. / Dann duscht sie, / trinkt Kaffee / und geht zur Arbeit. / Sie frühstückt nicht. / Um 9 Uhr / beginnt der Unterricht. / Heidi ist gerne Lehrerin. / Aber sie hat auch / gerne Freizeit. / Dann liest sie / und sieht auch fern. / Abends geht sie / mit Axel / in die Kneipe. / Am Wochenende / besuchen Heidi und Axel Freunde / oder gehen ins Kino.

Kapitel 5 – Haben wir alles?

Handlungsbereich
im Supermarkt und im Lebensmittelgeschäft Einkaufsgespräche führen
Wortschatz
Lebensmittel: Backwaren, Obst, Gemüse, Milchprodukte, Fleisch und Wurstwaren, Getränke
Grammatik
Plural der Nomen, Verben mit Akkusativ;
Strukturen verstehen: Modalverben („können" und „müssen")
Aussprache
„ü" und „ö"

Einstiegsbild — Seite 50

Wortschatz sammeln

Vorwissen aktivieren:
T, die im Zielsprachenland Deutsch lernen, haben schon Einkaufserfahrungen gemacht und Wortschatz gesammelt, den sie bei einem „Rundgang" durch den Supermarkt im Einstiegsbild einbringen können.
- L schreibt die Supermarktabteilungen an die Tafel, um das, was die T erkennen und schon benennen können, dort zu sammeln. Auch die Frage, wie etwas gekauft wird, kann hier mithilfe der Mengen- und Verpackungsangaben im Redemittelkasten schon aufgegriffen werden.

1.33

1 Im Supermarkt

globales Hörverstehen

- T sehen sich die einzelnen Szenen an und lesen die Dialoganfänge. Noch keine Worterklärungen geben.
- Die Dialoge hintereinander mit kurzen Pausen hören (zweimal), T ordnen die Dialoge den Szenen zu.
- Vergleich im Plenum, Klären des neuen Wortschatzes, dabei, wenn möglich, zunächst die T die Bedeutung vermuten lassen und noch einmal auf den Kontext und den Kotext (die Situation) verweisen.

AB: S. 174
1 Dialogteile Sprechern zuordnen

Lösung: A3 – B4 – C2 – D1 – E5

2 Wie kauft man was? — Seite 52

Wortschatz: Lebensmittel und Mengenangaben zuordnen

Vorwissen aktivieren:
- L schreibt die Lebensmittelrubriken aus dem Einstiegsbild in Tabellenform an die Tafel (wenn sie dort noch nicht oder nicht mehr stehen sollten).
- PA: T übernehmen die Tabelle ins Heft, gehen gemeinsam die aufgeführten Lebensmittel durch und ordnen die ihnen schon bekannten den Rubriken zu.
- GA: Je zwei Paare setzen sich zusammen, tauschen ihre Ergebnisse aus und versuchen, sich gegenseitig Wortbedeutungen zu erklären.
- Jede Gruppe legt auch die Mengenangabe für „ihre" Lebensmittel fest. L verweist auf die Pluralformen, thematisiert sie aber noch nicht.
- Zusammentragen der Ergebnisse im Plenum, Ergänzen durch weitere Lebensmittel (Einstiegsbild), evtl. auch weitere Rubriken (wenn T z. B. Interesse zeigen, über den Lebensmittelbereich hinauszugehen). Auch die Mengenangaben und die dazugehörigen Lebensmittel an die Tafel schreiben und dort für das Halbsatz-Spiel (Aufgabe 4) stehen lassen.

ZM:
- Werbeprospekte von Supermärkten oder Bildkarten

Lösungsbeispiel:

3	Äpfel	2	Kästen Apfelsaft	1	Kilo Bananen
10	Eier	3	Flaschen Essig	5	Pfund Kartoffeln
2	Lammkeulen	5	Dosen Bier	100	Gramm Salami
4	Schnitzel	3	Gläser Marmelade	2	Liter Milch
2	Brote	2	Packungen Butter		

Erweiterung:

- Werbeprospekte von Supermärkten (Zeitungsbeilagen) können bei der Gruppenarbeit eine gute Semantisierungshilfe leisten.

3 Einkaufen für das Wochenende

Wortschatz: Abkürzungen für Mengenangaben

- Gemeinsam den abgebildeten Einkaufszettel lesen. T vermuten lassen, was „Pck.", „l" und „g" bedeuten.
- L erläutert die Abkürzungen für Mengenangaben:

g – Gramm | *Pck. – Packung, Päckchen*
kg – Kilogramm | *Fl. – Flasche*
Pfd. – Pfund | *St. – Stück*
l – Liter

- Jede/-r T schreibt für seinen Wochenendeinkauf einen Einkaufszettel (Vorbereitung für das nachfolgende Spiel).
- L achtet darauf, dass auch Mengen- und Verpackungsangaben notiert werden.

4 Ein Spiel

Sprechen: Wortschatz-festigung

- L führt die Redemittel zum Äußern von Wünschen als idiomatische Wendungen ein (nicht auf Konjunktiv eingehen).
- L und T spielen das Halbsatz-Spiel auf der Grundlage des zuvor erstellten Einkaufszettels: L beginnt und sagt: *Ich hätte gern zwei Packungen …*, und wirft den Ball einem T zu. Dieser führt den angefangenen Satz zu Ende, indem er ein passendes Lebensmittel ergänzt, und beginnt einen neuen Satz: *Nudeln. – Ich brauche noch drei Pfund …*, und wirft den Ball weiter.

Das Spiel sollte mit nicht mehr als sechs Spielern in einer Gruppe gespielt werden, damit jeder oft genug an die Reihe kommt. (Nach einer kleinen Einführungsrunde den Kurs in Gruppen aufteilen und dort weiterspielen lassen.)

ZM:
– Ball oder Ähnliches

AB: S. 174
2 Singular zum Plural finden
S. 175
3 Lebensmittel gruppieren
4 Lückentext: Mengenangaben
S. 176
5 Dialoge schreiben

5 Plural der Nomen — Seite 53

a Wortschatz: Pluralformen erkennen

Vorentlastung:

- AB, Aufgabe 2 in EA: T lesen die Pluralformen und ergänzen die Singularformen. Vergleich in PA.

Die Pluralformen gehören – neben den Artikeln – wohl zu den unbeliebtesten Themen beim Deutschlernen, was in erster Linie daran liegt, dass die Regeln für ihre Bildung sehr komplex sind. So müssen die T schon früh erkennen, dass man einem Nomen, bis auf wenige Ausnahmen, nicht ansehen kann, welche Pluralform es hat, sondern dass man diese einfach lernen muss. Eine Systematisierung der gebräuchlichsten Formen ist jedoch wichtig:

- PA: T schreiben die aufgeführten Nomen untereinander ins Heft und suchen dann aus dem Wortschatz von Aufgabe 2 die entsprechende Pluralform heraus und schreiben sie dazu.
- Vergleich im Plenum.

ZM:
– Kopiervorlage 5a „Pluraltypen" als Papierkopie und auf Folie

Lösung: die Gläser – die Nudeln – die Kartoffeln – die Steaks – die Packungen – die Brote – die Schnitzel – die Eier – die Äpfel – die Joghurts – die Mangos – die Schinken

b
Pluralformen systematisieren

- T markieren die Pluralendungen und ggf. die Umlaute.
- L übernimmt die Tabelle aus dem Buch an die Tafel und erklärt die Bedeutung der Kürzel bzw. lässt T zunächst Vermutungen darüber anstellen.
- PA: T schreiben die Tabelle ins Heft oder erhalten eine Kopie der Vorlage und ordnen die Pluralformen aus Aufgabe 5a ein.
- Sammeln an der Tafel / auf Folie im Plenum.

Lösung:

(") -e	-(e)n	(") -er	-s	(") –
Brote	**Nudeln**	**Gläser**	**Steaks**	**Schnitzel**
	Kartoffeln	**Eier**	**Joghurts**	**Äpfel**
	Packungen		**Mangos**	**Schinken**

6 Notieren Sie zehn Nomen aus Kapitel 1 bis 4.

Wortschatz: Plurallisten erweitern

- Vier Gruppen: Jede Gruppe sucht aus je einem der Kapitel 1–4 Nomen heraus (auch innerhalb der Gruppe kann es eine Arbeitsteilung nach Seiten geben). Danach wird die entsprechende Pluralform mithilfe der Wortliste ergänzt.
- Ergänzung der Tabelle an der Tafel / auf Folie.
- Gemeinsam die Tabelle nach Regeln absuchen: Dabei wird den T auffallen, dass aus den Vokalen „a", „o" und „u" im Plural oft Umlaute werden, dass Nomen auf „-el", „-en", „-er" sich im Plural meist nicht verändern. Wenn den T nichts auffällt, gemeinsam die Grammatikübersicht auf S. 59 anschauen und die Tabelle daraufhin noch einmal überprüfen.
- Ganz wichtig ist auch der Lerntipp, Nomen immer mit Artikel und Pluralform zu lernen (s. a. AB, S. 179, Aufgabe 15).

Variante:
- Um den Umgang mit dem Wörterbuch zu üben, können die Pluralformen auch dort nachgeschlagen werden. L kann hierfür durchaus auch schon einsprachige Wörterbücher zur Verfügung stellen. Vorher sollte jedoch die Kopiervorlage bearbeitet werden.

Erweiterung: Erstellen von Lernplakaten
- GA: Fünf Gruppen, von denen jede ein Plakat erhält, auf dem sie die Pluralformen einer Kategorie sammelt. Die Plakate werden dann im Kursraum aufgehängt.
- T erstellen Lernkarten für die Kurskartei.

ZM:
- Kopiervorlage 5b: „Die Arbeit mit dem Wörterbuch 2"
- evtl. einsprachige Wörterbücher
- fünf großformatige Blätter (Plakate)
- dicke Filzstifte

AB: S. 176
6 Wimmelbild: Pluralformen
S. 177
7 Aussprache: „b, d, g, s"

Strukturen visualisieren: Lernplakate

Komplexe Strukturen, schwierige Wörter oder systematische Darstellungen können durch die T selbst auf große Plakate (Rückseite von alten Plakaten, Tapetenrolle, Packpapier etc.) mit dicken Filzstiften geschrieben werden.

Dabei sollte auf jeden Fall darauf geachtet werden, dass eher wenige Informationen klar strukturiert werden! Die Plakate werden so im Kursraum aufgehängt, dass die T jederzeit einen Blick darauf werfen können und so nicht umständlich nachschlagen oder fragen müssen.

1.34

7 Nicos „Tante-Emma-Laden"

selektives Hörverstehen

- T schauen sich das Bild an. L fragt: *Wo ist das? Ist das im Supermarkt?* L erklärt den Ausdruck „Tante-Emma-Laden" (kleines Lebensmittelgeschäft, in dem man oft auch andere Dinge des täglichen Bedarfs kaufen kann).
- Den Dialog dreimal hören. Bei jedem Hören lösen die T eine Aufgabe. Ggf. bei der zweiten und dritten Aufgabe den Dialog ein weiteres Mal vorspielen.

Lösung:
7a: Butter, Eier, Gouda-Käse, Tomaten
7b: Butter 1 € 10 ct – Eier 1 € 20 ct – Gouda-Käse 1 € 80 ct – Tomaten 2 €
7c: Sie bekommt zu viel Geld zurück.

8 Projekt „Öffnungszeiten in Ihrer Region"

- Im Plenum sammeln, in welchen Geschäften, Kaufhäusern, Supermärkten etc. die T einkaufen, und an der Tafel festhalten. Ggf. ergänzt L weitere Geschäfte.
- Gemeinsam überlegen, wie man an Informationen über Öffnungszeiten kommen kann: Hinweise am Eingang des Geschäftes suchen, Verkäufer/-innen befragen etc.
- PA/GA: T erhalten einen/mehrere Aufgabenzettel von der Kopiervorlage 5c „Projekt: Öffnungszeiten". Im Kurs den oberen Teil (Art des Geschäftes, Name, Adresse) ausfüllen. Jedes Paar / Jede Gruppe kümmert sich um ein anderes Geschäft, sodass hinterher Informationen über möglichst viele und unterschiedliche Geschäfte zusammenkommen. Ggf. in einem Telefonbuch / den gelben Seiten Adressen heraussuchen und auf einem Stadtplan die Lage des Geschäfts ausmachen.
- Den unteren Teil des Arbeitsblattes im Kurs besprechen: Paare/Gruppen erhalten den Auftrag, die Öffnungszeiten und die potenziellen Vorzüge des jeweiligen Geschäfts herauszufinden (*Was kann man dort besonders gut bzw. günstig einkaufen?*). Dies kann, je nach Entfernung der Geschäfte vom Kursort, in der Unterrichtszeit oder aber als Hausaufgabe geschehen.
- Die Zettel werden ausgefüllt, in der nächsten Unterrichtseinheit besprochen und die Informationen werden auf Packpapier/Tonkarton zu Infoplakaten zusammengestellt. Die Plakate können so gestaltet werden, dass sie noch Platz für die Ergebnisse der in den nächsten Kapiteln folgenden Projekte lassen oder problemlos erweiterbar sind.

ZM:
- Kopiervorlage 5c: „Projekt: Öffnungszeiten"
- Plakate / Ton- oder Packpapier
- Klebstoff

Erweiterung:

- Paare/Gruppen erhalten zwei Arbeitsblätter für zwei Geschäfte derselben Branche (zwei Bäckereien, zwei Fleischereien etc.) und den zusätzlichen Auftrag, Preise für bestimmte Produkte, die vorher im Kurs festgelegt werden, zu vergleichen.

Hinweis:

- Kurse/Gruppen mit mehr landeskundlicher Erfahrung erhalten keine Kopie der Vorlage. Sie organisieren und planen ihr Vorgehen und die Art der Aufzeichnung selbständig.

Projekte durchführen

Die Projektvorschläge in ***Berliner Platz*** bieten Anknüpfungspunkte an den fremdsprachlichen Alltag der Kursteilnehmer/-innen. Im Rahmen eines Projektes werden die zuvor erworbenen Redemittel und Strukturen in kommunikativen Zusammenhängen und mit einer ganz praktischen Zielsetzung angewendet: Hier geht es um den konkreten Alltag der Lernenden in ihrer persönlichen Umgebung.

Planung: Wichtig bei der Durchführung eines Projektes ist zunächst die gemeinsame Planung durch die Lernenden mit Unterstützung des/der Lehrenden. Die Kursteilnehmer/-innen sollten im Idealfall ihre Projektziele und die Projektdurchführung selbst bestimmen und planen. (Was wollen wir in Erfahrung bringen?
Wie gehen wir vor? Wer arbeitet mit wem zusammen? Welche Gruppe macht was? Welche Materialien brauchen wir? Wo bekommen wir welche Informationen? Etc.) Aus diesem Grund sind die Anregungen im Lehrbuch bewusst knapp gehalten.

Hilfestellungen: Selbständiges und kollektives Arbeiten und Selbstbestimmung im Unterricht setzen allerdings gewisse Lernerfahrungen voraus, die nicht alle Lernenden mitbringen. So kann es vor allem am Anfang nötig sein, dass Sie als Lehrende/-r die Projektplanung stärker steuern, also die Sammlung von Ideen leiten, die Gruppeneinteilung und Aufgabenverteilung vornehmen und auch die Aktivitäten außerhalb des Unterrichts genau mit den Lernenden besprechen müssen. Die Vorschläge hier in den Lehrerhandreichungen (inkl. Kopiervorlagen) sind zunächst auf solche Unterrichtssituationen zugeschnitten. Jedoch sollten Sie, sobald die Lernenden selbst initiativ werden – sei es im Verlauf eines Projektes oder aber nach einigen durch Sie gesteuerten Projekten –, das Heft aus der Hand geben und eher die Rolle des/der Unterstützenden einnehmen. Einer der Vorteile von Projekten ist, dass hier sehr gut innerhalb des Kurses differenziert werden kann. Es können Gruppen mit mehr und weniger Erfahrung im selbständigen Arbeiten gebildet werden, die ihren Möglichkeiten entsprechend mehr oder weniger anspruchsvolle Aufgaben und mehr oder weniger Unterstützung und Hilfestellung durch Sie bekommen.

Präsentation: Ebenso wichtig wie die Planung und natürlich auch die Durchführung der mit dem Projekt verbundenen Recherchen und Aktivitäten ist ein präsentables Ergebnis: Poster, Collagen, Zeitungen etc. sind das sichtbare Produkt der Bemühungen aller Beteiligten, was oft auch über den Unterrichtsraum hinaus von Interesse ist.

Die Spracharbeit, die während des gesamten Projektes geleistet wird (gegenseitige Fehlerkorrektur, Grammatikarbeit, Schreiben und vor allem das Sprechen), wird den Lernenden – wenn überhaupt – viel weniger bewusst als im sonstigen Unterricht.

9 Tante-Emma-Laden Seite 54

Wortschatz: Verkaufsgespräch
Sprechen: Rollenspiel

Vorwissen aktivieren:

- L fragt T, was Verkäufer und Kunden an der Fleisch-/Käsetheke im Supermarkt oder in kleineren Lebensmittelgeschäften sagen: L erstellt an der Tafel auf Zuruf der T eine Übersicht von Redemitteln wie im Buch. Danach Redemittel aus dem Buch, die nicht genannt wurden, ergänzen.

Oder:

- L präsentiert nur die Verkäuferfloskeln auf Folie / schreibt sie an die Tafel. T ergänzen die Kundenäußerungen, die sie schon kennen.

Oder:

- T lesen die Redemittel im Buch und machen Vorschläge zur Ergänzung der offenen Stellen (...). L macht deutlich, dass die direkt untereinander stehenden Floskeln Varianten bzw. Alternativen darstellen.
- Zwei T (oder L mit einem T) lesen einen Musterdialog.
- Tische so stellen, dass eine oder mehrere Verkaufstheken entstehen.
- Wenn möglich, Realien oder Bildkarten (s. u.) an die T verteilen, die diese dann auf den Verkaufsflächen aufstellen. Bei Mangel an realer oder bildlicher Ware können die T auch im Kursraum befindliche Dinge zusammenstellen und umbenennen (aus Stiften werden dann Spaghetti, aus Radiergummis Butterpäckchen etc.; der Fantasie sind da keine Grenzen gesetzt).
- Drei bis vier T werden als Verkäufer nominiert oder ausgelost, die anderen T sind die Kunden.
- Redemittel an die Tafel schreiben / per OHP projizieren.

ZM:
- Verkäuferredemittel auf Folie
- Realien oder Bildkarten

Variante:

- Die Redemittel kopieren, ausschneiden und den T als Rollenkarten geben.

Hinweis:

- Für manche T kann es u. U. von Interesse sein, wenn im Unterricht stärker auf die Verkäuferrolle eingegangen wird, weil sich hier für sie möglicherweise Berufsperspektiven ergeben.

AB: S. 177
8 Dialog ergänzen

Wortschatz: Bildkarten

Für Bildkarten werden aus Werbeprospekten, Katalogen, Zeitschriften Objekte, die zu dem einzuführenden / zu übenden Wortschatz gehören (hier Lebensmittel, Kap. 6 – Gerichte, Kap. 8 – Berufe, Kap. 9 – Medikamente, Kap. 10 – Möbel, Kap. 12 – Kleidung), ausgeschnitten und auf Karteikarten/Tonkartonkarten geklebt. Das ist zwar etwas zeitaufwendig, lohnt sich aber, weil sie oft und immer wieder eingesetzt werden können.
Bildkarten können sowohl zur Einführung als auch zur Wiederholung von Wortschatz eingesetzt werden, sie machen Szenenspiele realistischer und lebendiger, können als Lernkarten und – wenn sie sogar in doppelter Ausführung vorhanden sind – als Memory-Spiel verwendet werden.

10 Lebensmittel weltweit

individueller Wortschatz

- T schreiben, wenn nötig mithilfe des Wörterbuchs, für sie wichtige Lebensmittel auf Deutsch auf. In sprachlich heterogenen Kursen werden so höchstwahrscheinlich mehrere Lebensmittel zusammenkommen, die in der deutschen Küche nicht auftauchen und dementsprechend auch in den Supermärkten nicht unbedingt zu haben sind.
- T berichten, wo sie diese Lebensmittel kaufen und wie sie verwendet und zubereitet werden.

1.35

11 Aussprache üben: *ü*-Laute

- T hören die Wörter und Sätze, L spricht pantomimisch mit, die Lippenrundung sollte stark hervorgehoben sein. Lange bzw. kurze Vokale gestisch begleiten.
- L spricht ein Wort / eine Sequenz vor und lässt einzelne T nachsprechen. L variiert die Satzmelodie.
- T hören die Übungen von der Kassette/CD und üben in PA.

1.36

12 Aussprache üben: *ö*-Laute

- Wie in Aufgabe 11.

AB: S. 178
9–11 ü- + ö-Laute hören und sprechen üben

Korrekturhilfe: ü- und ö-Laute

Die langen Vokale mit viel Spannung/Energie sprechen:
- ü-Laute vom „i" ableiten: „i" sprechen und dann die Lippen runden.
- ü-Laut durch Pfeifen entwickeln. Versuchen Sie, zu pfeifen, dann den Pfeifton wegzunehmen und „üüüü" zu sprechen.
- ö-Laute vom „e" ableiten: „e" sprechen und dann die Lippen (zum Kuss) runden.

Die korrekte Aussprache der ü- und ö-Laute erfordert v. a. bei den Muttersprachen Englisch, Spanisch, Russisch, Polnisch und den asiatischen Sprachen sehr viel Übung und Fingerspitzengefühl. In einigen Kulturkreisen (z. B. Indonesien) wird die Lippenrundung als obszön interpretiert, weshalb hier die Barriere bei der Aussprache der gerundeten Vokale verständlicherweise groß ist.

Korrektur der Aussprache

In der Ausspracheschulung, speziell in der Korrektur der Laute, spielen der Mund und die Lippenbewegungen eine herausragende Rolle. Der Mund ist in allen Kulturen ein starkes erotisches Signal und der direkte Blick auf den Mund kann von den Gesprächspartnern als unangenehm, peinlich oder entblößend empfunden werden. Um diese Peinlichkeiten möglichst zu vermeiden, versuchen Sie, Distanz zu wahren, zu Rollenspielen zu ermutigen oder Abbildungen zu benutzen. Auch kann es hilfreich sein, die Laute (Lautbildung) sehr übertrieben oder karikaturistisch darzustellen, um einerseits die charakteristischen Merkmale hervorzuheben und andererseits u. U. heiklen Situationen in der Ausspracheschulung die Spitze zu nehmen.
Eine neue Aussprache zu lernen, heißt immer auch, sich neue Bewegungen anzueignen, neue Muskeln aufzubauen. Ermutigen Sie Ihre Teilnehmer, vor dem Spiegel zu sprechen und sich so an neue Gesichtszüge – an ein neues Gesicht – zu gewöhnen.

1.37

selektives Hörverstehen

13 Was kochen wir? Seite 55

Vorwissen aktivieren:
- L fragt T, was ein Menü ist, und sammelt Vorschläge der T für Vorspeise, Hauptspeise und Nachtisch (Dessert) an der Tafel.
- Dialog mehrmals vorspielen, T notieren im Buch die Speiseabfolge.

Lösung: Vorspeisen: Salat, Suppe – Hauptspeise: Pizza – Nachtisch: Obstsalat

- Vergleich im Plenum, bei Unklarheiten den Dialog ein weiteres Mal vorspielen.

1.38

selektives Hörverstehen

14 Das Menü

- Dialog über die Arbeitsaufteilung zweimal vorspielen mit der Höraufgabe: *Was ist das Problem? / Was fehlt?*

Lösung: Es fehlt Obst: Äpfel, Orangen und Bananen (Milch).

15 Akkusativendungen

a
Akkusativ erkennen

- L weist auf den ersten Satz des Dialogs hin: *Ich mache den Salat …*, fragt, was hier ungewohnt ist.
- L erläutert den Akkusativ und die Abhängigkeit vom Verb mithilfe der Tabelle (an die Tafel schreiben, die Unterschiede im Vergleich mit dem Nominativ von den T nennen lassen und diese markieren).

b
Grammatik: Verben mit Akkusativ

- T markieren die maskulinen Akkusativformen im Dialog.
- L weist darauf hin, dass es auch feminine und neutrale Akkusativformen gibt, diese sich aber nicht vom Nominativ unterscheiden.
- T markieren alle Verben und Akkusativformen im Dialog.
- Gemeinsames Ergänzen der Tabelle an der Tafel.

Erweiterung:

- Nominativ und Akkusativ in Sätzen gegenüberstellen und farbig markieren:

Nominativ	Akkusativ
Der Salat ist lecker.	Ich mache den Salat.
Ein Computer ist teuer.	Ich kaufe einen Computer.

16 Verben mit Akkusativ

Schreiben: Verben mit Akkusativ – Sätze bilden

- L erklärt, dass alle aufgeführten Verben eine Akkusativergänzung „brauchen".
- T schreiben in PA fünf bis zehn Sätze ins Heft. L geht herum und korrigiert.
- Sammeln einiger Sätze (pro Paar zwei) an der Tafel.
- L weist auf den Lerntipp hin (S. 59), Verben immer mit dem Kasus zu lernen.

Erweiterung:

- Gemeinsam die Kurskartei erweitern. Auf jeden Fall sollte L Beispiele für das Beschriften einer Karteikarte geben: hierfür am besten gemeinsam die Aufgabe 15 im AB machen.

Deutsch verstehen — Seite 56

17 Ein Kochrezept

selektives Leseverstehen: Rezept

- T schauen sich die Bilder und Überschriften an; „Rezept", „Oma", „Kochbuch" klären.
- L fragt T, welche Fotos zu einem Kartoffel-Zucchini-Auflauf passen könnten.
- T lesen die Zutatenliste. Schon jetzt kann das Foto mit dem Spaghetti-Topf ausgesondert werden.
- T lesen den Text mit der Aufgabe, die passenden Fotos und deren Reihenfolge zu ermitteln. L weist darauf hin, dass nicht jedes Wort verstanden werden muss (kein Wörterbuch!).
- Vergleich im Plenum. Gemeinsam versuchen, die Bedeutung der einzelnen Verben den Fotos zu entnehmen.

ZM:
– für je zwei T zerschnittene Kopie (von Foto und Rezepttext)

Lösung: A – D – C – F

Variante:

- PA für lernstarke Kurse / fortgeschrittene T: Für jedes Paar hat L vorher Fotos und Rezepttext kopiert und auseinander geschnitten. T ordnen jedem Bild den passenden Text zu und bringen alles in eine sinnvolle Reihenfolge.

Erweiterung:

- Evtl. haben ein oder mehrere T Lust, den Ablauf der Zubereitung pantomimisch darzustellen.

AB: S. 178
12 Artikel im Akkusativ
S. 179
13 Lückentext: Artikel
14 Satzpuzzle

1.39

18 Omas Tipps – Welche Tipps gibt sie? Seite 57

detailliertes Hörverstehen

- L kündigt einen Telefondialog mit Oma an, der sich auf das Rezept bezieht.
- T lesen die Überschrift: *Was könnten Omas Tipps sein? Für wen sind ihre Tipps?* L sammelt Vermutungen der T an der Tafel.
- T lesen die Aussagen. Klären von unbekanntem Vokabular.
- Den Dialog zweimal vorspielen. Beim zweiten Hören kreuzen die T die richtige Lösung an.
- Vergleich im Plenum. Drittes Hören zur Kontrolle.

Lösung: Sie gibt folgende Tipps: Möhren-Kartoffel-Auflauf geht auch. – Fisch oder Fleisch passen dazu.

Strukturen verstehen
19 *Können, müssen* + Verb

Modalverben „können" und „müssen" verstehen

- Die Satzklammer haben die T schon bei den trennbaren Verben kennen gelernt (Kap. 2 und 4). Bei diesem Schritt lernen die T die Modalverben „können" und „müssen" kennen und sehen, dass in Sätzen mit Modalverben auch die Satzklammer entsteht.
- T lesen den ersten Satz. L fragt, wo das Verb ist. (Terminologie „Modalverb"/„Infinitiv" noch nicht einführen).
- EA: T markieren die Verben in den anderen Sätzen.
- Vergleich im Plenum. Gemeinsame Bedeutungserschließung von „können" und „müssen". Wenn nötig, gibt L noch weitere Beispiele.
- Gemeinsam eine vereinfachte Regel zum Gebrauch entwickeln:
  - „können" und „müssen" brauchen noch ein anderes Verb,
  - nur „können" und „müssen" verändern sich, das andere Verb bleibt immer gleich (in der Grundform),
  - „können" und „müssen" stehen an zweiter Position, das andere Verb am Ende vom Satz.

AB: S. 179
Effektiv lernen
15 Wortschatzkarten

Projekt: Gemeinsam essen

Gerade in Kursen, deren Teilnehmer aus verschiedenen Ländern kommen, ist es für alle Beteiligten immer wieder interessant, etwas über die Kultur der anderen zu erfahren. Das Thema Essen und Kochen bietet sich für einen solchen Erfahrungsaustausch besonders an, weil es von existenzieller Bedeutung und vergleichsweise unbelastet von Tabus und Komplikationen für die Teilnehmer/-innen ist, also wirklich jeder etwas dazu beitragen kann.
Über das Kursgespräch, was die Teilnehmer/-innen gerne essen, hinaus, kann bei einem Kurstreffen ein internationales Essen veranstaltet werden. Jede/-r, der oder die mag, trägt mit einem typischen Gericht aus dem Heimatland / der Heimatregion dazu bei. Wenn viele etwas mitbringen, muss das nicht mehr als eine Kleinigkeit sein. Die Zutaten werden auf einer Karte notiert, die dann zu dem jeweiligen Gericht aufs „Büfett" gestellt wird.

Partnerdiktat

Diktat

- PA: Jede/-r T erhält einen anderen Diktattext.
- Im Plenum die Satzzeichen – Punkt, Doppelpunkt, Komma und Fragezeichen – wiederholen und an die Tafel schreiben. L weist auf die Pausenzeichen in den Diktattexten hin.
- T diktieren sich die Diktattexte gegenseitig.
- Die Diktate werden ausgetauscht und vom Partner durch Vergleich mit der Vorlage korrigiert. T zeigen sich gegenseitig ihre Fehler und besprechen sie.
- Im Plenum die häufigsten Fehler zusammentragen und besprechen.

Text A:
Frau Beimer / kauft jeden Tag / bei Nico ein. / Heute kauft sie / Gemüse und Obst: / ein Kilo Tomaten, / zwei Kilo Kartoffeln / und fünf Orangen, / acht Äpfel / und vier Bananen. / Sie bezahlt / acht Euro dreißig.

Text B:
Heute essen / wir zusammen. / Wir machen einen Salat. / Wir brauchen / einen Kopf Salat, / sechs Tomaten, / zwei Zwiebeln, / eine Gurke, zwei Paprika, / ein Stück Sellerie, / Essig und Olivenöl / und eine Flasche Wein.

Kapitel 6 – Guten Appetit!

Handlungsbereich
Essen und Trinken, Vorlieben/Abneigungen äußern, Speisekarten verstehen, im Restaurant bestellen und bezahlen, Vorschläge machen
Wortschatz
Speisen und Getränke
Grammatik
Komposita und Artikel, „doch" als Satzäquivalent (Antwort auf Ja/Nein-Frage), Imperativ
Strukturen verstehen: Hauptsatz – Nebensatz
Aussprache
Wortakzent: Komposita

Einstiegsbild — Seite 60

Vorwissen aktivieren: Städte in D/A/CH

Die D/A/CH-Karte führt hier quasi als Speisekarte ins Thema ein.

Vorwissen aktivieren:
- T schauen sich die Karte an, L fragt, welche Städte in Deutschland, Österreich und der Schweiz die T schon kennen.
- L sammelt die Städte an der Tafel, T zeigen sie jeweils auf der Karte (Buchumschlag oder Wandkarte).

1 Typische Gerichte und Städtenamen — Seite 61

Wortschatz: deutsche Gerichte

- L schreibt *Paella Valenciana, Spaghetti Bolognese* an die Tafel, fragt die T, ob sie diese Gerichte kennen und aus welcher Stadt / welchem Land sie kommen.

Lösung: Valencia/Spanien, Bologna/Italien

- T sehen sich die Karte an und suchen die entsprechenden Beispiele der deutschsprachigen Länder heraus. Sammeln an der Tafel, Ergänzen der Städtenamen, Erkennen der Endung „-er" als Herkunftsangabe bei Städten.

Erweiterung:
- L/T können diese Liste durch Spezialitäten der Region des Kursortes ergänzen.

Hinweis:
- „Hamburger": Die dt. Frikadelle soll im 19. Jh. von Einwanderern aus Hamburg in die USA importiert worden sein und so ihren Namen erhalten haben.
- „Berliner" („Pfannkuchen"): mit Marmelade gefülltes Hefegebäck, heißt in Berlin selbst „Pfannkuchen", in Süddeutschland „Krapfen"
- „Kass(e)ler Rippchen": gepökeltes und geräuchertes Schweinefleisch
- „Leipziger Allerlei": Gemüsegericht aus jungen Erbsen, Karotten, Blumenkohl und Spargel
- „Frankfurter Kranz": Schichtkuchen mit Buttercreme und Alkohol
- „Frankfurter Würstchen": Brühwürstchen aus reinem Schweinefleisch
- „Münch(e)ner Weißwurst": Brühwurst aus Kalbfleisch
- „Wiener Würstchen": Brühwürstchen aus Schweine- und Rindfleisch
- „Wiener Schnitzel": ein Stück paniertes Kalbfleisch („Schnitzel nach Wiener Art" ist dagegen Schweinefleisch.)
- „Zür(i)cher Geschnetzeltes": Gericht aus klein geschnittenem (Kalb-)Fleisch, mit Sahne

2 Wortfeld „Essen"

Wortschatz: Gerichte und Getränke

Vorwissen aktivieren:

- L fragt, welche weiteren Gerichte und Getränke die T schon auf Deutsch benennen können, und schreibt die Angaben der T an die Tafel / auf Folie. Dabei die genannten Begriffe in Form von Wortigeln/Wortnetzen (s. u.) schon systematisieren: z. B. Gemüse- und Fleischgerichte, diese wiederum getrennt nach Schwein, Rind etc. sowie nach kalten und warmen; Getränke mit und ohne Alkohol.
- Ergänzen und Erläutern der Begriffe aus dem Lehrbuch, soweit noch nicht genannt. Adjektive in attributiver Stellung (*große Cola, kleines Bier*) sollen hier noch nicht grammatisch thematisiert werden (erst in Band 2), sondern zunächst als Redewendungen gelernt werden.
- Mit dem Wortfeld „Besteck"/„Geschirr" ebenso verfahren.

Variante:

- GA: Vier Gruppen, von denen jede entweder Gemüsegerichte, Fleischgerichte, kalte oder warme Getränke auf einem Plakat sammelt (Plakate haben den Vorteil, dass sie im Laufe des Kapitels weiter ergänzt werden können).

AB: S. 180
1 Gerichte ergänzen
2 Wortschatz ergänzen

Wortschatz: Assoziogramme

Systematisierung neuen Wortschatzes durch Assoziogramme. Die einfachste Form eines Assoziogramms ist der „Wortigel", bei dem Beispiele um einen Oberbegriff herum notiert werden. Dadurch werden die neuen Wörter visuell zueinander in eine Beziehung gesetzt, es wird eine Verbindung zwischen bildhaftem und verbalem Denken hergestellt, was die Behaltensleistung fördert.

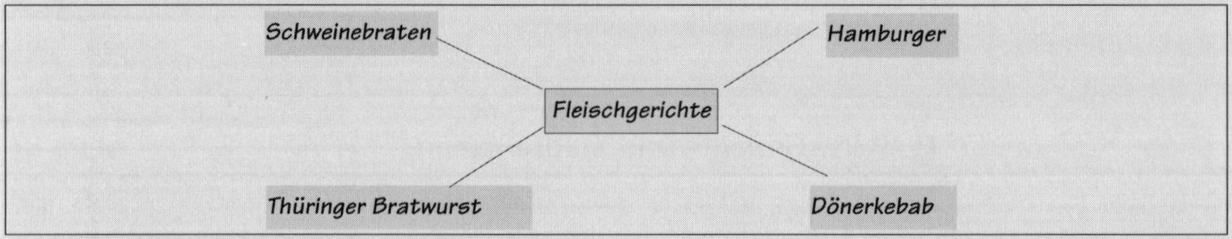

Eine Erweiterung des Assoziogramms ist das Wortnetz oder die Mindmap, durch die der Wortschatz (und später auch Schlüsselbegriffe eines Textes) hierarchisch in einer Baumstruktur gegliedert wird:

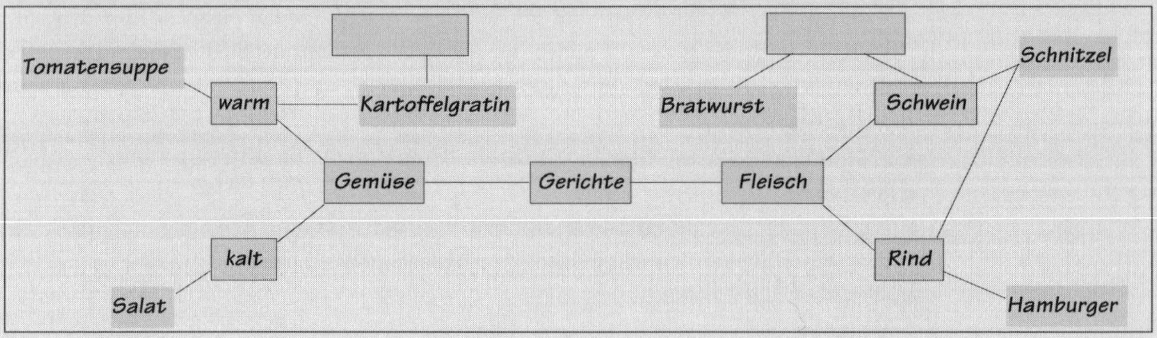

3 Was schmeckt Ihnen?

Sprechen: Vorlieben und Abneigungen äußern – Satznegation

- L erklärt seine/ihre Vorlieben und Abneigungen mit Beispielen von der Tafel/Folie und schreibt je einen Beispielsatz an. „Schmecken" + Dativ wird hier nicht grammatisch thematisiert, sondern als feste Redewendung eingeführt.
- Kettenübung: T fragen sich gegenseitig im Plenum, indem sie nach dem Muster der Redemittel im Kasten variieren.

AB: S. 181
3 Kaffeetasse – Tasse Kaffee

1.40 — 4 Die Speisekarte — Seite 62

selektives Hörverstehen

- Speisekarte anschauen, gemeinsames Klären der Kategorien „Vorspeisen", „Hauptspeisen" etc. *Was kann man hier essen? Was kennen Sie schon?*
- Ersten Dialog ein- bis zweimal hören: Es sollen lediglich die Speisen herausgehört werden. Markieren in der Speisekarte, Vergleich im Plenum, nochmaliges Hören zur Kontrolle.
- Zweiten und dritten Dialog ebenso, Vergleich in PA, dann drittes Hören.

Lösung:

Vorspeisen	*Hauptspeisen*	*Alkoholische Getränke*	*Alkoholfreie Getränke*
Tagessuppe	Rindersteak	Weizenbier	Mineralwasser
Tomatensuppe	Rindergulasch	Weißweinschorle	Apfelsaft
Kleiner Salat	(Pizza) Käse und Tomaten		
	Lasagne		

- Klären des unbekannten Vokabulars. Evtl. Erweiterung der Wortigel/Wortnetze aus Aufgabe 2.

1.41 — 5 Familie Schmidt im Restaurant

selektives Hörverstehen

- T lesen den Zettel. Gemeinsam die Begriffe „Familie", „Vater", „Mutter", „Tochter", „Sohn" klären.
- Hörtext mehrmals hören, die T notieren bei jedem Hören die Bestellung einer Person im Heft.

Lösung:
Herr Schmidt: Bier vom Fass, Pizza „Vier Jahreszeiten"
Frau Schmidt: italienischer Salat, Mineralwasser
Holger: Pommes mit Ketchup, Cola/Apfelsaft
Ilona: Putenschnitzel, Portion Pommes extra, Apfelsaftschorle

Variante:
- Vier Gruppen: Jede Gruppe notiert die Bestellungen einer Person.
- Vergleich in der Gruppe. Dann Zusammentragen der Ergebnisse an der Tafel.
- Nochmaliges Hören zur Kontrolle.

Hören und Schreiben: Notizen machen

Das Anfertigen von Notizen ist einerseits eine wichtige Zielfertigkeit, weil die Lernenden im deutschsprachigen Alltag immer wieder in die Situation kommen, für sie wichtige Informationen von Gesprochenem schriftlich festhalten zu müssen.
Andererseits erfüllt es im Unterricht eine wichtige Kontrollfunktion: Hat die/der Lernende die wesentlichen Informationen richtig verstanden? Darüber hinaus erhöht es mehr als Zuordnungs- oder Ankreuzübungen die Konzentration auf den Hörtext.
Sowohl im Alltag als auch im Unterricht muss die/der Lernende vorher genau wissen, was für sie/ihn wichtige Informationen sind, um entscheiden zu können, was notiert wird. Für den Unterricht bedeutet dies, dass die Aufgabe sehr konkret gestellt werden muss.

1.42 — 6 Wortakzent

Wortakzent bei Komposita üben

- T hören die Übung und sprechen halblaut mit. Anschließend spricht L einzelne Sequenzen vor und klatscht/klopft den Rhythmus als Echo. L lässt einzelne T nachsprechen.
- L klopft einzelne Sequenzen und lässt T die richtige Wortgruppe finden (teilweise sind mehrere Wortgruppen richtig).
- L erläutert die Regel (S. 69/8).

7 Komposita — Seite 63

Wortschatz

- T suchen und unterstreichen in der Speisekarte alle Komposita, die dann an der Tafel gesammelt werden. Durch die Bildung von Varianten (*Tomatensuppe, Gemüsesuppe, Zwiebelsuppe* etc.) auf die Beziehung zwischen Grund- und Bestimmungswort aufmerksam machen: *Suppe aus Tomaten* etc., und auf den Artikelgebrauch verweisen.

Sprechen

- Kettenübung mit Ball: Ein/-e T nennt ein Bestimmungswort, wirft den Ball dem/der Nächsten zu, der/die das Kompositum entsprechend vollendet und dann ein neues Bestimmungswort nennt usw.
- L achtet auf die korrekte Aussprache der Komposita.

ZM:
– Ball oder Ähnliches

8 Aussprache üben

1.43

Aussprache: Rhythmus üben

- Bücher sind geschlossen, T hören das Lied. *Wie heißt das Lied? Welches Wort / Welche Wörter hören Sie?*
- L schreibt *TO MA TEN SA LAT* in Silben an die Tafel. L spricht vor. *Wo liegt der Akzent?* L markiert die Akzentsilbe (*MA*).
- L variiert die Akzentstelle: *TO MA TEN SA LAT / TO MA TEN SA LAT / TO MA TEN SA LAT*, und lässt einzelne T / im Chor nachsprechen; Sprechgeschwindigkeit steigern und zwei Sequenzen (verschieden betont) hintereinander sprechen. Variationen in Geschwindigkeit und Lautstärke.
- T hören das Lied noch einmal. *Wie oft hören Sie „Tomatensalat"?* (Neunmal.)
- Bücher öffnen, T zählen zur Kontrolle.
- L + T wiederholen das Lied gesprochen oder als Sprechgesang; zunächst langsam, L achtet auf die unterschiedliche Betonung. Geschwindigkeit steigern.

AB: S. 182
5 Aussprache: Rhythmus und Akzent
6 Aussprache: kurze und lange Vokale

9 Dialoge

Wortschatz: selektives Hörverstehen
Sprechen: Bestellungen

- Redemittel für Bestellungen im Restaurant an der Tafel sammeln. (Evtl. Kurs in zwei Gruppen teilen und noch einmal Dialoge von Aufgabe 4 mit verteilten Aufgaben hören; erste Gruppe: *Was sagt der Kellner?*, zweite Gruppe: *Wie bestellen die Leute?*)
- PA: T üben mithilfe der Speisekarte das Bestellen im Restaurant. Dabei nimmt jede/-r einmal sowohl die Rolle des Kellners / der Kellnerin als auch die des Gastes ein.

Hinweis:

- Ggf. sind für einige T die Redemittel der Bedienung von größerem Interesse, weil sie früher oder später in der Gastronomie tätig werden. In diesem Fall sollten diese ausführlicher besprochen und ergänzt werden.

10 Die Rechnung

1.44

detailliertes Hörverstehen: Fehler finden

Hier geht es darum, die Fehler herauszuhören, die der Kellner beim Zusammenrechnen der Beträge bzw. beim Herausgeben des Wechselgeldes macht.

- Gemeinsam die kleine Illustration anschauen und die Situation klären. (Da das Getrenntzahlen in den meisten Ländern unüblich ist, entsteht hier sicherlich Erklärungsbedarf.)
- L erklärt die Hörsituation und weist auf eine Fehlerquelle hin.
- Dialog ein- bis zweimal hören (evtl. mit Pause nach: *Ich bedanke mich!*).
- Vergleich im Plenum.
- Drittes Hören zur Kontrolle.

Lösung: 1. 15 € – 12 € = 3 € (nicht 2 €) 2. 3,50 € + 1,40 € = 4,90 € (nicht 5,90 €)

AB: S. 181
4 Lückendialog (Kontrolle durch Hörtext LB, Aufg. 5)
S. 182
5 Aussprache: Rhythmus und Akzent
6 Aussprache: kurze und lange Vokale
7 Dialoge schreiben
S. 183
8 Lückendialog

1.45 — 11 *Ja* oder *Doch* — Seite 64

Wortschatz: selektives Hörverstehen

- Hören des Dialogs ohne Buch.
- Beim zweiten Hören mit Pausen ergänzen T die Antworten.
- Vergleich im Plenum. T stellen Vermutungen darüber an, wann man mit „doch" antwortet: bei „kein" oder „nicht" in der Frage und einer „positiven" (bejahend-entgegengesetzten) Antwort.

Lösung: Ja, sehr! Doch, aber nicht mit Sauerkraut.

12 *Ja/Doch* oder *Nein*

Sprechen: Partnerinterview

- Gemeinsam anhand des ersten Satzes die Aufgabenstellung klären.
- PA: T interviewen sich gegenseitig und ergänzen die entsprechenden Antworten. L geht herum und achtet auf die korrekte Verwendung von „doch".
- Zusammentragen der Ergebnisse im Plenum, evtl. kleine Kursstatistik erstellen.
- Bei Unsicherheiten mit den Antworten die Fragen und beide Antwortmöglichkeiten noch einmal im Plenum durchgehen.

Lösung: 1. Ja. / Nein. 2. Ja. / Nein. 3. Doch. / Nein. 4. Doch. / Nein. 5. Ja. / Nein. 6. Doch. / Nein.

Erweiterung:

- Bei Rückfragen der T kann L an dieser Stelle noch einmal kurz auf die Wort- und die Satznegation eingehen: *Wann sagt man „kein", wann sagt man „nicht"?* Frage an T weitergeben. Antwort (stark vereinfacht, aber für dieses Lernstadium durchaus ausreichend):
  - „kein" steht vor Nomen, verneint ein Nomen;
  - „nicht" verneint entweder andere Satzteile und steht dann vor diesen oder aber den ganzen Satz und steht dann möglichst weit am Ende des Satzes, aber vor dem zweiten Teil des Verbs.
- Kettenübung: L stellt mehreren T exemplarisch je eine Frage, mal mit, mal ohne Verneinung. Dann übernehmen die T und fragen sich gegenseitig (entweder im Plenum mit Ball oder in Kleingruppen).

AB: S. 183
9 „Ja"/„Doch" oder „Nein" ergänzen

1.46 — 13 Käthes Imbissbude

a selektives Hörverstehen

- T schauen sich das Bild und die Angebote an. L fragt: *Was ist eine Imbissbude? Was kann man dort essen? Was kennen/mögen Sie? Was ist ...?*
- Dialog dreimal hören. Bei jedem Durchgang notieren T die Bestellungen einer Person.
- Vergleich in PA, evtl. ein viertes Hören oder Lesen der Transkription auf S. 65 zur Kontrolle.

Lösung:
Frau Sans bestellt einen Gemüseburger und eine Cola.
Frau Org bestellt eine Bratwurst mit viel Senf und Pommes.
Herr Bouslimi bestellt ein halbes Hähnchen mit Salat und ein Mineralwasser.

Variante:

- Drei Gruppen: Hörtext zweimal hören. Jede Gruppe notiert die Bestellungen einer Person.
- Vergleich zunächst in den Gruppen, dann Zusammentragen der Ergebnisse im Plenum an der Tafel.
- Jede Gruppe kontrolliert die Ergebnisse einer anderen Gruppe mithilfe der Transkription auf S. 65.

b
Sprechen

- T berichten, was sie bestellen würden bzw. was sie nicht mögen.
- Im Anschluss Gespräch im Plenum über Imbissbuden international: *Gibt es in Ihrem Land Imbissbuden? Was gibt es dort für Speisen? Essen viele Leute dort? Essen die Leute im Sitzen oder im Stehen?* Etc.

14 Aussprache üben — Seite 65

Einen Dialog sprechen üben

- Nachdem die T den Dialog bereits gehört und bearbeitet haben, soll er nun auch sprecherisch erarbeitet werden. L achtet vor allem auf die korrekte Aussprache in Bezug auf Satzmelodie und Satzakzent und auf die Aussprache der Vokale. Fehlerhafte Aussprache einzelner Konsonanten kann L behutsam durch Imitation (langsames Vorsprechen/Nachsprechen) bewusst machen und üben.
- Achtung! Es geht nicht darum, dass der Dialog perfekt gesprochen wird. Vielmehr geht es darum, die T dafür zu sensibilisieren, dass sie durch gezieltes Üben ihre Aussprache Stück für Stück verbessern.
- L spricht ausgewählte Sätze aus dem Dialog vor (*Welche Wörter/Sequenzen könnten besonders schwierig auszusprechen sein?*), begleitet sie gestisch und lässt einzelne T nachsprechen. Behutsame Korrektur durch Imitation.

Erweiterung:

- L ändert die Sprechweise: spricht laut, leise, schüchtern, aufgeregt, überschwänglich, fordernd usw.
- L übt mit den T auf diese Weise die Sequenzen von Sans, Org und Hassan.
- L übernimmt die Rolle von Jordan, drei T übernehmen die anderen Rollen (Übungssequenz mindestens einmal wiederholen).
- T üben den Dialog nun in Gruppen (Dialog ggf. teilen), L geht zu den einzelnen Gruppen und korrigiert behutsam.
- Die einzelnen Gruppen präsentieren ihr Ergebnis im Plenum.

15 Vorschläge machen

Grammatik: Imperativ

- L erklärt „einen Vorschlag machen“ anhand von Beispielen.
- PA: T suchen aus dem Dialogtranskript die Vorschläge heraus.
- L sammelt die Ergebnisse an der Tafel, schon so strukturiert, dass im weiteren Verlauf eine Tabelle wie im Buch entwickelt werden kann.
- T sollten selbständig die Besonderheiten des Imperativs herausfinden: Verb auf Position 1, Fehlen der charakteristischen Endung „-st“ bei der 2. Pers. Sing. (Duform) usw.
- Gemeinsam im Kurs weitere Aufforderungen/Vorschläge sammeln und die Tabelle ergänzen.

Hinweis:

- Bei Verben, deren Stamm auf „-d“, „-t“, „-ig“ endet, steht in der 2. Person Sing. noch (wie früher bei allen Verben) die Endung „-e“, weil man diese Formen sonst schlecht aussprechen könnte: *entschuldige, bitte, rate, schneide* etc. Dies gilt eigentlich auch für Verben mit der Stammendung „-n“, was aber im Gebrauch nicht konsequent umgesetzt wird: *lern(e)*.
- Ähnlich ist es bei Verben auf „-eln“/„-ern“. Das „e“ des Verbstamms fällt weg, dafür endet der Imperativ mit „-e“: *lächle, schüttle*. Doch im Sprachgebrauch wird häufig der reine Verbstamm als Imperativ benutzt: *lächel, schüttel* etc.

16 Vorschläge machen

Sprechen:
Imperativ anwenden

- T stellen sich vor, im Restaurant Adler zu sitzen (vorher Tische und Stühle wie in einem Restaurant gruppieren) und nun Speisen und Getränke auswählen zu müssen. Je drei bis vier T sitzen an einem Tisch und geben sich gegenseitig Entscheidungshilfen bei der Wahl, indem sie den anderen Vorschläge machen.

Variante:

- An eine Gruppe von lernstarken T Rollenkarten der Kopiervorlage 6 „Vorschläge machen" für ein Rollenspiel verteilen. Die T versuchen, sich in ihre Rolle einzufinden und innerhalb der Gruppe ein Gespräch zu entwickeln, in das sie sich ihren Rollen gemäß einbringen. Bei Unsicherheiten kann das Gespräch vorher schriftlich fixiert werden.

Erweiterung:

- L weist darauf hin, dass der Imperativ nicht nur für Vorschläge, sondern auch für Aufforderungen (*Ergänzen Sie die Beispiele an der Tafel!*) und Bitten (*Mach bitte das Fenster zu.*) benutzt wird. Für Aufforderungen bietet das Buch mit den Arbeitsanweisungen reichlich Beispiele, die die T selbst entdecken können. Sammeln einiger Beispiele im Plenum.

ZM:
- Kopiervorlage 6: „Vorschläge machen"

AB: S. 183
10 Imperativtabelle ergänzen
S. 184
11 Imperativsätze schreiben
12 Repliken auswählen
13 Selektives Leseverstehen

17 Projekt: Internationales Essen

Projekt

Dieses Projekt kann gut als Wochenhausaufgabe durchgeführt werden:

- T erhalten die Aufgabe, Restaurants, Imbissbuden, Kneipen, Cafés und/oder Lebensmittelgeschäfte am Kursort zu sammeln, die ausländische Speisen/Lebensmittel anbieten. Dies kann in Form von Adressen, aber auch in Form von Speisekarten, Servietten mit Werbeaufdruck, Visitenkarten, Streichholzbriefchen, Werbeflyern etc. umgesetzt werden.
- Die Sammelstücke werden im Kurs gezeigt und vorgestellt. L schreibt dafür Redemittel an die Tafel:

  Das .... ist ein italienisches Restaurant. Hier gibt es Pizza, ...
  chinesisches
  griechisches
  türkisches

- GA: Die Sammelstücke werden dann zu einer/mehreren Collage/-n zusammengestellt und auf einem großformatigen Papier (Packpapier, Tonkarton etc.) aufgeklebt, was dann im Kursraum aufgehängt wird.
- Die Collagen können getrennt nach Restaurants/Kneipen/Cafés etc. oder nach Nationalitäten oder bunt gemischt gestaltet werden. Es können auch die Plakate des Projektes „Öffnungszeiten" aus Kap. 5 ergänzt werden.

ZM:
- Packpapier
- Tonkarton
- Klebstoff
- Filzstifte

Deutsch verstehen Seite 66
18 Lieblingsessen

a
Vorentlastung zum Hörverstehen

Die vier Interviews in Aufgabe 18 sind authentisch, d. h. nicht von ausgebildeten Sprechern gesprochen und im Wortschatz nicht auf das Lernniveau zugeschnitten. Dementsprechend wird das Hörverstehen angemessen vorentlastet. Gleichzeitig sollen die T lernen, vor dem Hören authentischer Hörtexte ihr Vorwissen zu aktivieren und somit ein Verstehen zu erleichtern.

- T lesen den Einleitungssatz und die Interviewfragen, L erklärt „Lieblingsessen" und „am liebsten" mit eigenen Beispielen und der entsprechenden Mimik, z. B.: *Ich esse gern Pizza, noch lieber esse ich Spaghetti, aber am liebsten esse ich Schnitzel. Schnitzel ist mein Lieblingsessen.* Nicht weiter auf die Grammatik eingehen und keine Metasprache („Komparativ", „Superlativ") einführen.
- L gibt die Fragen an die T weiter. Sammeln der Antworten an der Tafel.
- Wörter aus der Wortliste, sofern noch unbekannt, klären.

b
selektives Hörverstehen

- T lesen die Aussagen. Unbekanntes Vokabular klären.
- Die vier Interviews mit Pausen hören. T kreuzen „richtig" oder „falsch" bei den Aussagen an.

Lösung: Richtig: Frau Schild mag Nudeln. Herr Schild isst gern Käse zum Frühstück. Frau Lemcke isst Müsli zum Frühstück.

- Vergleich im Plenum.

Erweiterung:

- In schwächeren Lerngruppen die Ergebnisse nach jedem Interview vergleichen und den jeweiligen Hörtext ggf. noch einmal hören.

c
detailliertes Hörverstehen

- EA: Anhand der Richtig/Falsch-Aussagen ordnen T schon einige Stichworte den Fragen auf den Notizzetteln zu.
- T hören die Interviews noch einmal mit etwas längeren Pausen, um ihre Notizen zu ergänzen.
- Vergleich zunächst in PA, dann Sammeln der Ergebnisse an der Tafel. Bei Unklarheiten die Interviews ein weiteres Mal hören.

Lösung:

	Michaela Schild	Michael Schild	Frau Lemcke
Frühstück	Kornbrot mit Marmelade, Käse oder Toast	Toast, Ei, Schwarzbrot, Käse	Müsli und Kaffee
Lieblingsessen	Nudelgerichte, z. B. Gemüselasagne	Spaghetti mit Pesto, bunter Salat	Quark mit Kartoffeln
Wann?	morgens	abends	morgens

Erweiterung:

- Die Interviews haben gezeigt, dass es nicht **die** deutschen Essgewohnheiten, sondern große individuelle Unterschiede gibt. Dennoch bemerken Ausländer bei Deutschen oft Vorlieben, die für sie völlig ungewohnt sind. Dies kann in einem Kursgespräch angesprochen werden.

19 Deutsch verstehen – Lesetechniken üben. Seite 67

a
globales Leseverstehen

Mit dieser Übung sollen die T an Lesetechniken herangeführt werden, die es ihnen ermöglichen, unterschiedlichen Textformen, unterschiedlichen Informationsbedürfnissen und Lesezielen gerecht zu werden.

- Diese Aufgabe zielt auf das globale oder kursorische Lesen, das Überfliegen eines Textes, um sich einen (ersten) Überblick zu verschaffen. Bilder und augenfällige Wörter im Text (hier der häufige Gebrauch von „frühstücken"/„Frühstück") können einen ersten Eindruck vermitteln und Vorkenntnisse aktivieren. Hierfür sollten die T nur ein bis zwei Minuten Zeit haben.
- Ergebnisse besprechen, aber nicht korrigieren.

Variante:

- Lernstarken Kursen/T mit größerem Wortschatz kann L den Text auch als Puzzle geben (Text als Kopie in Abschnitte zerschnitten). T lernen so, Strukturwörter (in diesem Fall die Wochentage) zu erkennen.

b
selektives Leseverstehen

- T lesen den Text nun einmal genauer, um ihre Hypothesen (Stichwörter) zu bestätigen, zu korrigieren und zu ergänzen.

Lösungsbeispiel:
Essen / Frühstück; Frühstück zu Hause / im Café; Frühstück in der Woche / am Wochenende

Variante:

- In lernschwächeren Kursen kann L den Text an dieser Stelle auch einmal laut vorlesen. Durch die Akzentuierung werden wesentliche Informationen hervorgehoben, sodass es den T leichter fällt, diese zu erkennen.

c
detailliertes Leseverstehen

- T lesen den Text nun detailliert. Die Zuordnungsübung soll helfen, den Text zu strukturieren und Zusammenhänge zu verstehen, ohne jedes Wort im Einzelnen verstehen zu müssen.
- Vergleich der Ergebnisse zunächst in PA, dann im Plenum.

Lösungsbeispiel:
Montag bis Freitag: schnell, Brot mit Marmelade, Kaffee/Tee, zweites Frühstück;
Wochenende: mehr Zeit, frühstücken in Ruhe, Saft, Frühstücksei etc.
Großstadt: Frühstück im Café
Firma: Frühstückspause, zweites Frühstück, Brot mit Wurst/Käse

Strukturen verstehen
20 Hauptsätze und Nebensätze

a
Bedeutung der Konjunktionen „weil“, „während“, „wenn“

- L schreibt den ersten Satz des Textes an die Tafel. Gemeinsames Klären der Bedeutung. L weist auf den Satzbau hin und fragt, was den T auffällt (Verb im „zweiten Satz“ am Ende).
- T suchen aus dem Text alle Beispiele für die Konjunktionen „weil“, „während“ und „wenn“ heraus und markieren die damit eingeleiteten Sätze.
- L übernimmt je einen Beispielsatz an die Tafel. Gemeinsames Klären der Bedeutungen der Konjunktionen, ggf. schlagen die T im Wörterbuch nach.

b
Nebensätze erkennen

- T sehen sich die beiden Grafiken an.
- L erläutert, dass jeweils Sätze ergänzt werden können, und fragt, was in das Oval gehört.
- PA: T suchen für jede Grafik je ein Beispiel im Text. Hierfür kann L den Paaren unterschiedliche Textabschnitte zuweisen, um zu mehreren Beispielen zu kommen.
- L zeichnet die Grafiken an die Tafel. Paare schreiben ihre Beispiele darunter und versehen das Verb jeweils mit einem Oval.
- Besprechung der Ergebnisse im Plenum.

AB: S. 185
Schwierige Wörter
14 Hören und nachsprechen
15 Individuelle Auswahl

Lösungsbeispiel:
1. Zwischen 9 und 10 Uhr essen manche ein zweites Frühstück.
2. Am Wochenende frühstücken die meisten in Ruhe, weil sie mehr Zeit haben.

Ergänzungsdiktat

Diktat

- L erklärt den T, dass sie den letzten Satz des Diktats selbst ergänzen müssen. Ggf. die Eigennamen an die Tafel schreiben.
- Das Diktat wird wie gewohnt diktiert. Nach *Ich nehme ...* den T ausreichend Zeit lassen, den Satz zu ergänzen.
- Korrektur wie gewohnt (s. S. 23).

Heute essen wir im Restaurant. / Helgi nimmt ein Schnitzel / mit Gemüse und Kartoffeln. / Hosni bestellt einen Salat / und eine Portion Pommes / mit viel Ketchup. / Er mag kein Fleisch. / Carmen hat keinen Hunger. / Sie isst nur eine Tomatensuppe. Und alle trinken Mineralwasser. /
Und Sie? / Was möchten Sie? /
Ich nehme ...

Raststätte 2

1 Kopf oder Zahl – ein Wiederholungsspiel Seite 70

Wortschatz und Strukturen wiederholen

Das Wiederholungsspiel greift sowohl den Wortschatz als auch wichtige Strukturen des Lernstoffes aus den Kapiteln 1 bis 6 wieder auf.
Es wird mit zwei gleich großen Parteien gespielt, also entweder zu zweit oder mit zwei Mannschaften à zwei oder mehr Personen, die sich dann untereinander beraten können.

- Gemeinsam die Spielregeln besprechen.
- Die Spieler stellen ihre Spielsteine bei „Start" auf.
- T1 wirft die Münze: Bei „Zahl" darf er/sie mit dem Spielstein um ein Kästchen, bei „Kopf" (Bild) zwei Kästchen vorrücken. Dann sucht er/sie sich eine der beiden Aufgaben aus und löst sie. Ist die Antwort richtig, darf er/sie stehen bleiben, ist die Lösung falsch, muss er/sie um die zuvor vorgerückten Kästchen wieder zurückgehen. T2 verfährt ebenso, kommt er/sie jedoch auf dasselbe Feld wie T1, muss er/sie die von T1 nicht bearbeitete Aufgabe wählen.
- Wer auf den Feldern 6, 12, 18 oder 22 landet, hat Glück gehabt und darf bei richtiger Antwort drei Felder vorrücken.
- Sieger ist, wer zuerst das Ziel erreicht hat.

Variante:

- Statt mit Münzen kann das Spiel auch mit einem Würfel gespielt werden. Es geht dann wesentlich schneller.

2 Wortfeld „Zeit" Seite 72

wichtigen Wortschatz zusammenstellen

Hier sollen die wichtigsten Redemittel zum Thema Zeit auf einem Lernplakat zusammengestellt werden.

- Gemeinsam den Vorschlag für ein Lernplakat im Buch anschauen und besprechen. Überlegen und Ideen sammeln, wie ein selbst gestaltetes Plakat aussehen könnte.
- Wenn die hier vorgeschlagene Aufteilung übernommen werden soll, drei Gruppen bilden. Eine Gruppe übernimmt die Aufgabe, Uhrzeitangaben und Fragestellungen dazu zu sammeln und eine Pappuhr zu basteln, die anderen Gruppen erhalten die Aufgabe, für jeweils drei Tageszeiten (Morgen, Vormittag, Mittag und Nachmittag, Abend, Nacht) alle wichtigen Redemittel und Tätigkeiten, die in diesen Zeitraum fallen können, zu sammeln.
- Die Gruppenergebnisse werden zusammengetragen und von je einem Gruppenmitglied auf einem gemeinsamen Plakat festgehalten.
- Das Plakat wird an einer Wand im Kursraum aufgehängt.

ZM:
- ein großer Bogen Packpapier/Tapetenrolle o. Ä.
- Tonkarton
- eine Briefklammer
- Schere
- Klebstoff
- Filzschreiber

3 Zehn Verben – viele Sätze

Syntax: trennbare und nicht trennbare Verben

- Gemeinsam die Spielregeln durchgehen. (S. a. „Zehn Wörter und viele Sätze" aus Raststätte 1, S. 40.)
- PA: T spielen das Spiel wie angegeben. L geht herum und achtet auf die Einhaltung der Spielregeln (dreißig Sekunden – Uhr mit Sekundenzeiger oder Partner zählt von 21 bis 50).
- Am Ende der Gesamtspielzeit (zehn Minuten, ggf. auch kürzer) tauschen die Partner ihre Aufzeichnungen und kontrollieren die Sätze des anderen; nur korrekte Sätze gehen in die Wertung ein. Evtl. vorher die wichtigsten Punkte, auf die die T hierbei achten

sollten, an der Tafel festhalten (Position des Verbs: trennbare / nicht trennbare Verben etc.). L geht herum, hilft bei Uneinigkeiten und achtet auf gröbere Fehler.

- Vergleich der Punktzahlen im Plenum.

Variante:

Das Spiel lässt sich auch in zwei Gruppen durchführen. Jede Gruppe erhält eine Seite der Tafel / eine Folie und wählt einen Sekretär / eine Sekretärin, dem/der die Sätze diktiert werden. (Der/Die Sekretär/-in kann innerhalb des Spielverlaufes wechseln.) Auswertung wie oben. Die Gruppe mit den meisten richtigen Sätzen hat gewonnen.

4 Essen und Trinken in Deutschland — Seite 73

Landeskunde

- Gemeinsam das Schaubild anschauen, die T vermuten lassen, welcher Sachverhalt dargestellt wird: *Welche Informationen bekommt man?*
- EA: T ordnen die Lebensmittel und Getränke den Zahlen zu.
- Redemittel an die Tafel schreiben und die Bedeutung klären (nicht grammatisch thematisieren):

  Ich glaube, auf Platz 1, 2 ... steht/stehen ...
  Die Deutschen essen/trinken vielleicht sehr viel ...
  viel ...
  nicht so viel ...

- Im Plenum zunächst Vermutungen der T vergleichen, dann mit der Lösung am Ende der Seite vergleichen.

Erweiterung:

- EA/PA/GA: T stellen eine Rangliste über die in ihrem Land am häufigsten konsumierten Speisen und Getränke auf und stellen sie im Plenum vor.

5 Namen und Sprachen: Aus dem „Buch der Listen"

Zahlen wiederholen; Landeskunde

- Gemeinsam die erste Tabelle anschauen und das Verständnis von „Bundesbürger" sichern (= Personen, die in Deutschland leben und einen deutschen Pass haben).
- Ggf. mit einigen Beispielen die Verbalisierung sechsstelliger Zahlen an der Tafel wiederholen:

  100000 einhunderttausend
  110000 einhundertzehntausend
  111000 einhundertelftausend ...

- Fragekette mit Ball: L fragt T1: *Wie viele Personen in Deutschland heißen Becker?* T1 antwortet und stellt T2 die nächste Frage, T2 antwortet usw.
- Wenn L mehrere Telefonbücher des Kursortes mitbringen kann, PA/GA: T schlagen im Telefonbuch jeweils unter einem oder zwei der Familiennamen nach, zählen die Seiten und schätzen die Zahl der Einträge. Dann Vergleich im Plenum: *In ... heißen ungefähr ... Personen/Familien Müller.* (Wenn im Unterricht keine Telefonbücher zur Verfügung stehen, diese Frage als Hausaufgabe aufgeben.)
- Vergleich mit den Ländern der T: *Welche Familiennamen sind in Ihrem Land häufig?* Namen an der Tafel sammeln oder T schreiben sie selbst an und stellen sie vor: *Bei uns heißen viele Leute ... oder ...*
- PA: T sehen sich die zweite Tabelle an und raten, welche Zahl zu welcher Sprache gehört.
- Vergleich der Vermutungen im Plenum, dann Vergleich mit der Lösung am Ende der Seite.

Hinweis:
Alle in der Liste aufgeführten Namen sind auf Berufs- oder Amtsbezeichnungen zurückzuführen. Bei Müller, Schneider, Fischer, Weber, Becker, Schäfer ist dies noch heute jedem ersichtlich.
Der Name Schmidt geht auf den Beruf Schmied zurück, Meier auf die Bezeichnung eines Gutsverwalters/Pächters eines Landguts im Mittelalter, später Eigentümer oder Verwalter einer Milchwirtschaft. Wagner ist die aus dem Mittelhochdeutschen stammende Bezeichnung für einen Handwerker, der Fahrgestelle herstellte, und Schulz (Synonym Schultheiß) die aus derselben Zeit stammende Amtsbezeichnung für einen Ortsvorsteher/ Bürgermeister oder Hauptmann im Heer.

1.48

6 Der Raststätten-Rap – Hören und singen Seite 74

- L schreibt *Ist Deutsch lernen schwer? Was ist schwer?* an die Tafel und sammelt Äußerungen der T stichwortartig.
- Den Rap einmal ohne Buch hören, evtl. Bilder über OHP zeigen: *Kennen Sie das? Was ist ein Problem? Was ist positiv?* Eindrücke der T an der Tafel sammeln.
- Den Rap noch einmal hören, T lesen im Buch mit. Verständnis noch unbekannten Vokabulars, v. a. des umgangssprachlichen, sichern: „etwas hat Sinn / keinen Sinn", „etwas draufkriegen" (lernen), „etwas hinkriegen" (schaffen), „Zeit vergeht", „Plage" (eine Situation / etwas macht große Probleme), „locker" (ohne Probleme), „etwas satt haben" (etwas nicht mehr wollen). Tafelbild ergänzen.
- GA (vier bis sechs T): Gruppen inszenieren den Rap als Sprechgesang (Melodie und Rhythmus des Originals müssen nicht beibehalten werden): z. B. Verteilen der Strophen oder Zeilen auf verschiedene Sprecher, Refrain im Chor o. Ä. Wichtig ist, dass die T dabei nicht sitzen! (S. a. „Aussprache-Hit", S. 43.)
- Gruppen tragen ihre Version des Raps im Plenum vor.

ZM:
– Bilder auf Folie

7 Carmens Lernplan Seite 75

Lernstrategien entwickeln

Hier wird noch einmal die Thematik „Regelmäßig lernen" aus Raststätte 1 aufgegriffen (vgl. S. 44). Ziel ist es, die T zu animieren, selbständig über die Hausaufgaben hinaus zu wiederholen, Wortschatz zu festigen und Lücken zu füllen.
- Gemeinsam klären, was hier dargestellt ist: *Was ist ein Lernplan?*
- Ein/-e T liest den Lernplan vor, gemeinsam besprechen, was Carmen wann und wie lange macht.

a) Kleine Umfrage über das Lernverhalten der T im Kurs machen, Ergebnisse an der Tafel festhalten unter den Rubriken: *Wann? – Wie lange? – Was?*

b) Ein/-e T liest die möglichen Lerninhalte vor.
- T blättern die Kapitel 1 bis 6 im Lehr- und Arbeitsbuch durch – v. a. die Seiten „Auf einen Blick" – und sammeln weitere mögliche Lerninhalte, die L dann an der Tafel festhält.

c) EA: T überlegen für sich, was sie persönlich wiederholen/festigen möchten, und machen einen eigenen Lernplan für die kommende Woche. L geht herum und berät bei Unsicherheiten.
- Einige T stellen ihre Lernpläne im Plenum vor.

Variante:
- Ggf. Schritt c erst nach Aufgabe 8 durchführen, wenn den T mögliche Lücken bewusst geworden sind.

8 Machen Sie die Aufgaben 1 bis 6 und kontrollieren Sie im Kurs.

Selbstevaluation

- Gemeinsam die Aufgaben besprechen.
- EA: T bearbeiten die Aufgaben 1 bis 6 für sich allein.
- Im Plenum die Lösungen vergleichen (z. T. gibt es mehrere Möglichkeiten). T machen daraufhin für sich allein eine Beurteilung ihrer eigenen Leistung.
- Im Plenum Fehler besprechen und Fehlerquellen ausmachen: *Wo ist das Problem? Wo finde ich das? Was muss ich wiederholen?* Evtl. gemeinsam einen Wiederholungslernplan entwickeln.
  (Aufgaben 1 + 2 → Kapitel 4, S. 48; Aufgaben 3 + 4 → Kapitel 5, S. 58/59; Aufgaben 5 + 6 → Kapitel 6, S. 68/69.)
- Ggf. spricht L noch einmal mit T, die ein nicht zufrieden stellendes Ergebnis hatten.

Kapitel 7 – Willkommen in Bielefeld

Handlungsbereich
nach Orten fragen, Wegbeschreibungen verstehen, öffentliche Verkehrsmittel nutzen, Orientierung in der neuen Firma
Wortschatz
Straßennamen, öffentliche Einrichtungen, Richtungsangaben, Ortsangaben
Grammatik
Präpositionen mit Dativ, Frageartikel: „welcher“, „welches“, „welche“;
Strukturen verstehen: Wechselpräpositionen
Aussprache
Konsonanten „p“, „t“, „k“ und „b“, „d“, „g“

Einstiegsbild — Seite 76

Vorwissen aktivieren

Lassen Sie den T Zeit, sich die Doppelseite und die Fotos anzusehen.

- L fragt die T, was sie auf der Doppelseite erkennen können, und hilft mit Vokabular (Wortnetz „Stadtplan“): „Stadtplan“, „Straße“, „Platz“, „Buslinie“, „Straßenbahn“, „Haltestelle“, „(Haupt-)Bahnhof“.
- *Zu welcher Stadt gehört der Plan?* T suchen Bielefeld auf der Deutschlandkarte (Wandkarte oder Buch).
- *Was erkennen Sie auf den Fotos?*

Landeskunde: Bielefeld

Bielefeld liegt im östlichen Nordrhein-Westfalen am Teutoburger Wald zu Füßen der „Sparrenburg“ und gehört mit 324.000 Einwohnern und einer Fläche von 258 qkm zu den 20 größten Städten Deutschlands. Ursprünglich war Bielefeld ein Zentrum der Leinenweberei (Bielefelder Leinen), heute gilt es als Oberzentrum der Region Ostwestfalen mit bekannten Unternehmen aus der Nahrungs- und Genussmittelindustrie, der Druck- und Bekleidungsindustrie sowie der Bauwirtschaft und des Maschinenbaus (z. B. Oetker, Graphia, Seidensticker, Windsor, Schüco, Dürkopp-Adler, Gildemeister, Alcina).
Bielefeld ist eine vergleichsweise junge Universitätsstadt mit der 1968 gegründeten Universität und mehreren Fachhochschulen. Bekannt wurde Bielefeld auch durch die v. Bodelschwinghschen Anstalten Bethel (gegr. 1867), die größte diakonische Einrichtung Europas. Hier werden mehr als 14.000 Menschen in Kliniken, Heimen, Schulen und Kindergärten, Wohngruppen, Werktherapien und Werkstätten für Behinderte betreut.

www.bielefeld.de

1 Wo, was, wann? — Seite 77

Vorwissen aktivieren

Vorwissen aktivieren:
- T lesen die Fragen.
- L fragt, welche der gesuchten Institutionen die T aus eigener Erfahrung schon kennen (Rathaus, Post, Internetcafé etc.). Klärung der Begriffe.

selektives Leseverstehen

- T suchen auf dem Stadtplan nach Antworten auf die Fragen. *Wie heißen die Straßen?*
- Vergleich in PA, dann im Plenum (wenn möglich, mit Stadtplan auf Folie/OHP).

ZM:
– Kopiervorlage 7a „Bielefeld – Stadtplan“ auf Folie

2.1 2 Wo, was, wann?

selektives Hörverstehen – detailliertes Hörverstehen

- T lesen die Dialoganfänge 1–7 und die Stichworte.
- Anhand aller Informationen auf der Doppelseite versuchen die T, Vermutungen darüber anzustellen, welche Stichworte zu welchem Dialog gehören könnten; diese an der Tafel festhalten.
- Dialoge mit kurzen Pausen hören. T notieren je Dialog die entsprechenden Stichworte.
- Vergleich in PA, dann im Plenum durch Korrektur der Vermutungen an der Tafel.

Lösung:
Dialog 2: zum Fußballstadion / U-Bahn-Linie 4
Dialog 3: zwei Stationen
Dialog 4: Telefonnummer / 510
Dialog 5: zur Post / Straßenbahnlinie 1 / in der Nähe vom Bahnhof
Dialog 6: 2½ Stunden / Berlin
Dialog 7: Hausnummer / 133

2.2 3 Haltestellen Seite 78

Wortschatz

- Netzplan im Buch anschauen (wenn möglich, per OHP projizieren): *Was ist das?* Wortschatz klären: „U-Bahn", „Straßenbahn", „S-Bahn", „Linie", „Haltestelle"/„Station", „direkt".

ZM:
– Netzplan auf Folie

selektives Hörverstehen – detailliertes Hörverstehen

- Hören des ersten Dialogs, T markieren die genannten Haltestellen im Netzplan.
- Zweites Hören und Mitlesen im Buch zur Kontrolle.
- Vergleich in PA, dann im Plenum (auf Folie).
- Mit dem zweiten Dialog ebenso verfahren. Bedeutung und Form (trennbares Verb) von „umsteigen" klären.

Erweiterung:

- Dialoge noch einmal vorspielen: T tragen Akzente und Intonationspfeile ein.
- Vergleich im Plenum.
- PA: T sprechen die Dialoge mit verteilten Rollen.

AB: S. 190
1 Kreuzworträtsel

4 Schreiben Sie Dialoge und sprechen Sie.

Wortschatz: Redemittel anwenden

- PA: T schreiben Dialoge wie in Aufgabe 3, je nach zur Verfügung stehender Zeit alle drei oder je einen. Es können auch selbst Ausgangs- und Zielhaltestellen bestimmt werden.
- Vorträge im Plenum.

ZM:
– Kopiervorlage 7b: „Wie komme ich zu ...?"

Variante:

- PA: Paare erhalten einen Zettel von der Kopiervorlage 7b „Wie komme ich zu ...?" und bestimmen eine Standort- und eine Zielhaltestelle, die sie auf dem Zettel notieren. Die Zettel werden eingesammelt und jedes Paar zieht nun einen neuen Zettel. Die Angaben darauf sind die Grundlage für den zu schreibenden Dialog.

Spiel:

- Im Plenum oder in Kleingruppen: Ein T gibt die Straßenbahnlinie und die Anzahl der Stationen an, die anderen T erraten den Ausgangs- und den Zielpunkt, z. B.: *Ich nehme die Linie 1 Richtung Schildesche und fahre sechs Stationen, dann steige ich um und nehme die Linie 3 Richtung Stieghorst Zentrum und steige nach vier Stationen aus. Wo bin ich zuerst? Wo bin ich dann?*

AB: S. 191
2 Lückendialoge

2.3 — 5 Die Konsonanten *p, t, k* und *b, d, g*

„p“, „t“, „k“ hart oder „b“, „d“, „g“ weich aussprechen

a

- Hören, anschließend einige Beispiele übertrieben und langsam vorsprechen und nachsprechen lassen.
- In 5a, 2 besonders auf die Auslautverhärtung achten. Regel besprechen.

b

- Hören, ggf. einige Beispiele übertrieben vorsprechen und den Unterschied zwischen harter und weicher Aussprache deutlich machen.
- Einzelne T / im Chor nachsprechen lassen.

AB: S. 191
3 „p“/„b“, „t“/„d“, „k“/„g“ hören und unterscheiden
4 Sätze sprechen

c

- Hören und nachsprechen, variieren Sie Lautstärke und Sprechgeschwindigkeit.
- T üben die Wörter und Sätze aus 5 in PA, L korrigiert in den einzelnen Gruppen.

Korrekturhilfe: „p“, „t“, „k“

- Starke Aspiration bei „p“, „t“, „k“ visualisieren: Halten Sie ein Blatt Papier vor den Mund und sprechen Sie „Pah“ oder „Pause“; das Blatt muss flattern, dann stimmt die Artikulation.
- Bei „p“ die Lippen aufblasen und „explodieren“ lassen.
- Regel zur Auslautverhärtung bewusst machen und – v. a. am Anfang – konsequent korrigieren.
- Für viele Lernende ist die Bewusstmachung der Laut-Buchstaben-Beziehung von „b“, „p“ im Gegensatz zu „v“, „w“, „f“ besonders wichtig.

6 Präpositionen mit Dativ

Seite 79

Grammatik: Präpositionen erkennen

W: L erläutert den Begriff „Präpositionen“ anhand schon bekannter Beispiele: *Ich komme aus Düsseldorf; ich wohne in München.*

- Beispielsätze 1 und 5 im Plenum besprechen, dabei die Kontraktion (Verschmelzung) von Präposition und Artikel verdeutlichen:
  bei + ~~dem~~ = beim.
- PA: T markieren Präpositionen und Artikel in den Sätzen 2–8.
- Zusammentragen der Ergebnisse im Plenum, Sammeln an der Tafel, dabei schon Trennung nach lokaler und modaler Bedeutung:

nach dem Rathaus	mit dem Bus
nach der Station	mit der Straßenbahn
beim Fahrer	
zum Bahnhof	
zur Schule	
von der Haltestelle	

- Gemeinsam mithilfe der graphischen Darstellung die Bedeutung der Präpositionen klären.
- T versuchen anhand der Beispiele an der Tafel, eine Regel für die Kontraktion von Präposition und Artikel zu finden:

der:	aus / nach / mit dem	zum	beim/vom
das:	aus / nach / mit dem	zum	beim/vom
die:	aus / nach / mit der	zur	bei/von der

AB: S. 192
5 Präpositionen ergänzen
6 Satzteile zuordnen
S. 193
7 Passende Antworten finden

7 Bestimmter Artikel: Dativ

Grammatik: Rektion der Präpositionen erkennen

Die T haben bislang die Kasus Nominativ und Akkusativ in Form der Verbergänzung kennen gelernt. Die Tabelle soll verdeutlichen, dass nicht nur ein Verb einen bestimmten Kasus fordert, sondern auch eine Präposition. Der Dativ nach Präpositionen ist weitaus frequenter als als Verbergänzung, deshalb wird er hier mit Präpositionen eingeführt.

- Gemeinsam die Tabelle besprechen: *Was fällt Ihnen auf? Was bedeuten die Markierungen?* T sollen selbst herausfinden, dass die für sie neue Artikelform mit der davor stehenden Präposition in Zusammenhang steht.
- L erinnert an Verben, die eine Akkusativergänzung „brauchen“ (Kap. 5), und stellt eine Analogie zu Präpositionen + Dativ her.
- EA: T übernehmen die Tabelle aus dem Buch ins Heft und suchen im Text weitere Beispiele, die sie in die Tabelle einordnen.
- Vergleich im Plenum, Sammeln der Ergebnisse an der Tafel (Tabelle), dabei auf die Endung „-n“ bzw. „-en“ des Nomens im Dativ Plural hinweisen: Alle Nomen erhalten diese Endung mit Ausnahme der Nomen, die im Plural auf „-s“ enden.

Lösung:

	Dativ Singular
das Rathaus	**Nach dem** Rathaus ...
die Station	**Nach der** Station ...
der Bahnhof	... kommen Sie immer **zum** Bahnhof.
der Fahrer	Das Ticket kaufen Sie **beim** Fahrer.
die Haltestelle	**Von der** Haltestelle ...
die Schule	... **zur** Schule sind es nur drei Minuten.
das Café	In der Nähe **vom** NetCafé ...

8 Dativformen von *ein*

Grammatik: Dativ / unbestimmter Artikel

- Gemeinsamer Vergleich der Übersicht mit der Tabelle an der Tafel: *Was ist gleich? Was ist anders?*
- Übersicht auf S. 84 (Grammatik 3) anschauen.

9 Ergänzen Sie bitte die Endungen von *ein* im Dativ.

Grammatik

- Beim ersten Satz exemplarisch im Plenum die Endung ergänzen.
- T ergänzen in PA die Artikelendungen.
- Vergleich im Plenum.

Lösung: 1. einem 2. einem 3. einem 4. einer 5. einer

Hinweis:

- Bei Unsicherheiten mit der temporalen Bedeutung von „nach“, kann L die lokale und temporale Funktion in Beispielsätzen gegenüberstellen:

Ich fahre nach Bielefeld.	*Nach dem Unterricht kaufe ich ein.* *Es ist fünf nach neun.*
Ich gehe nach Hause.	*Rathaus/* *Nach der Station „Rathaus“ steige ich aus.*

10 Wo ist was in Ihrer Stadt? Seite 80

Sprechen: Redemittel anwenden

Vorwissen aktivieren:
- L fragt die T, was für sie wichtige Orte (Institutionen, Geschäfte, Freizeiteinrichtungen etc.) am Kursort sind. Die Antworten werden an der Tafel gesammelt.
- T lesen die Redemittel, evtl. Unklarheiten besprechen.
- Zunächst PA, dann GA: Die Paare formulieren mithilfe des Stadt- und des Netzplans Fragen wie in den Redemittelbeispielen und schreiben diese auf einen Zettel. Die Fragen werden dann mit denen eines anderen Paars getauscht. Die Aufgabe ist es nun, die Antworten zu finden und zu notieren. Beide Paare setzen sich im Anschluss zusammen und tauschen Fragen und Antworten mündlich aus.

Hinweis:
- Sollte der Kursort eine Kleinstadt sein, wo man alles zu Fuß erledigen kann und keine öffentl. Verkehrsmittel nötig sind / existieren, kann man für diese Aufgabe eine größere Stadt in der Nähe wählen, die die T öfters besuchen.

ZM:
- Stadt- und Netzplan des Kursortes (z. B. Kopie des Stadtplans der gelben Seiten)

AB: S. 193
8 Wiederholung: Artikel ergänzen
S. 194
9 Einfache Wegbeschreibungen

2.4

11 Frau Lipinska kommt in ihre neue Firma.

Wortschatz

Vorwissen aktivieren:
- L beschreibt die Situation von Frau Lipinska: *Erster Tag in einer neuen Firma in einer fremden Stadt: Was macht sie zuerst, was dann?* Vorschläge an der Tafel sammeln.
- T lesen, schauen sich die Stationen von Frau L. an und stellen Vermutungen an, was Frau L. wo macht. Wortschatz in Form von Wortigeln an der Tafel sammeln: „sich vorstellen", „Kollegen kennen lernen", „Formulare ausfüllen", „den Arbeitsplatz kennen lernen", „ein Konto eröffnen", „eine Monatskarte kaufen" etc.

selektives Hörverstehen

- Dialoge je zweimal vorspielen. T sollen lediglich heraushören, wo die Dialoge spielen, und sie im Buch den Fotos zuordnen.
- Vergleich im Plenum. Drittes Hören zur Kontrolle.

Lösung: A4 – B5 – C3 – D1 – E2

2.4

12 Wörter, Ausdrücke und Situationen Seite 81

a
Wortschatz zuordnen

- T schauen sich die Situationen und die Ausdrücke an. Gemeinsames Klären noch unbekannten Wortschatzes.
- In PA ordnen die T die Redemittel den Situationen zu. L verweist darauf, dass einige Redemittel in mehreren Situationen vorkommen können.

ZM:
- Kopie der Dialogtranskription
- Kopiervorlage 7c: „Personalbogen"

b
detailliertes Hörverstehen

- Nochmaliges Hören der Dialoge 3, 5 und 6 mit längeren Pausen, in denen die T ihre Notizen ergänzen.
- Gemeinsames Sammeln der Ergebnisse an der Tafel.

Erweiterung:
- In lernschwächeren Kursen kann L eine Kopie der Dialogtexte verteilen, um das Ergänzen der Informationen zu erleichtern.
- Die Kopiervorlage 7c stellt den Anfang eines Personalbogens dar, als ein Beispiel für die Abfrage persönlicher Daten (wie bei vielen anderen Formularen auch). T füllen zunächst die Spalten aus, die sie ohne Nachfragen bearbeiten können. Dann im Plenum die Bedeutung noch offener Rubriken klären.

Lösungsbeispiel:
A Bank: ein Konto eröffnen – Girokonto – Nachname/Familienname – Vorname – Adresse – Buchstabieren Sie bitte.
B Straßenbahn/Bus: Monatskarte – Wie viele Zonen? – Was ist das …? – Ich wohne in der …straße. – Wo arbeiten Sie? – Das ist …
C Kantine: Kasse – Ich brauche ein … – Du brauchst …
D Anmeldung: Mein Name ist … – Wo ist …?
E Personalbüro: Personalbogen – Füllen Sie bitte … aus. – Ist das so richtig? – Gehalt – Wo kann ich …? – Gleich gegenüber. – geöffnet

AB: S. 195
10 Lückentext

13 Informationen vor Ort

Dialoge schreiben und spielen

- PA: Jedes Paar schreibt mithilfe der Redemittel aus 12 einen Dialog zu einer der Situationen. Evtl. verteilt L die Situationen auf die Paare, damit jede einbezogen wird.
- L hilft bei Unklarheiten und achtet auf die richtigen Formulierungen.
- Die Paare üben die Dialoge und spielen sie dem Plenum vor. Dabei sollte der geschriebene Text zwar als Grundlage dienen, aber nicht nur monoton abgelesen werden.

Variante:

- In schwächeren Lerngruppen / An schwächere T kann L eine Kopie der Vorlage 7c „Informationen erfragen" mit Redemittelhilfen verteilen.

ZM:
- Kopiervorlage 7d: „Informationen erfragen"

14 Projekt „Unsere Stadt"

Informationen über den Kursort erweitern

Einzelne Situationen aus Aufgabe 13 können in diesem Projekt real umgesetzt werden:

- Gemeinsam an der Tafel Behörden und Institutionen (z. B. Rathaus, Ausländeramt, Sozialamt, Arbeitsamt, Bibliotheken, Museen, Beratungsstellen), Banken, Informationsstellen (z. B. der Verkehrsbetriebe), Verkehrsverbindungen (innerhalb des Kursortes und in andere Städte) etc. sammeln, die für die T wichtig sind bzw. sie interessieren. (Viele Städte und Gemeinden geben Verzeichnisse über städtische und sonstige Einrichtungen heraus, mithilfe derer sich der/die Lehrende im Vorfeld informieren kann.)
- T bilden Gruppen nach Interessen oder L teilt Gruppen nach didaktischen Gesichtspunkten ein (Möglichkeit der Binnendifferenzierung: Recherchen nach Öffnungszeiten von Institutionen sind sprachlich weniger anspruchsvoll als die nach Verkehrsverbindungen).
- GA: Anhand eines Stadtplans und Infomaterialien (Telefonbuch, gelbe Seiten, Broschüren) die Standorte feststellen: *Wo ist ...?*
- GA: Jede Gruppe erhält Kopien einer der Vorlagen mit den Arbeitsaufträgen, die im Kurs noch konkretisiert werden müssen. Die Aufträge werden genau besprochen (und ggf. innerhalb der Gruppe verteilt), damit alle wissen, was sie herausfinden sollen.
- Je nach Möglichkeiten führen die T ihre Suchaufträge während oder nach der Unterrichtszeit (als Hausaufgabe) aus.
- Die Ergebnisse werden in der nächsten Unterrichtseinheit vorgestellt, zu einem oder mehreren Infoplakaten zusammengestellt und im Kursraum aufgehängt. Ggf. können schon bestehende Plakate ergänzt werden.

Hinweis:

- Die Kopiervorlagen sind lediglich Vorschläge, die je nach Situation und Interesse in den Gruppen abgewandelt werden sollten bzw. in selbständigen Gruppen ganz weggelassen werden können.

ZM:
- Kopiervorlage 7e: „Projekt ‚Unsere Stadt': Behörden und Einrichtungen"
- Kopiervorlage 7f: „Projekt ‚Unsere Stadt': öffentlicher Verkehr"
- Plakate/Tonpapier
- Klebstoff

Deutsch verstehen — Seite 82

15 Sehenswürdigkeiten

2.5

a
Vorentlastung

Mit dieser Übung wird der Hörtext in Aufgabe 16 sehr stark vorentlastet. In stärkeren Lerngruppen kann sie ohne weiteres ausgelassen werden.

Vorwissen aktivieren:

- T sehen sich den Ausschnitt des Stadtplans an und raten, zu welcher Stadt er gehört. T, die schon länger in Deutschland leben, können evtl. einige Namen im Stadtplan ausmachen, die sie schon einmal gehört haben, z. B. „St. Pauli" („1. FC St. Pauli" = „Fußballverein"), „Fischmarkt" etc.
- L informiert, dass es sich hierbei um Hamburg handelt.
- T lesen zunächst die Sehenswürdigkeiten und suchen und markieren sie zusätzlich zur Nummerierung im Stadtplan.
- Vergleich in PA.

ZM:
- Kartenausschnitt auf Folie
- Kopiervorlage 7g: „Stadtplan Hamburg"

b

- T suchen und markieren die Straßennamen im Stadtplan, dadurch ergibt sich schon grob der Verlauf des Spaziergangs aus Aufgabe 16. (Achtung: Die roten Markierungslinien sind für die Aufgabe bedeutungslos!)
- Vergleich im Plenum (über Karte auf Folie/OHP).
- Hören der Straßennamen. T lesen halblaut mit.

Landeskunde: Hamburg

Hamburg ist mit 1,7 Millionen Einwohnern nach Berlin die zweitgrößte Stadt Deutschlands. Sie liegt 120 km vor der Mündung der Elbe in die Nordsee und hat den größten deutschen Seehafen, der als Deutschlands „Tor zur Welt" bezeichnet wird. Hamburg ist wie Bremen ein „Stadtstaat", d. h. zugleich Stadt und Bundesland. Die Landesregierung besteht aus dem von der „Bürgschaft" (120 Sitze) gewählten Senat; Regierungschef ist der vom Senat gewählte „Erste Bürgermeister".

Hamburg ist der bedeutendste Presseplatz Deutschlands (Sitz der Deutschen Presseagentur, zahlreicher Verlage etc.), ein wichtiger Wirtschaftsstandort (Reedereien, Werften, Veredelungsindustrien für ausländische Rohstoffe, Luftfahrtindustrie, elektrotechnische Industrie, Film- und Musikindustrie etc.) und ein kulturelles Zentrum (zahlreiche Theater, z. B. das Thalia-Theater, Museen und Bibliotheken). Berühmt ist auch das Vergnügungsviertel „Reeperbahn".

www.hamburg.de, www.reeperbahn.de, http://fhh.hamburg.de/ansichten

2.6

16 Ein Spaziergang

a
selektives Hörverstehen

Vorwissen aktivieren:
- T sehen sich die Fotos und die Namen der dargestellten Sehenswürdigkeiten/Straßen an. *Was wird hier gezeigt? Was kann man hier sehen?* Wortschatz an der Tafel sammeln.
- Erstes Hören des Hörtextes. T markieren, welche Fotos zu dem Gehörten passen. Vergleich im Plenum.

Lösung: Diese Fotos passen: 1, 3, 6

ZM:
– Kartenausschnitt auf Folie

b
passiver Wortschatz: Richtungsangaben

Um Wegbeschreibungen nachvollziehen zu können, ist ein Verstehen der hier aufgeführten Orts- und Richtungsangaben unerlässlich. Eine aktive Beherrschung ist jedoch in diesem Lernstadium noch eine Überforderung.
- T schauen sich das Bildwörterbuch an und klären im Partnergespräch die Bedeutungen.
- Sicherung des Verständnisses im Plenum.
- Gemeinsames Markieren des Ausgangspunktes des Rundganges auf dem Stadtplan (㉘). Zweites Hören, T markieren dabei den Verlauf des Spaziergangs.

selektives Leseverstehen

- T lesen den Text und vergleichen in PA den Text mit ihren Markierungen.
- Gemeinsamer Vergleich (auf der Folie).

Erweiterung:
- Kursgespräch: *Warum sind die Sehenswürdigkeiten interessant? Alster: Binnensee mit Schiffen; Rathaus: altes Gebäude; Großneumarkt: interessante Kneipen* etc.

Strukturen verstehen — Seite 83
17 Präpositionen mit Dativ oder Akkusativ

Wechselpräpositionen verstehen

Nach den Präpositionen mit Dativ, die aktiv beherrscht werden sollen, werden hier die Wechselpräpositionen lediglich angerissen. Ihre Verwendung ist weitaus komplexer, weshalb sie jetzt nur kennen gelernt werden sollen.

Vorwissen aktivieren:
- L fragt T nach der Bedeutung von „in", „an" und „auf". Gemeinsame Bedeutungserklärung mithilfe eines kleinen Gegenstands und eines Pappkartons.

ZM:
– leeres Behältnis (Schuhkarton oder Ähnliches)

- T durchforsten den Text nach den Präpositionen „in“, „an“, „auf“ und markieren diese und die Artikel zunächst mit Bleistift.
- L fragt, was bei diesen Präpositionen auffällt. Wenn nicht von den T genannt, weist L darauf hin, dass sie mal mit Akk., mal mit Dat. stehen.
- T markieren Präpositionen: mit Akk. blau, mit Dat. grün.
- Vergleich in PA, dann im Plenum.
- Gemeinsame Bedeutungserklärung anhand der Textbeispiele, der Übersicht und der Visualisierungen.

AB: S. 195
Effektiv lernen
11 Tipps: sprechen üben

Partnerdiktat

Diktat

S. S. 62.

T1: „Entschuldigung, wie komme ich zum Bahnhof?“
T2: „Sie fahren drei Stationen / mit dem Bus ins Zentrum. / Dort nehmen Sie die S-Bahn-Linie 1 / Richtung Rathaus / und steigen nach zwei Stationen aus. / Von der Haltestelle / gehen Sie zwei Minuten / zum Bahnhof.

T1: „Entschuldigung, ich suche die Post.“
T2: „Gehen Sie immer geradeaus / und dann die nächste Straße links / bis zur Ampel. / An der Ampel gehen Sie rechts. / Gehen Sie dann / die nächste Straße links. / An der Kreuzung sehen Sie die Post.

Kapitel 8 – Ich arbeite bei …

Handlungsbereich
über Berufe sprechen, Berufsleben, Arbeitsbedingungen, Arbeitsplatz, Stellenanzeigen
Wortschatz
Berufsbezeichnungen, Berufsumfeld
Grammatik
Modalverben („müssen", „wollen", „möchten", „können") im Präsens: Formen und Bedeutung, Satzklammer;
Strukturen verstehen: Konjunktiv II
Aussprache
Ichlaut, Achlaut, „sch"

Einstiegsbild — Seite 86

Das Bild gibt einen Einblick in einige Räume einer mittelständischen Möbelspedition, der Firma, bei der Frau Lipinska aus Kapitel 7 eine neue Arbeit angenommen hat.

Vorwissen aktivieren:
- T schauen sich das Bild an. *Wo ist das? Was kennen Sie schon auf Deutsch?*
- Sammeln der Ergebnisse an der Tafel.

1 Berufe — Seite 87

Wortschatz:
Berufe, Tätigkeiten

Vorwissen aktivieren:
- L fragt die T, welche Berufe (generell) sie schon auf Deutsch kennen. Sammeln an der Tafel.
- T sehen sich die Liste an: *Welche Bezeichnungen kennen Sie schon? Was machen die Leute in diesen Berufen?* Äußerungen der T an der Tafel (Wortigel) festhalten.
- T ordnen die schon bekannten Berufsbezeichnungen den Personen im Einstiegsbild zu.
- Bei den übrig gebliebenen Berufsbezeichnungen umschreibt L die Tätigkeiten zur Semantisierung. T suchen die entsprechenden Personen im Einstiegsbild und unter den Vignetten.
- *Welche Berufe sind nicht im Bild dargestellt?* (Kassierer/-in, Verkäufer/-in, Schreiner/-in)

2 Büroalltag

2.7

selektives Hörverstehen

Sieben Dialoge, die auch im Einstiegsbild angedeutet sind.
- T lesen die Dialoganfänge und die Richtig/Falsch-Aussagen. Klären von unbekannten Wörtern.
- Hören des ersten Dialogs. *Ist die Aussage 1 richtig oder falsch? Ist Herr Kölmel im Bild dargestellt? Ist sein Gesprächspartner zu sehen?*
- Hören der anderen Dialoge mit kleinen Pausen, in denen die T die Aussagen bewerten (r/f). Ggf. noch einmal hören.
- Vergleich im Plenum. Dabei jeweils die entsprechenden Illustrationen im Einstiegsbild suchen lassen. (Nochmaliges Hören zur Überprüfung.)

Lösung: Richtig: 1, 3, 6, 7

AB: S. 196
1 Berufe Bildern zuordnen

3 Drei Berufe — Seite 88

a

Die ersten längeren Texte mit Aufgaben zur Texterschließung: Es ist wichtig, dass die T wissen, nicht jedes Wort verstehen zu müssen, sondern nur die zur Lösung der Aufgaben wichtige Lexik. Mit dem Griff zum Wörterbuch sollte also gewartet werden, bis die Lösung der Aufgaben Schwierigkeiten bereitet und der Kontext keine Anhaltspunkte liefert.

globales Leseverstehen

- T überfliegen den ersten Text (eine Minute) und versuchen, den Inhalt grob zu erfassen: *Informatikerin, Arbeit mit Computern* etc.
- T lesen die fünf Aussagen, Vokabular klären.

selektives Leseverstehen

- T lesen den Text nun genauer und beurteilen die Aussagen. (T sollten zuerst die Aufgaben lösen, die sie ohne Hilfe von L bearbeiten können. Erst dann mit Hilfe unbekannte Wörter im Text klären.)
- Vergleich in PA, dann im Plenum, wobei auf die jeweilige Textstelle genau eingegangen und geklärt werden sollte, was aus dem Kontext zu erschließen ist und was nicht.

Lösung: Richtig: 1, 5

b
selektives Leseverstehen

- T sehen sich die nächsten beiden Fotos an, lesen die Bildunterschriften, um zu wissen, um wen es in den nächsten zwei Texten geht.
- T lesen die Fragen zu den Texten. Unklarheiten besprechen.
- T lesen die Texte und beantworten die Fragen in Stichworten.
- Vergleich im Kursgespräch mit Verweisen auf die aufgabenbezogenen Textstellen.

Lösung: 1. Alvaro verdient elf Euro in der Stunde, Maxi verdient sieben Euro die Stunde. 2. Alvaro arbeitet 35 Stunden in der Woche, Maxi arbeitet 20 Stunden. 3. Alvaro arbeitet von 7–16 Uhr, Maxi von 16–20 Uhr. 4. Maxis Mann ist nicht gern in Deutschland, er will immer weg. 5. Maxi und die Kinder möchten in Deutschland leben, Maxis Mann in Amerika.

4 Schreiben Sie Fragen zu den Texten auf. — Seite 89

detailliertes Leseverstehen: Fragen zum Text formulieren

Mit dieser Aufgabe sollen sich die T nun intensiv mit einem der Texte auseinander setzen. Durch das Formulieren von Fragen zum Text nehmen sie eine bisher ungewohnte Position ein, die ihnen den Aufgabentypus transparenter werden lässt.

- Drei Gruppen: Jede Gruppe arbeitet noch einmal einen der Texte (ggf. mithilfe des Wörterbuchs) durch und formuliert sechs Fragen zum Text.
- Die Fragen werden durch ein Gruppenmitglied an die Tafel (OHP) geschrieben und an eine andere Gruppe weitergegeben, die sie dann schriftlich beantwortet.
- Fragen und Antworten werden im Kursgespräch ausgetauscht.

Erweiterung:

- Jede Gruppe hat sich jetzt mit einem der Texte noch nicht intensiver beschäftigt. Aus diesem Text suchen die Gruppenmitglieder drei Wörter heraus, deren Bedeutung ihnen noch unklar ist, und schlagen diese im Wörterbuch nach oder geben die Fragen an die „Expertengruppen" weiter. Ergebnisse an der Tafel sammeln.

AB: S. 196
2 Lückentext
S. 197
3 Tätigkeiten Berufen zuordnen
4 Paraphrasen zuordnen

5 Satzklammer mit Modalverben

Grammatik: Modalverben „müssen", „wollen", „können", „möchten"; Satzklammer

Die Modalverben „können" und „müssen" kennen die T schon aus der Grammatikvorschau „Strukturen verstehen", Kap. 5, „möchten" als Vollverb schon aus Kap. 6.

- L übernimmt die Tabelle und den ersten Beispielsatz aus dem Buch an die Tafel (mit deutlicher Darstellung der Verbposition und genügend Platz für mehrere Beispielsätze pro Modalverb).
- T suchen aus den Texten Beispielsätze für alle aufgeführten Modalverben heraus (evtl. Gruppen bilden: entweder je Text oder je Modalverb eine Gruppe).
- Ergebnisse an der Tafel sammeln. Gemeinsame Bedeutungserschließung. L erklärt den Unterschied zwischen „wollen" und „möchten".
- L weist noch einmal explizit auf die Verbposition hin.

6 Schreiben Sie die Aussagen und Fragen. Seite 90

Syntax: Satzpuzzle

- T sortieren in EA die Satzteile und schreiben die kompletten Sätze ins Heft oder auf eine Kopie der Vorlage.
- Vergleich im Plenum.

ZM:
- Kopiervorlage 4e: „Satzklammer“
- DIN-A4-Blätter

Lösung:

1. Ich muss jeden Morgen um fünf Uhr aufstehen.
2. Willst du heute Abend ins Kino gehen?
3. Wir müssen manchmal am Wochenende arbeiten.
4. Man kann im Büro viele neue Leute kennen lernen.
5. Kannst du mir mit dem Computer helfen?
6. Müsst ihr viele Überstunden machen?
7. Könnt ihr im August in Urlaub gehen?
8. Sie können das Formular am Computer ausfüllen.
9. Wir möchten in ein paar Jahren eine eigene Firma haben.

Spiel: Personenpuzzle

- L schreibt alle Satzteile (nicht mehr als T im Kurs) eines Modalverbsatzes einzeln mit großen Buchstaben auf je ein DIN-A4 Blatt und verteilt die Blätter an je eine/-n T. Die T stellen sich nun so auf, dass ihr Satzteil – der gut sichtbar gehalten werden muss – die korrekte Position im kompletten Satz einnimmt. Wenn alle beteiligten T meinen, korrekt zu stehen, kommen übrige T als Jury und korrigieren bzw. stellen falsch stehende Puzzlepersonen an die richtige Position.

7 Modalverben

Grammatik: Konjugation der Modalverben

- L und T übernehmen die Tabelle aus dem Buch an die Tafel bzw. ins Heft.
- PA: T markieren die Modalverben in den Aufgaben 3–6, ordnen sie in die Tabelle (Heft) ein und versuchen, noch fehlende Formen zu ergänzen.
- Ergänzen der Tabelle an der Tafel auf Zuruf. Vergleich mit der Darstellung auf S. 95.

2.8

8 Aussprache üben – *ich*-Laut, *ach*-Laut, *sch*

a

- T hören zunächst die Übung und lesen mit.
- L spricht anschließend einige Wörter/Sätze vor und lässt einzelne T nachsprechen. L erläutert Regeln.
- T üben in GA oder PA.
- Bei Bedarf kann L die T, die besonders große Ausspracheprobleme haben, in dieser Phase individuell betreuen, die Lautbildung behutsam korrigieren und die Übungssequenzen kleinschrittig üben.
- Vor allem der Ichlaut ist für viele T sehr schwer auszusprechen. Machen Sie immer wieder Ausspracheübungen dazu, korrigieren Sie konsequent und behutsam und geben Sie den Lernenden Zeit, diesen Laut in kleinen Schritten zu lernen.

b

- T hören die Sätze und sprechen halblaut mit.
- L spricht einzelne Sätze vor und lässt mehrere T nachsprechen. Das Sprechen gestisch begleiten und behutsam korrigieren.
- Sätze in kleinen Gruppen üben.
- Einzelne T sprechen die Sätze im Plenum.

AB: S. 197
5 Laute unterscheiden
6 Sätze sprechen
S. 198
7 Satzpuzzle zur Satzklammer
8 Modalverben ergänzen

Korrekturhilfen: Ichlaut, Achlaut, „sch"

Ichlaut:
- Der Ichlaut wird an derselben Stelle gebildet wie „j". Sprechen Sie zunächst übertrieben lange „jjj" und flüstern Sie dann den Laut. Es entsteht automatisch der Ichlaut. Mehrfach wiederholen und an einfachen Wortbeispielen (*ich, mich, Licht* etc.) üben.
- Erhorchen Sie den Spannungsgrad, bringen Sie die Wörter in steigende Sprechmelodie, sprechen Sie überrascht, erstaunt (*Ich??*).
- T sprechen „k", statt Ichlaut: Zungenrücken muss weiter nach vorne, vom „j" ableiten, Wortbeispiele suchen mit Lauten, die vorne gebildet werden (*ich, mich, nicht, Licht, wichtig* etc.).
- T sprechen „sch": keine Lippenvorstülpung, Lippen eher spreizen. Wortbeispiele suchen, die eher „hinten" gebildet werden (*Kirche, richtig, riechen, der Grieche* etc.)

Achlaut:
- Achlaut wird hinten im Hals gebildet, er ist ein Reibelaut; Schnarchen nachahmen oder die Hand auf den Hals legen, um die Vibration zu fühlen.

„sch"
- Bei der Bildung von „sch" die Zähne eher geschlossen halten, Lippen vorstülpen, die Zungenspitze zurückbiegen und mit viel Energie die Luft ausströmen lassen.

9 Arbeitsplatz und Beruf — Seite 91

Schreiben und Sprechen

Vorwissen aktivieren:
- T schauen sich die Bildleiste an und lesen die Berufe: *Welche Berufe kennen Sie? Was ist für diese Berufe typisch?*
- Sammeln der Äußerungen an der Tafel (kleine Wortigel).
- T lesen die Liste der Berufsbildbeschreibungen. Klären unbekannter Wörter. *Wie kann ein Beruf noch sein?* Sammeln weiterer Gesichtspunkte.
- Jede/-r T sucht sich aus der Liste fünf Gesichtspunkte heraus, die für sie/ihn in Bezug auf die Berufsausübung wichtig bzw. nicht akzeptabel/gewünscht sind, und schreibt dazu fünf Sätze. L achtet auf die richtige Stellung der Modalverben.

Erweiterung:
- GA: T durchforsten Illustrierte (politische Magazine, Boulevard-Blätter) nach weiteren Berufen (Politiker, Schauspieler, Sänger, Fußballer, Rennfahrer etc.), schneiden die entsprechenden Personen aus und gestalten eine Collage. Die Bilder werden mit Modalverbsätzen kommentiert, z. B.: *Das ist Michael Schumacher. Er möchte immer Auto fahren. Er will immer schnell sein. Er kann viel Champagner trinken.* Usw.
- Die Collagen werden im Plenum vorgestellt und dann aufgehängt.

ZM:
- Illustrierte
- Scheren
- Klebstoff
- großformatiges Papier (Pack-/Tonpapier)

10 Welche Berufe aus diesem Kapitel passen zu Ihnen?

Sprechen: Berufe und Persönlichkeit

- T suchen sich aus dem Kap. 8 einen Beruf aus, der zu ihnen passen könnte, und begründen dies auf der Grundlage der zuvor formulierten Sätze.
- L achtet darauf, dass Modalverbkonstruktionen verwendet werden.

AB: S. 199
9 Verben ergänzen
S. 200
10 Selektives Leseverstehen

11 Interviews im Kurs

Sprechen: Beruferaten

- Anhand der Rubriken im Buch gemeinsam Fragen formulieren und evtl. durch weitere ergänzen; alle Fragen werden an die Tafel geschrieben:

Was bist du / sind Sie von Beruf?
Wie viele Stunden arbeitest du pro Woche?
Wie viel Urlaub hast du?
Wie viel Geld verdienst du?

Macht die Arbeit Spaß?
Wann fängst du morgens an?
Wann hörst du auf?
Arbeitest du mit Kollegen zusammen?
Usw.

- EA: Jede/-r T denkt sich nun einen Beruf aus und überlegt sich Antworten zu den an der Tafel stehenden Fragen.
- PA: gegenseitiges Interview, jeder macht sich Notizen zu den Antworten des Partners.
- Jede/-r T stellt im Plenum den Beruf seines Partners vor, nennt den Beruf selbst aber erst ganz zum Schluss. Bis dahin können die anderen T raten, um welchen Beruf es sich handelt. (Bei großen Kursen in Kleingruppen, da sonst die Aufmerksamkeit zu schnell erlahmt.)
- Weitere Fragen und Alternativen zu den oben aufgeführten Fragen finden sich auf S. 94. Diese Übersicht im Plenum durchsprechen und den eigenen Fragenkatalog ergänzen.

Spiel:

- L schreibt für jede/-n T auf einen Heftzettel einen Beruf aus diesem Kapitel. Die Heftzettel werden auf den Rücken der T geheftet, sie wissen also nicht, welchen Beruf sie haben.
- T gehen im Raum umher, lesen die Berufe auf den Rücken der anderen und beginnen, sich gegenseitig nach den eigenen Berufen zu befragen. Dabei dürfen nur Ja/Nein-Fragen gestellt werden, die Befragten dürfen also keine Antwort außer „Ja“ und „Nein“ geben. Z. B.: *Arbeite ich im Büro? Fahre ich viel Auto?*
- Wer seinen Beruf als Erste/-r korrekt erraten hat, setzt sich hin und hat gewonnen. Die anderen können aber noch so lange weiterraten, bis alle T sitzen.

Deutsch verstehen — Seite 92
12 Selektives Lesen

selektives Leseverstehen

Vorwissen aktivieren:

ZM:
– Tageszeitung mit Anzeigenteil

- L fragt die T, was man macht / machen kann, wenn man einen Job / eine Arbeitsstelle sucht; schreibt die Zurufe der T im Wort-Netz an die Tafel:

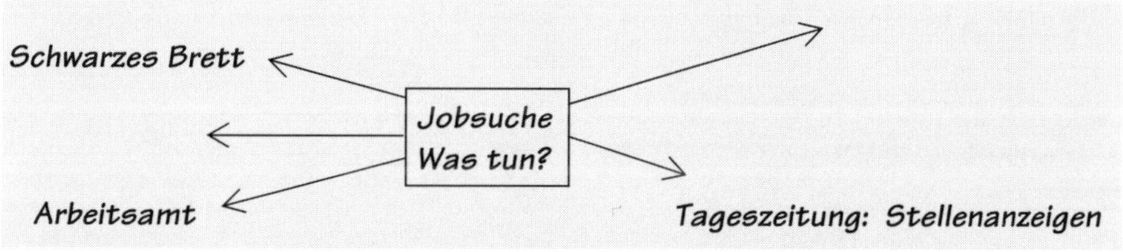

- Ggf. berichten T über eigene Erfahrungen mit der Jobsuche in Deutschland.
- T werfen einen ersten Blick auf die Anzeigen. *Was sind das für Texte? Wo kann man sie lesen? – Anzeigen, Stellenanzeigen, Tageszeitung* (L kann auch eine aktuelle regionale Tageszeitung mit Anzeigenteil zur Demonstration mitbringen).
- Die erste Aufgabe exemplarisch im Plenum durchführen: T lesen den Satz und suchen dann die entsprechende/-n Anzeige/-n.
- L lesen zunächst die Aufgaben und dann die Anzeigen, ordnen dann die Anzeigen den Aufgaben zu. L weist darauf hin, dass nur so viel von den Anzeigen verstanden werden muss, dass sie den Sätzen zugeordnet werden können.
- Vergleich in PA, dann im Plenum: Schlüsselwörter in den Anzeigen benennen und markieren.

Lösung: 1. Anzeige 2 – 2. Anzeige 1 u. 4 – 3. Anzeige 5 – 4. Anzeige 3 – 5. Anzeige 4 (evtl. auch 2 u. 3) – 6. Anzeige 2 – 7. Anzeige 1 u. 2 (evtl. auch 4)

13 Informationen in den Anzeigen

detailliertes Leseverstehen

- L schreibt die Tabelle an die Tafel. Gemeinsam in der ersten Stellenanzeige die Informationen zu den Rubriken suchen und in die Tabelle eintragen.
- PA: T bearbeiten eine der Anzeigen, suchen die geforderten Informationen und notieren, zu welchen Bereichen Informationen fehlen.

Landeskunde: Arbeitssuche in Deutschland

Die mit Abstand meisten Unternehmen (mehr als 40 %) suchen Arbeitskräfte über Stellenanzeigen (Quelle: „Forum" 2/97). Die Anzeigen erscheinen meistens in der Samstagsausgabe der Tageszeitungen. Stellen für Fach- und Führungskräfte werden meist überregional in den großen Tageszeitungen (wie „Süddeutsche Zeitung", „Frankfurter Allgemeine Zeitung" u. a.) sowie in Wochenzeitungen (wie „Die Zeit" u. a.) und in den Zeitschriften der Fachpresse aufgegeben. Stellen für Arbeitskräfte unterhalb der mittleren Führungsebene werden meist lokal oder regional in Tageszeitungen ausgeschrieben.

Leider befinden sich unter den Unternehmen, die Arbeitskräfte per Stellenanzeige suchen, auch schwarze Schafe, sog. Scheinfirmen, die es auf das Geld von Arbeitssuchenden abgesehen haben. Sie werben mit äußerst hohen Einkommen und Provisionen, geben oft nur eine Telefonnummer als Kontakt an und bieten selten mehr Informationen. Wenn gar von Eigenkapital, das der/die Arbeitssuchende „anlegen" muss, die Rede ist (in der Anzeige selbst oder beim ersten telefonischen „Bewerbungsgespräch"), ist der Verdacht begründet, es mit einem „Abzocker" zu tun zu haben. Denn bei vielen dieser Firmen sieht der Bewerber / die Bewerberin kein Geld wieder, weder das eigene noch irgendeine Bezahlung.
Im Unterricht sollten ggf. auch solche Anzeigen zur Sprache gebracht und im Anzeigenteil gesucht werden.

2.9

14 Zwei Telefongespräche — Seite 93

globales Hörverstehen: Telefonbewerbung

Vorwissen aktivieren:

- L fragt T: *Sie rufen eine Person an? Was sagt die Person, was sagen Sie am Telefon?* L sammelt Vorschläge der T geordnet an der Tafel:
  Das sagt die andere Person: ***Das sage ich:***
- Zum Vergleich die Übersicht auf S. 94 anschauen: *In welchen Situationen sagt man was?* T entscheiden, was in privaten und was in formellen Gesprächen gesagt wird.
- L kündigt zwei Telefongespräche an, die sich auf je eine der Stellenanzeigen beziehen.
- Telefongespräche jeweils einmal vorspielen. T suchen die dazu passende Anzeige und tragen die Ziffern in die Kästchen ein.
- Vergleich im Plenum: *Welche Wörter der Anzeige / des Telefongesprächs waren für das Erkennen relevant?*

AB: S. 201
11 a Selektives Hörverstehen: Berufe
b Selektives Hörverstehen: Steckbriefe ergänzen

Lösung:

Telefongespräch	1	2
Anzeige	4	5

15 Projekt „Stellenanzeigen"

selektives Leseverstehen

- Kursgespräch: T sprechen darüber, welche der Anzeigen für sie interessant ist, auf welche Anzeige sie antworten würden.
- GA: T schneiden aus dem Anzeigenteil der örtlichen Tageszeitung (Kopie) Stellenanzeigen heraus, die für sie interessant sind, und stellen sie auf einem Plakat zusammen.
- Gruppen stellen ihre Anzeigen im Plenum vor und begründen ihre Wahl.

Erweiterung:

- Wenn T Interesse haben, können mithilfe der Redemittel auf S. 94 einige Telefongespräche simuliert werden.
- PA: T suchen sich eine Anzeige aus und konstruieren einen Telefondialog, den sie dann einüben und im Plenum vortragen.

ZM:
- Kopien aus dem Anzeigenteil einer regionalen Tageszeitung
- Scheren
- Klebstoff
- Papier

2.10

Strukturen verstehen
16 Konjunktiv II

a
Konjunktiv II verstehen

- L nimmt sich selbst als Beispiel und schreibt einige Indikativ-Konjunktiv-Gegenüberstellungen an die Tafel, z. B.:

Ich bin Lehrer/-in.	*Ich wäre gerne Politiker/-in.*
Ich habe kein Geld.	*Dann hätte ich viel Geld.*
Ich bin in der Schule.	*Ich wäre oft im Fernsehen.*

- Wenn L die Sätze mit der entsprechenden Mimik und Stimmlage vorträgt (beim Konjunktiv verträumter Blick und seufzender Unterton), werden die T schnell merken, dass es hier um den Unterschied zwischen Realität und Wunschvorstellung geht.
- Gedicht einmal vorspielen. T lesen mit.

b
Verbformen erkennen

- Gedicht ein zweites Mal vorspielen. T markieren die Verbformen.
- Sammeln der Ergebnisse an der Tafel, die Indikativformen gegenüberstellen. L lässt T die (stark vereinfachte) Regel selbst herausfinden und hält sie an der Tafel fest:

sein:	*ich bin*	–	*ich wäre*
haben:	*ich habe*	–	*ich hätte*
andere Verben:	*ich ...*	–	*ich würde + Infinitiv*

Erweiterung:
- In lernstarken Kursen können T versuchen, selbst ein Gedicht zu schreiben.

AB: S. 201
Schwierige Wörter
12 Konsonantendopplung
13 Individuelle Auswahl

Rätseldiktat: Was bin ich?

Diktat

Ich muss jeden Morgen / um sechs Uhr aufstehen. / Dann fahre ich / mit dem Bus zur Arbeit. / Ich habe sechs Kollegen. / Die Arbeit beginnt um sieben Uhr / und um 16 Uhr / kann ich nach Hause gehen. / Wir haben die 35-Stunden-Woche. / Manchmal müssen wir Überstunden machen. / Ich arbeite gerne mit den Händen / und repariere gerne Autos. / Was bin ich von Beruf?

Lösung: Kraftfahrzeugmechaniker

Erweiterung:
- Lernstarke T/Gruppen können selbst Rätsel wie oben formulieren und sie sich dann, nach der Korrektur durch L, gegenseitig diktieren (Partnerdiktat).

Kapitel 9 – Gesund und fit

Handlungsbereich
In der Apotheke, beim Arzt, über Gesundheit/Krankheit sprechen, Beschwerden äußern
Wortschatz
Körperteile, Fachärzte, Schmerzen verbal lokalisieren, Medikamente, Therapien, Familienmitglieder
Grammatik
Possessivartikel (Nom., Akk., Dat.), Modalverb „dürfen";
Strukturen verstehen: Adjektive in attributiver Stellung
Aussprache
„r"

Einstiegsbild — Seite 96

Gesundheit und Krankheit sind Themen von existenzieller Wichtigkeit. In diesem Kapitel lernen die T, über körperliche Beschwerden zu sprechen, sich also beim Arzt und in der Apotheke zu artikulieren und ärztliche Anweisungen zu verstehen.

ZM:
– Kopiervorlagen 9a, 9b: „Der Körper I + II"

Vorwissen aktivieren:
- L zeichnet eine große Strichfigur an die Tafel, fragt die T, welche Körperteile sie schon kennen, und schreibt die Antworten an die Tafel.
- T schauen sich die Figur (Karikatur des „Diametor" von Leonardo da Vinci) an.

Variante:
- a) L hängt ein Poster von Kopiervorlage 9a im Kursraum auf (auf DIN A3 vergrößern). Die Kärtchen der Kopiervorlage 9b „Der Körper II" werden auf einem Tisch / dem Boden ausgelegt. Die T suchen sich je ein Kärtchen heraus und kleben es an den / in die Nähe des entsprechenden Körperteils der Figur.
- b) GA: Jede Gruppe erhält eine Kopie der Kopiervorlage 9a und einen Satz Kärtchen. Gemeinsam versuchen die T, die Bezeichnungen den Körperteilen zuzuordnen.

2.11

1 Der Körper

Wortschatz: Körperteile Singular

- Hörtext einmal hören. L zeigt dabei auf seinen/ihren jeweiligen Körperteil. T sprechen im Chor nach und machen auch die Gestik nach. (Dabei sollten alle Beteiligten stehen.)
- Zweites Mal hören. T ergänzen die Vokale im Buch.
- Vergleich in PA, drittes Hören zur Korrektur.
- Vergleich im Plenum durch Ergänzen der Beschriftung an der Tafel / auf den Kärtchen.

Lösung: das Gesicht – der Kopf – die Haare – das Auge – die Nase – das Ohr – der Mund – der Zahn – der Hals – die Schulter – der Arm – die Hand – der Finger – das Herz – die Brust – der Rücken – der Bauch – das Bein – das Knie – der Fuß – die Zehe

Spiel:
- PA: T stehen einander gegenüber. Ein T benennt einen Körperteil, der/die andere T zeigt darauf (am eigenen Körper), dann Wechsel.
- Wenn die T nach diesem Durchgang schon sehr sicher sind, können sie die schwierigere Variante spielen: Ein T benennt einen Körperteil, deutet aber auf einen anderen, z. B.: T1 sagt *Auge*, deutet jedoch auf ein Knie. T2 deutet nun auf das Auge und sagt *Knie*. Usw.

2.12 — 2 Hören Sie zu und zeigen Sie auf die Körperteile.

Wortschatz: Körperteile Plural

- L kündigt eine gymnastische Entspannungsübung an und fordert die T auf, den Anweisungen zu folgen. Wichtig ist, dass L die Übung mitmacht, damit die T auch alle Anweisungen nachvollziehen können.
- Die Übung ruhig mehrmals durchführen.
- Im Anschluss die im Hörtext genannten Pluralformen aufgreifen („Füße", „Augen"), den Singularformen gegenüberstellen und die Pluralformen der weiteren Körperteile einführen: L spricht und zeigt vor, T sprechen und zeigen nach.
- PA: T ergänzen die Pluralformen im Buch, Vergleich im Plenum (Tafel/Kärtchen).

AB: S. 202
1 Körperteile notieren
2 Körperteile im Plural
3 Pluralformen
S. 203
4 Körperteile und Tätigkeiten

Anleihen aus der Suggestopädie

Die Suggestopädie ist eine Lehr- und Lernmethode, die in den 70er-Jahren von dem ungarischen Psychologen Georgi Lozanov entwickelt wurde und in späteren Jahren auch unter dem Begriff „Superlearning" Furore machte. In der Fremdsprachendidaktik ist sie als ausschließliche Methode stark umstritten. Allerdings sind einige ihrer Elemente in diverse moderne Fremdsprachenlehrkonzepte eingegangen, weil sie sich als sehr effektiv erwiesen haben:

- Das Ansprechen möglichst vieler Sinneskanäle: Der Lerninhalt ist sichtbar, hörbar und fühlbar. Dadurch geschieht eine Mehrfachverankerung auf mehreren Sinnesebenen und das Einspeichern im Langzeitgedächtnis.
- Lernposter, die Lerninhalte präsentieren, nutzen den visuellen Sinneskanal und die Fähigkeit der peripheren Wahrnehmung.
- Fantasiereisen und Entspannungsübungen dienen dazu, Lernängste und -blockaden abzubauen.
- Die so genannten Lernkonzerte präsentieren Lerninhalte in entspanntem Zustand bei leiser, langsamer Musik.

2.13 — 3 Ärztehaus — Seite 97

Wortschatzarbeit: selektives Hörverstehen

- T schauen sich die Schilder des Ärztehauses an: *Wo ist das? Welche Informationen bekommt man?*
- Gemeinsam Vokabular klären und in Form eines Wortnetzes an der Tafel festhalten:

Sprechzeit / Sprechstunde ← **Arzt/Ärztin / Dr. med.** → Facharzt → Zahnarzt / Internist / Orthopäde

- T lesen den Dialoganfang: *Wie geht das Gespräch wohl weiter?* L sammelt Vorschläge an der Tafel.
- Hörtext einmal ganz ohne Pausen hören.
- Zweites Hören mit Pausen. T notieren, wohin Katrin, Kurt und Peter wollen.
- Vergleich im Plenum.

Lösung: Katrin: Fitnessstudio – Peter: Zahnarzt. – Sabine: Internist.

Erweiterung:

- Drittes Hören. T notieren die Gründe der drei Personen.

Lösung: Katrin – topfit, viele nette Leute, Peter – Zahnschmerzen, Sabine – Bauchschmerzen

Variante:

- Drei Gruppen: Jede Gruppe notiert das Ziel und die Gründe je einer Person. Vergleich in der Gruppe. Zusammentragen der Ergebnisse im Plenum.

4 Wortfeld „Arztbesuch": Probleme, Ärzte, Sonstiges

Wortschatzarbeit

- L übernimmt die Tabelle aus dem Buch an die Tafel und erläutert die Zusammenhänge.
- EA: T lesen die Stichworte und unterstreichen neuen, ihnen unbekannten Wortschatz.

- PA: Zwei T vergleichen ihre Markierungen, erklären sich gegenseitig einseitig bekanntes Vokabular.
- T übernehmen die Tabelle ins Heft und ordnen in PA den Wortschatz den Rubriken zu. L geht herum und korrigiert bei Fehlern.
- Vergleich im Plenum durch gemeinsames Ergänzen der Tabelle an der Tafel: Jedes Paar füllt eine Zeile aus.
- Klären noch unbekannten Vokabulars.

Lösung:

Probleme	Ärzte/Ärztinnen	Sonstiges
die Grippe	Hausarzt/-ärztin	die Versichertenkarte
Arm gebrochen	Hals-Nasen-Ohren-Arzt/-Ärztin	das Rezept
das Bauchweh	Hautarzt/-ärztin	der Hörtest
die Allergie	Internist/-in	der Termin
die Zahnschmerzen	Orthopäde/-pädin	die Tablette
Finger verstaucht	Röntgenarzt/-ärztin	
Karies	Unfallarzt/-ärztin	
	Zahnarzt/-ärztin	

Erweiterung:
- Weitere Beschwerden und Fachärzte sammeln: z. B. *Augenschmerzen* → *Augenarzt* etc.

Interessante Informationen, Links und Publikationslisten zum Thema **Migration und öffentliche Gesundheit** bietet der Infodienst der Bundeszentrale für gesundheitliche Aufklärung:
www.infodienst.bzga.de

2.14 — 5 Drei Dialoge — Seite 98

Wortschatzarbeit: selektives Hörverstehen

- T schauen sich das Foto an: *Wo ist das? Was erkennen Sie?*
- L sammelt Wortschatz an der Tafel:

der Verband, "-e ← **die Apotheke** → *das Medikament, -e*
das Pflaster, -
die Tablette, -n
die Pille, -n
der Tropfen, -
das Spray, -s
der Saft, "-e → *r Hustensaft*
die Salbe, -n

- T lesen die Aussagen zu Dialog 1, Vokabular klären.
- Hören des Dialogs zweimal, T markieren beim zweiten Hören die richtige Aussage. Vergleich im Plenum.
- Mit den Dialogen 2 und 3 ebenso verfahren (Fotos anschauen, Wortschatz, Redemittel sammeln etc.).

Lösung:
Dialog 1: 1. Rückenschmerzen 2. ein Schmerzmittel 3. ein Rezept 4. zu ihrem Arzt
Dialog 2: 1. der Sprechstundenhilfe 2. die Versichertenkarte 3. im Wartezimmer warten
Dialog 3: 1. zum Röntgen 2. ein Rezept 3. eine Überweisung

2.14 — 6 Bei der Hausärztin — Seite 99

Redemittel verstehen

- T lesen die Äußerungen der Patientin im grauen Kasten. Fragen klären.
- PA: T ordnen die Repliken der Patientin den Äußerungen der Ärztin zu.
- Kontrolle durch nochmaliges Hören von Dialog 3, Aufgabe 5.
- Gemeinsam unbekannte Begriffe klären.

Sprechen

- PA: T lesen und üben den Dialog mit verteilten Rollen.
- Ein bis zwei Paare spielen den Dialog im Plenum vor.

Lösung: Reihenfolge: 2 – 4 – 3 – 5 – 1

2.15

7 Modalverb *dürfen*

Grammatik

- L schreibt die Frage der Patientin aus 6 – *Darf ich Sport machen?* – an die Tafel und fragt die T, was ihnen auffällt.
- **W:** Kurze Wiederholung der Modalverben „können" und „müssen".
- Gemeinsame Klärung der Bedeutung von „dürfen":

Der Arzt	*sagt Ja.*	*→ Ich darf ...*	*= e Erlaubnis*
Die Mutter			
Der Vater	*sagt Nein.*	*→ Ich darf nicht ...*	*= s Verbot*

- L ergänzen die Formen im Lückendialog. Vergleich zunächst in PA, dann im Plenum.

Lösung:
Darf ich Sport machen? Nein, Sie dürfen eine Woche lang nichts machen.
Dürfen wir Computer spielen? Ja, ihr dürft ein bisschen spielen.
Herr Doktor, darf mein Mann rauchen? Er darf auf keinen Fall rauchen.

AB: S. 204
8 „dürfen": Ergänzungsübung

8 Dialoge beim Arzt

freie Dialogarbeit

- Gemeinsam Redemittel durchsprechen und noch unbekannte Ausdrücke klären. Evtl. einige Aussagen und Repliken / Fragen und Antworten einander zuordnen.
- PA: T schreiben in freier Auswahl einen Dialog, üben ihn ein und spielen ihn vor.

Variante:

- L verteilt je ein Beschwerdekärtchen an die Paare, die die Dialoge daraufhin ausrichten.

ZM:
– Kopiervorlage 9c: „Beschwerdekärtchen"

AB: S. 203
5 Interviews auswerten
6 Dialogelemente zuordnen
S. 204
7 Lückentext

9 Eine E-Mail — Seite 100

selektives Leseverstehen

Vorwissen aktivieren:

- L fragt T nach der Textsorte. *Schreiben Sie E-Mails? Wo schreiben Sie sie, zu Hause, im Internetcafé ...? Wer schreibt diese E-Mail? Wer ist der Empfänger?*
- T lesen zunächst die Leiste der in der E-Mail vorkommenden Personen und der zuzuordnenden Informationen. Wortschatz klären.
- EA: T lesen den Text und versuchen, die Informationen den Personen zuzuordnen.
- Vergleich zunächst in PA, dann im Plenum in Form einer Übung mit dem Ball: T1 fragt: *Wer ist Maike?* T2: *Maike ist das Baby.* T3: *Wer ist Rita?* Etc.
- L schreibt für jede der im Text vorkommenden Personen einen Wortigel an die Tafel.

Lösung:
Rita: bekommt ein Baby – ist die Mutter
Maike: ist das Baby
Klaus: ist der Vater
Jan: ist der Sohn – hat Husten
Lisa: ist die Tochter

Variante/Erweiterung:

- PA: T suchen (weitere) Informationen zu den Personen im Text, z. B.:

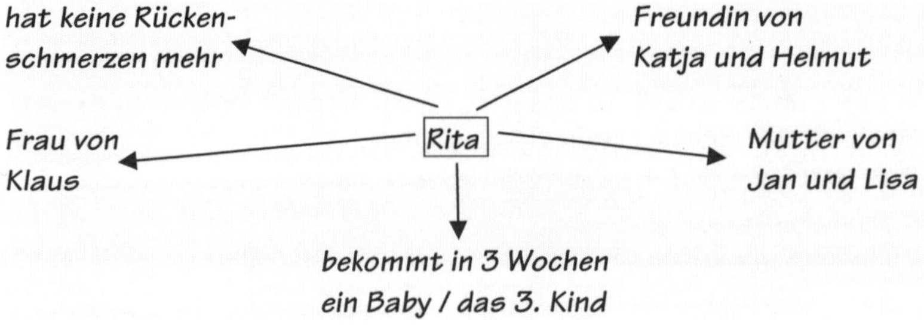

- Wortfeld „Familie" gemeinsam systematisieren und evtl. ergänzen.

2.16 10 Possessivartikel (Formen)

a

- L gibt mehrere Beispiele für Possessivartikel, z. B.: *Ich heiße … und das ist meine Hand, das ist mein Arm, das ist mein Bein …*

ich ein Arm	ich ein Bein	ich eine Hand
mein Arm	mein Bein	meine Hand

- L demonstriert mithilfe eines T und einer T die Abhängigkeit des Possessivartikels vom Genus des/der Besitzenden und vom Genus des Bezeichneten:

	er		sie
Das ist … und das ist	sein Arm,	Das ist … und das ist	ihr Arm,
	sein Bein,		ihr Bein,
	seine Hand.		ihre Hand.

- EA: T markieren in der E-Mail alle Possessivartikel.
- Vergleich in PA, dann im Plenum (durch Markieren auf Folie).

b

- L und T übernehmen die Tabelle aus dem Buch an die Tafel / ins Heft.
- PA: T ordnen die Possessivartikel den Personalpronomen zu. Die Endungen der Possessivartikel, die im Text ja im N, A und D vorkommen, sollen bei dieser Aufgabe noch unbeachtet bleiben (bei Fragen auf Aufgabe 11 verweisen).
- Gemeinsames Sammeln der Ergebnisse an der Tafel.

Lösung:

ich	du	er/es	sie
meine Zeit	dein Job	seine Schwester	ihrer Schule
meine Rückenschmerzen		sein Husten	
mein Baby		sein Urlaub	
wir	**ihr**	**sie/Sie**	
unser Baby	eurer Tochter		
unsere Tochter	euer Terminkalender		
unser Jan	eure Rita		

c

- Possessiv-Rap einmal vorspielen.
- T stehen auf und sprechen beim zweiten Hören mit.
- Zwei Gruppen bilden: Gruppen sprechen im Wechsel je eine Zeile.

11 Possessivartikel und Kasus (N, A, D) Seite 101

- T lesen die Tabelle: *Was fällt auf?* T erkennen anhand der Markierungen, dass die Endungen der Possessivartikel wie die der unbestimmten Artikel sind und auch vom Kasus des Bezeichneten abhängen.
- Sieben Gruppen: Jeder Gruppe wird ein Personalpronomen (außer „wir") zugewiesen. T bilden die ihrem Personalpronomen entsprechenden Possessivartikel wie in der Übersicht.
- Tabelle der Kopiervorlage an die Tafel übernehmen / per OHP projizieren. Jede Gruppe trägt „ihre" Possessivartikel an der Tafel / auf der Folie ein. T erhalten eine Kopie der Vorlage / übernehmen die Tabelle ins Heft.

ZM:
– Kopiervorlage 9d: „Possessivartikel"

12 Ersetzen Sie die Artikel durch Possessivartikel (N, A, D).

Possessivartikel

Schreiben

- Gemeinsam die Beispielsätze lesen. Sie machen deutlich, dass Subjekt und Possessivartikel nicht dieselbe Person bezeichnen müssen. Evtl. gibt L weitere Beispiele.
- EA: T schreiben die Sätze in ihr Heft und ersetzen dabei die markierten Artikel durch Possessivartikel.
- Vergleich im Plenum. Dabei bewusst mehrere Varianten sammeln.

AB: S. 205
9 Satzpuzzle: E-Mail rekonstruieren
S. 206
10 Possessivartikel ergänzen

2.17

13 Aussprache üben: *r*

a

- T hören 13a und sprechen halblaut mit. T lesen laut, L korrigiert behutsam. L achtet auf Akzent und Satzmelodie.
- L weist auf die Regel für die Aussprache von „-er" hin, ggf. weitere Beispiele sammeln.

b

- T hören 13b und lesen halblaut mit. Üben der Sätze im Plenum oder in PA.
- L korrigiert behutsam in den einzelnen Gruppen und achtet auf die korrekte Aussprache von Akzent und Melodie.
- Variante: T mit schon recht guter Aussprache übernehmen die Rolle von L, sprechen vor und korrigieren.

AB: S. 206
11 „r" und „-er" differenzieren

Korrekturhilfe: „r"

- Das „r" wird an der gleichen Stelle artikuliert wie der Achlaut. Sprechen Sie den Achlaut und halten Sie den Laut. Geben Sie dann einen Ton dazu und Sie erhalten das „r".
- Mit einem Glas Wasser gurgeln und dabei singen (!), um die Artikulationsstelle zu verdeutlichen.
- Sprechen Sie „r" und legen Sie die Fingerspitzen an den Kehlkopf, um die Vibration zu spüren.
- Benutzen Sie Beispiele in Verbindung mit „k" und „g" (***kr**ank*, ***gr**au*, ***Kr**eis*, ***Cr**eme*, ***gr**oß*, ***Gr**amm* etc.).
- T, die häufig das „r" im Suffix „-er" sprechen, mit Hinweis auf die Regeln darauf aufmerksam machen und korrigieren.

14 Projekt „Ärzte und Krankenhäuser" in Ihrer Nähe

wichtige Informationen zusammenstellen

Ziel dieses Projektes ist einerseits, dass den T die wichtigsten Notfallinformationen zur Verfügung stehen, andererseits, dass sie die Informationsquellen kennen lernen.

- L fragt T, zu welchen Ärzten sie gehen, was sie machen, wenn sie am Wochenende oder in der Nacht Schmerzen haben, wie sie an Informationen über Ärzte und Krankenhäuser am Kursort kommen etc.
- Gemeinsam die vier für die Kursteilnehmer wichtigsten Fachärzte/-ärztinnen (Augenarzt, Kinderarzt, Zahnarzt etc.) benennen.
- Vier Gruppen, von denen jede Gruppe einen Aufgabenbereich erhält:
  „Ärzte": einen Allgemeinmediziner und vier der vorher genannten Fachärzte mit Adressen, Telefonnummern und Sprechzeiten ausfindig machen. Dabei können als Auswahlkriterien entweder eigene Erfahrungen der T oder die geographische Erreichbarkeit dienen.
  „Krankenhäuser": drei Krankenhäuser in der Nähe ausfindig machen und mit Adressen und Telefonnummern aufschreiben.
  „Apotheken": drei bis fünf Apotheken in der Nähe herausfinden und notieren. Welche Apotheken haben am nächsten Wochenende Notdienst?
  „Notdienste/Notrufnummern": Polizei, Feuer, ärztliche Notdienste, Notfallambulanzen ausfindig machen und aufschreiben.
- T überlegen sich in den Gruppen, wie sie an die Informationen kommen können. Ggf. gibt L Hinweise: z. B. gelbe Seiten, Telefonbücher, Hinweise an Apothekentüren, Apothekennotdienstkalender, Tageszeitungen (viele veröffentlichen die Notdienst habenden Apotheken, Ärzte etc.), regionale Wochenblätter usw.
- Gemeinsam den Zeitpunkt und den Zeitrahmen für die Durchführung festlegen (in oder außerhalb der Unterrichtszeit, bis wann die Ergebnisse vorliegen sollen etc.).
- Ggf. erhalten die Gruppen die Aufgabenzettel, auf denen sie die gesuchten Informationen eintragen.
- Wenn Ergebnisse vorliegen, setzen sich die Gruppen wieder zusammen, werten diese aus, stellen Materialien oder die Aufgabenzettel zu einem Notfallposter zusammen und tragen ihre Resultate im Plenum vor.

ZM:
- Kopiervorlage 9e–g: „Projekt ‚Ärzte und Krankenhäuser' I–III"
- div. Infomaterial
- Packpapier/Tonkarton

Variante:

Bei starken Unsicherheiten der T oder einzelner Gruppen sollte L Material (s. o.) zur Verfügung stellen. L verteilt dann das für die Gruppen relevante Material direkt oder legt es im Kursraum aus, um die Gruppen selbst herausfinden zu lassen, wo die von ihnen gesuchten Informationen zu finden sind.

Deutsch verstehen — Seite 102

15 Globales Lesen

globales Leseverstehen

- T sehen sich die Seite an und lesen die Überschriften: *Wo kann man solche Texte lesen? Was ist ein Magazin? Was ist eine Umfrage? Was ist Fitness?*
- L greift die Frage der Überschrift auf und sammelt auf Zuruf der T Vorschläge an der Tafel:

- T sehen sich die Fotos genauer an: *Was tun diese Personen für ihren Körper?* Vermutungen an der Tafel sammeln / Wortigel ergänzen.
- T lesen zunächst die zuzuordnenden Aussagen, dann die Texte. Hierfür sollten sie nur begrenzt Zeit zur Verfügung haben, um nicht ins Detail gehen zu können. T ordnen die Aussagen den Texten zu.
- Vergleich in PA, dann im Plenum, dabei Schlüsselwörter in den Texten suchen und markieren (auf Folie). Bei Unstimmigkeiten Klärung erst nach Aufgabe 16.

Lösung: 1. Text F – 2. Text D – 3. Text A – 4. Text B – 5. Texte E, C

ZM:
– Text auf Folie

16 Detailliertes Lesen

detailliertes Leseverstehen

- PA: T lesen den Text nun genauer und schreiben für jede Person Stichworte heraus.
- Vergleich im Plenum durch Sammeln der Ergebnisse an der Tafel.

Lösung:
Laura: laufen, Obst, Müsli, Joghurt, Salat
Alexa: Sonnenstudio
Eva: Volleyball, Fitnessraum
Sibylle: Vegetarierin, Biogemüse, Obst, Milchprodukte, Sauna
Johannes: Spaziergang am Sonntag
Tom: Mountainbikefahren, Joggen, Schwimmen, Skifahren

Variante:

- Sechs Gruppen: Jede Gruppe übernimmt einen Text, jedes Gruppenmitglied notiert für sich die gemeinsam eruierten Stichpunkte. Dann werden neue Gruppen à sechs T gebildet, sodass jede/-r T über eine andere Person aufgrund der eigenen Notizen referieren kann. L geht herum und hilft, wenn Schwierigkeiten auftreten.

17 Wer lebt gesund, wer nicht? — Seite 103

Sprechen

- GA: T diskutieren über die Lebensweise der sechs Personen und ordnen diese in der Skala von gesund bis ungesund ein.
- Gruppen zeichnen ihre Skalen an die Tafel, Vergleich und Diskussion im Plenum.

2.19 — 18 Zwei Interviews

Selektives Hörverstehen

- Den ersten Hörtext zweimal hören. Gemeinsam Stichworte an der Tafel sammeln und im Plenum diskutieren, wo auf der Skala Ulis Lebensweise einzuordnen ist.
- Mit dem zweiten Hörtext ebenso verfahren.

Lösung: **Uli: gesund – Sophie: ungesund**

Strukturen verstehen

19 Adjektive vor dem Nomen

Grammatik verstehen: Adjektive in attributiver Stellung

Die Adjektivdeklination ist in diesem Lernstadium zu komplex, als dass den T eine aktive Beherrschung zugemutet werden könnte. Jedoch werden den Lernenden im fremdsprachlichen Alltag Adjektive in attributiver Stellung häufiger als in prädikativer Stellung begegnen. Mit dieser Aufgabe sollen sie auf dieses Phänomen aufmerksam gemacht werden, um es einordnen zu können.

- Fünf Gruppen: Jeder Gruppe wird ein Text zugewiesen.
- EA: T markieren die Adjektive vor den Nomen (Adjektive in attributiver Stellung) in ihrem Text.
- Vergleich in der Gruppe unter der Fragestellung: *Was fällt auf?*
- Beispiele und Überlegungen der Gruppen im Plenum sammeln. Fazit sollte sein, dass Adjektive – ähnlich wie unbestimmte Artikel und Possessivartikel – eine Endung erhalten, wenn sie vor einem Nomen stehen.
- Gemeinsam den Fazitsatz ergänzen.

Lösung: **Die häufigste Adjektivendung ist „-en".**

Erweiterung:

- Lernstarke T können aufgefordert werden, mehrere Texte zu durchforsten und eine Hypothese zu entwickeln, wovon die unterschiedlichen Adjektivendungen abhängen (Unterschiede durch Genera und Kasus, die wiederum von Verben und Präpositionen abhängen).

AB: S. 207
Effektiv lernen
12a Nomen Bildern zuordnen
b Wortgruppen

Bildbeschriftungsdiktat

Diktat

- Die T erhalten eine Kopie der Kopiervorlagen 9a und 9b (auf DIN A4 kopiert).
- L diktiert im ersten Durchgang verschiedene Körperteile im Singular ohne Artikel, die T schreiben die Körperteile an die entsprechende Stelle und ergänzen den Artikel.
- Im zweiten Durchgang diktiert L Beschwerden, die den Körperteilen eindeutig zugeordnet werden können, die T ergänzen sie an entsprechender Stelle.
- Vergleich in PA, dann im Plenum. (Wenn ein/-e T die Kopie auf Folie erhält und hier das Diktierte ergänzt, kann der abschließende Vergleich vereinfacht werden.)

Hinweis:

- Wenn am Anfang des Kapitels 9 ein Poster der Kopiervorlage 9a im Kursraum aufgehängt und beschriftet wurde, sollte dies für die Zeit des Diktats abgehängt werden.

ZM:
- Kopien der Kopiervorlage 9a „Der Körper I"

Raststätte 3

1 Hören, verstehen und Wege beschreiben — Seite 106

a Wortschatz wiederholen

- PA: T überlegen zunächst zu zweit, welche Redemittel man braucht, wenn man nach einem Weg fragt bzw. ihn beschreibt. Das Nachschlagen in Kapitel 7 sollte dabei durchaus erlaubt sein.
- Ergebnisse getrennt nach den Kategorien „Fragen" und „Antworten" an der Tafel sammeln. Ggf. mit Lehrbuch, S. 84, vergleichen und erweitern.

ZM:
- Spielstadtplan auf Folie

b detailliertes Hörverstehen

- Um die T mit dem „Spielstadtplan" vertraut zu machen, gibt L einen Ausgangspunkt vor, beschreibt einen Weg und fragt dann: *Wo sind Sie?* (Z. B.: *Sie stehen vor der Touristeninformation – Feld D6 – gehen Sie jetzt geradeaus, dann die nächste Straße rechts. An der Ampel gehen Sie links, dann gehen Sie immer geradeaus bis zum Ende der Straße. Da sehen Sie …?* Antwort: *Das Imax-Kino.*)
- Gemeinsam den Ausgangspunkt für die Wegbeschreibung von Dialog 1 ausmachen (J4). Dialog 1 mehrmals hören, T vergleichen den Zielpunkt in PA, dann im Plenum. (Nach Möglichkeit erhält ein/-e T den Stadtplan auf Folie und zeichnet den beschriebenen Weg dort ein, dann Vergleich per OHP.)
- Mit den Dialogen 2 und 3 ebenso verfahren.

Lösung: Dialog 1 – Bahnhof (A4/5), Dialog 2 – Post (C1), Dialog 3 – Fußballstadion (A1)

c Sprechen

- PA: Auf der Grundlage einer der fünf Situationen fragt T1 nach dem Weg, T2 liefert die Beschreibung. Danach Wechsel.

Variante/Erweiterung:
- GA (vier T): Ein/-e T gibt den Ausgangspunkt vor und beschreibt einen Weg (wie L oben), die anderen T folgen der Beschreibung auf der Karte und benennen am Ende den Zielpunkt. Wer den richtigen Zielpunkt genannt hat, bekommt einen Punkt, ebenso bekommt der/die beschreibende T für jeden richtig angekommenen Mitspieler einen Punkt. Nachdem jede/-r T einmal mit Beschreiben an der Reihe war, werden die Punkte gezählt. Wer hat die meisten Punkte? Vergleich im Plenum.

2 Vier Wortfelder wiederholen — Seite 107

a Wortschatz systematisieren

- L übernimmt das Wortnetz zum Thema „Arbeit" an die Tafel und ergänzt es auf Zuruf der T. Dabei sollten allen T die Zusammenhänge und Verbindungen deutlich werden.
- Drei Gruppen: Jede Gruppe bearbeitet ein anderes Thema, indem der Wortschatz dazu gesammelt und auf einem Plakat systematisch dargestellt wird. (Gruppenbildung nach Interesse der T oder durch von L vorbereitete Zettel: je Thema eine gleich große Anzahl; jede/-r T zieht einen Zettel, T mit demselben Thema finden sich in einer Gruppe zusammen.)

ZM:
- mehrere große Bögen Tonpapier / Packpapier / Tapetenrolle
- dicke Filzstifte

b

- Jede Gruppe hängt ihr Plakat im Kursraum auf und stellt es dem Plenum vor. Evtl. können die anderen T noch etwas ergänzen.

Variante (zu a + b):
- Sechs Gruppen: Je zwei Gruppen erhalten dasselbe Thema, jede Gruppe erstellt ein Wortnetz, die Wortnetze zum selben Thema werden im Anschluss miteinander verglichen.

3 Satzanfänge

a

- T wählen aus den vorgeschlagenen Themen eines aus, das sie interessiert, und suchen sich dann einen Partner dazu. (Natürlich ist auch jede andere Partnerfindung möglich, s. S. 16.)

b
Wortschatz; Syntax

- PA: Aus den angebotenen Satzteilen suchen die T das Material heraus, das zu ihrem Thema passt, und formulieren daraus ganze Sätze. (Einige Satzfragmente passen zu mehreren Themen.)
- Nach Ablauf von fünf Minuten werden die kompletten Sätze im Plenum vorgestellt, evtl. auch von den T an die Tafel / auf Folie geschrieben, und gezählt: Welches Paar hat die meisten korrekten Sätze gebildet?

Variante:

GA (Gruppen à vier T): Die Gruppen ernennen einen Sekretär / eine Sekretärin und diktieren ihm/ihr die Sätze auf Folie. Nach Ablauf der fünf Minuten Auswertung wie oben. Die Gruppe mit den meisten korrekten Sätzen hat gewonnen.

4 Verben wiederholen — Seite 108

Verbkonjugation und -rektion wiederholen

- Die Spielregeln im Plenum besprechen. Ggf. einen Probedurchlauf machen.
- PA: T beschriften 20 Karten jeweils mit einem Verb aus den Kapiteln 4 bis 9. Die Karten werden gemischt und verdeckt auf einen Stapel gelegt.
- T1 zieht eine Karte und T2 wählt eine Person aus dem Kasten, T1 bildet einen kompletten Satz mit dem gezogenen Verb in der von T2 genannten Person. Ist der Satz korrekt, darf T1 die Karte behalten. Danach Wechsel: T2 zieht eine Karte, T1 nennt eine Person etc.

Variante:

- GA (drei bis vier T pro Gruppe): Vorbereitung wie oben, T1 zieht eine Karte, T2 wählt eine Person aus dem Kasten, T3 bildet einen kompletten Satz usw.

ZM:
– Karteikarten/Zettel (DIN A6 od. A7)

5 W-Fragen-Spiel

a
Frageadverbien und -pronomen wiederholen

- L schreibt die erste „Lücken-Frage" an die Tafel und sammelt auf Zuruf der T mögliche Ergänzungen: *Wann kommst du? Woher kommst du? Was kaufst du? Wen kennst du? …*
- PA: T ergänzen die Fragen 2–9 und schreiben sie auf einen Zettel.

Lösungsbeispiele:
1. Woher kommst du? 2. Welche Straßenbahn fährt zum Bahnhof? 3. Wo wohnt Frau Wohlfahrt? 4. Wie viele Eier möchten Sie? 5. Wer kommt mit ins Kino? 6. Wie viel verdienen Sie? 7. Wann fängt der Film an? 8. Um wie viel Uhr kommst du? 9. Wo tut es Ihnen weh?

(Ermuntern Sie die T, durchaus auch humorvolle Fragen zu stellen, z. B. bei Frage 3: *Was weiß Frau Wohlfahrt? Wen will Frau Wohlfahrt?*)

b

- Ringtausch: Jedes Paar gibt seine Fragen an das nächste Paar weiter, das sie dann schriftlich beantwortet.
- Im Plenum Fragen und Antworten vorlesen.

6 Präpositionen wiederholen

a

- Gemeinsam den Merkspruch rekonstruieren (ggf. im LB auf S. 85 nachlesen) und die Bedeutung (*Diese Präpositionen „wollen" immer den Dativ*) an ein bis zwei Beispielen wiederholen.

Lösung: Herr von Nachseitzu und Frau Ausbeimit bleiben mit dem Dativ fit.

b

- PA: T1 wählt eine der Präpositionen aus. T2 bildet damit so viele Fragen und Sätze wie möglich (vorher entweder Zeitrahmen, z. B. zehn Sekunden, oder Anzahl von Sätzen festlegen). Danach Wechsel der T. Die T können zur Satzbildung die Satzteile im Buch miteinander verbinden und die Präposition ergänzen, aber auch unabhängig davon Sätze bilden.

Variante:

- Die Präpositionen können wie in Aufgabe 4 auch auf Zettel geschrieben und dann gezogen werden.

7 Possessivartikel — Seite 109

- L schreibt das erste Frage-Antwort-Paar an die Tafel und ergänzt den Possessivartikel auf Zuruf der T. Den T soll deutlich werden, dass die jeweilige Antwort Hinweise auf den zu ergänzenden Possessivartikel gibt.
- EA: T ordnen die Fragen den Antworten zu und ergänzen die Possessivartikel.
- Vergleich zunächst in PA, dann im Plenum.

Lösung: 2e mein – 3c deine – 4a Ihr, Unser – 5g Ihrem (deinem), seiner – 6b Ihre, Meine – 7d deinem

8 Lernkarten — Seite 110

Grammatik üben

Die Arbeit mit Lernkarten in Bezug auf Wortschatz haben die T schon kennen gelernt. Hier geht es darum, dass man damit sehr effektiv auch Grammatik üben kann.

- Gemeinsam die Beispiele durchgehen, ggf. demonstriert L das Prinzip mit vorher hergestellten Beispielkarten und einem/einer T.
- PA: T stellen zu jedem Thema vier Lernkarten her. L geht herum, hilft bei Schwierigkeiten und korrigiert die Karten.
- Die fertig gestellten Karten werden getauscht: Jedes Paar erhält die Karten eines anderen Paares. Die Karten werden gemischt und mit der Vorderseite nach oben in einem Stapel auf den Tisch gelegt. T1 zieht eine Karte, löst die Aufgabe, T2 kontrolliert. Ist die Aufgabe richtig gelöst, darf T1 die Karte behalten. Danach ist T2 an der Reihe. Wer gewinnt die meisten Karten?

Variante:

- Es kann auch in Gruppen geübt werden: Zwei Paare spielen zusammen mit den Karten zweier anderer Paare.

Erweiterung:

- Fortgeschrittenere T können zu weiteren Grammatikthemen (z. B. Modalverben, Imperativsatz, trennbare Verben) Lernkarten entwickeln und sie im Plenum vorstellen.

9 Machen Sie Aufgabe 1 bis 9. — Seite 111

Selbstevaluation

- Ggf. gemeinsam die Aufgaben besprechen.
- EA: T bearbeiten die Aufgaben 1 bis 9.
- Im Plenum die Lösungen vergleichen (z. T. gibt es mehrere Möglichkeiten). T machen daraufhin für sich allein eine Beurteilung ihrer eigenen Leistung.

Lösung:
1. Wo finde ich / Wo ist das Rathaus? Wie komme ich zum Bahnhof? Wo ist das Internetcafé?
2. in der Nähe von; zur; nach
3. Guten Tag, mein Name ist ... Ich möchte Herrn/Frau ... sprechen.
4. Von wann bis wann arbeiten Sie / müssen Sie arbeiten? Was verdienen Sie? Wie viele Tage haben Sie Urlaub?
5. Ich möchte einen Termin bei ... Nein, ich kann leider nur am Nachmittag ab 17 Uhr 30.
6. Z. B.: Ich habe Kopfschmerzen / Mein Arm tut mir weh. Wie lange ... Seit fünf Tagen.
7. Augen, Ohren, Arme, Hände, Finger, Beine, Füße, Zehen, Herz, Kopf
8. Z. B.: Ich muss jeden Morgen um 7 Uhr aufstehen. Können Sie Klavier spielen? Darf ich hier rauchen? Ich will jeden Tag Deutsch lernen.
9. meinen, dein, Ihre, Unsere

- Im Plenum Fehler besprechen und Fehlerquellen ausmachen: *Wo ist das Problem? Wo finde ich das? Was muss ich wiederholen?* Evtl. gemeinsam einen Wiederholungsplan entwickeln.

Aufgaben 1 + 2	→ Kapitel 7, S. 84
Aufgaben 3 + 4	→ Kapitel 8, S. 94
Aufgaben 5–7	→ Kapitel 9, S. 96 + 104
Aufgabe 8	→ Kapitel 8 + 9, S. 95 + 105
Aufgabe 9	→ Kapitel 9, S. 105

- Ggf. spricht L noch einmal mit T, die ein nicht zufrieden stellendes Ergebnis hatten.

Kapitel 10 – Zimmer, Küche, Bad

Handlungsbereich
Wohnungssuche, Wohnungsanzeigen verstehen, auf Wohnungsanzeigen reagieren, Telefonate mit Vermietern führen, Umzug
Wortschatz
Wohnungen, Wohnungsaufteilung, Abkürzungen in Anzeigen, Wohnungsausstattung, Mietkonditionen
Grammatik
Präteritum von „haben“ und „sein“, Perfekt mit „haben“, Konjunktionen „und“, „aber“, „denn“;
Strukturen verstehen: Komposita (Nomen + Nomen)
Aussprache
„w“, „f“/„v“, „s“

Einstiegsbild — Seite 112/113

Wortschatz aktivieren

Vorwissen aktivieren:
- L fragt: *Ich suche eine Wohnung. Was mache ich?* Vorschläge der T in Form eines Wortigels an der Tafel sammeln:

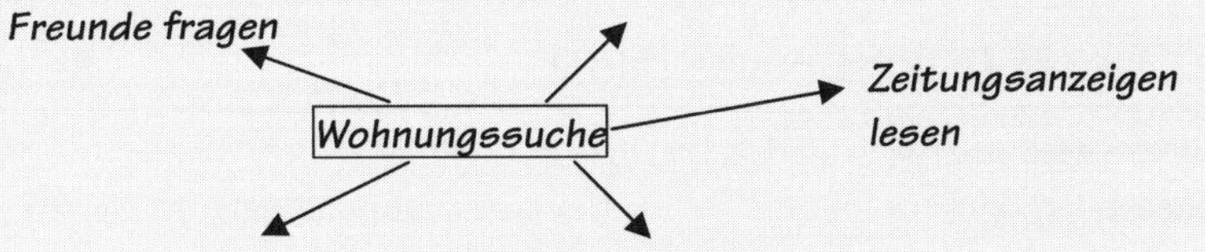

- T sehen sich die Anzeigen auf der Einstiegsseite an. *Wo kann man solche Anzeigen finden?* Wenn möglich, zeigt L Beispiele für Wohnungsanzeigen.
- L erklärt, dass Anzeigen sehr teuer sind und deshalb viele Abkürzungen verwendet werden.

ZM:
– regionale Tageszeitungen, Anzeigenblätter o. Ä. zur Demonstration für Wohnungsanzeigen

1 Abkürzungen

Wortschatz: Abkürzungen in Anzeigen

- Gemeinsam die Anzeige A lesen und Begriffe und Abkürzungen mithilfe eines Fragenkatalogs und des Abkürzungsverzeichnisses entschlüsseln und an der Tafel festhalten:

Wo ist die Wohnung?	*Die Wohnung liegt in Köln-Neustadt, in der Aachener Straße.*
Wie groß ist sie?	*Sie ist 103 Quadratmeter groß.*
Wie viele Zimmer hat sie?	*Sie hat vier Zimmer, eine Küche, ein Badezimmer und eine Toilette.*
Wie hoch ist die Miete?	
Wie hoch sind die Nebenkosten?	
Gibt es weitere Kosten?	
Gibt es weitere Informationen?	

- PA: T bearbeiten pro Paar eine der Anzeigen B–F wie im Beispiel und schreiben die Antworten auf. L geht herum und hilft bei Schwierigkeiten.
- T stellen ihre Anzeige im Plenum vor und erläutern dabei mithilfe von L die Bedeutung der Abkürzungen und weiterer Begriffe.

AB: S. 212
1 Kreuzworträtsel und Satzergänzung
S. 213
2 Satzteile zuordnen

Landeskunde: Mieten in Deutschland

Die Mieten setzen sich in Deutschland meist aus drei Komponenten zusammen:
- aus der Grund- oder Kaltmiete, das ist der monatliche Preis, den der Mieter an den Vermieter für das Nutzen der Wohnung bezahlt. Sie richtet sich meist nach Größe, Lage, Baujahr und Ausstattung der Wohnung;
- aus den so genannten „kalten“ Nebenkosten für Grundsteuer, Versicherung, Hausmeister, Wasser, Abwasser usw.;

- und aus den so genannten „warmen" Nebenkosten für Heizung und Warmwasser.

Wie hoch die ortsübliche Miete ist, kann man in den bei vielen, v. a. größeren Gemeinden erhältlichen sog. Mitspiegeln erfahren.

Über sonstige Rechte und Pflichten von Mietern informieren die rund 350 Mietervereine in Deutschland. Eine Liste ist auf der Homepage des Mieterschutzbundes (www.mieterschutzbund.com) abrufbar.

2.21 — 2 Ich suche eine Wohnung – Drei Dialoge.

globales Hörverstehen

- Ersten Dialog ein- bis zweimal hören, T suchen die dazu passende Anzeige.
- Vergleich im Plenum, dabei Schlüsselwörter, die zum Erkennen geführt haben, an der Tafel festhalten.
- Mit dem zweiten und dritten Dialog ebenso verfahren.
- Bei Uneinigkeiten die jeweiligen Dialoge noch einmal hören.

Lösung: 1F – 2E – 3A

2.21 — 3 Hören Sie die Dialoge noch einmal. Seite 113

detailliertes Hörverstehen

- L + T übernehmen das Raster an die Tafel bzw. ins Heft.
- Jeden Dialog noch ein- bis zweimal hören. T notieren Informationen zu den Rubriken.
- Vergleich in PA, dann im Plenum. Evtl. Dialoge noch einmal hören.

Lösung:
Dialog 1: Nebenkosten: 110 Euro im Monat – kein Bus – U-Bahn-Station in der Nähe
Dialog 2: Kaution: 2 Monatsmieten – die üblichen Nebenkosten
Dialog 3: Kaution: 1 Monatsmiete – S-Bahn: 25 Minuten in die Stadt – Auto: eine halbe Stunde in die Stadt, Parken kein Problem – Nebenkosten: Heizung, Wasser usw.

4 Wünsche und Möglichkeiten – Was ist für Sie wichtig?

Sprechen

- Gemeinsames Lesen der Checkliste (ein T liest vor). Klären noch unbekannten Wortschatzes. *Gibt es noch andere wichtige Punkte/Fragen?*
- EA: T notieren die für sie bei einer Wohnungssuche wichtigen Punkte.
- PA: Partnerinterview. T machen Notizen zu den Vorstellungen des Partners und stellen das in der Kleingruppe (vier T) vor.

Variante:

- T gehen im Raum umher, befragen sich gegenseitig und versuchen, T mit mindestens drei Gemeinsamkeiten in Bezug auf die Wünsche zu finden.

5 Wohnungssuche 1 Seite 114

a selektives Leseverstehen

- T lesen den ersten Text und markieren die für die Wohnungssuche relevanten Informationen.

Lösungsbeispiel:
Lucia Paoletti: ein Zimmer – für drei bis vier Monate – hat nicht viel Geld
Ulrike und Bernd Klotz: eine größere Wohnung – bald das dritte Kind – betreut zu Hause eine Kindergruppe
Güven und Susi Toluk: eine Wohnung für ungefähr 500–600 Euro im Monat – mit einem Kinderzimmer

- Vergleich in PA, dann im Plenum.
- Mit den zwei weiteren Texten ebenso verfahren, jedoch ohne Vergleich im Plenum.

b

- PA: T suchen die zu den Texten passenden Wohnungsanzeigen aus der Einstiegsseite.
- Vergleich im Plenum. T begründen die Wahl.

Lösung:
Lucia Paoletti: Anzeige C (A)
Ulrike und Bernd Klotz: Anzeige B (F)
Güven und Susi Toluk: Anzeige D (F)

Variante:
- Drei Gruppen: Jede Gruppe bearbeitet einen Text und sucht die entsprechende Wohnungsanzeige heraus. Im Plenum werden die Ergebnisse vorgestellt.

6 Wohnungssuche 2

Dialoge schreiben und spielen

- L fragt: *Was machen Lucia, Ulrike und Bernd, Susi und Güven jetzt?*
- Gemeinsam das erste Dialoggerüst ansehen. T erkennen, dass es sich um ein Telefongespräch handelt und dass die Äußerungen der Wohnungssuchenden noch ausformuliert werden müssen.
- Evtl. die erste Erwiderung im Plenum ausformulieren.
- PA: T schreiben je Paar einen Dialog und üben ihn ein.
- Vortrag im Plenum.
- Die Redemittel auf S. 120 im Plenum besprechen.
- L verteilt an einige T je eine „Vermieterkarte" (Kopie der Kopiervorlage 10a „Wohnungssuche"; L ergänzt vorher Leerstellen mit Stadtteilen und Vorwahlnummern des Kursortes). Die Karten werden geknickt und so auf den Tischen aufgestellt, dass nach vorne die Anzeige sichtbar ist und der „Vermieter" die Informationen, die nicht in der Anzeige erwähnt werden, auf der Rückseite lesen kann.
- Die übrigen T sind Wohnungssuchende, die herumgehen, die Anzeigen lesen und eine auswählen. Sie führen dann mit dem Vermieter ein Telefongespräch, in dem sie weitere Einzelheiten erfragen.

ZM:
– Kopiervorlage 10a: „Wohnungssuche"

AB: S. 213
3 Telefondialoge ergänzen
S. 214
4 Textzusammenfassung
5 Satzpuzzle

7 Konjunktionen: *und, aber, denn* Seite 115

Syntax: Hauptsatz + Hauptsatz

- L schreibt die beiden Sätze
  Herr Klotz ist Taxifahrer. + Er verdient 1900 Euro im Monat.
  an die Tafel und erklärt, dass man diese beiden Sätze miteinander verbinden kann. *Wie?*
- L übernimmt das Schema aus dem Buch an die Tafel:

  1 2 1 2
  Herr Klotz [ist] Taxifahrer und er [verdient] 1900 Euro im Monat.
- T suchen weitere Satzverbindungen mit der Konjunktion „und" in den drei Texten und markieren sie.
- Gemeinsam Schema an der Tafel erweitern. Dabei mit den Konjunktionen „denn" und „aber" ebenso verfahren.

  1 2 1 2
  Sie brauchen eine größere Wohnung. ? Bald kommt das dritte Kind.
  Sie brauchen eine größere Wohnung, denn bald kommt das dritte Kind.

  1 2 1 2
  Sie wohnt zurzeit bei Freunden. ← → Sie sucht ein Zimmer ...
  Sie wohnt zurzeit bei Freunden, aber sie sucht ein Zimmer ...
- Es sollte den T deutlich werden, dass das Subjekt nicht immer auf der ersten Position stehen muss und dass beide Sätze nicht dasselbe Subjekt haben müssen. Evtl. noch weitere Beispielsätze ergänzen.

8 Was passt zusammen?

Semantik der Konjunktionen „aber", „denn", „und"

- PA: T ordnen die richtigen Satzteile zu.
- Vergleich im Plenum.

Lösung: 1f – 2d – 3a – 4c – 5e – 6b

Erweiterung:

- PA: T formulieren selbst je eine Satzverbindung mit „und", „aber", „denn" und schreiben sie auf.

Spiel:

- Satzschlange: T1 nennt einen Hauptsatz und fügt eine Konjunktion hinzu, T2 führt den Satz weiter und fügt wiederum eine Konjunktion hinzu usw.

AB: S. 214
6 Konjunktionen ergänzen

2.22

9 Nach dem Praktikum: Lucia hat eine Wohnung gefunden.

a
globales Hörverstehen

- T schauen sich die Fotos an und geben Vermutungen über die Geschichte ab, die die Fotos illustrieren.
- Lucias Bericht zweimal hören, beim zweiten Hören nummerieren die T die Fotos in der richtigen Reihenfolge.
- Vergleich im Plenum. Bei Unstimmigkeiten Hörtext noch einmal hören.

Lösung: Mitte 1, rechts oben 2, rechts unten 3, links 4

b
detailliertes Hörverstehen

- T lesen die Aussagen. Unbekannte Wörter klären.
- L erklärt das Prinzip der Aufgabe.
- Den Hörtext noch einmal (evtl. mit Pausen) hören, T kreuzen „richtig" oder „falsch" an.
- Vergleich im Plenum. Unstimmigkeiten noch nicht klären.

Lösung: Richtig: 2, 3, 6, 8

10 Lucias Wohnung — Seite 116

detailliertes Leseverstehen, Überprüfung des Hörverstehens

Hier ist der gesamte Hörtext abgedruckt.

- T lesen ihn und klären evtl. Unstimmigkeiten aus Aufgabe 9b.
- PA: T suchen im Text die entsprechenden Stellen zu den falschen Aussagen aus Aufgabe 9b und korrigieren sie.
- Vergleich in Kleingruppen. L geht herum und hilft bei Problemen.

11 Perfekt

Perfektformen verstehen und erkennen

- Wenn noch nicht in Aufgabe 9b angesprochen, fragt L, wann Lucia die Geschichte erzählt und wann die Geschichte passiert.
- L zeichnet einen Zeitstrahl mit einigen Zeitangaben an die Tafel und ergänzt zur Verdeutlichung die passenden Daten:

Vergangenheit			Gegenwart	
vor 2 Wochen	letzte Woche	gestern	heute	jetzt
..... 200..	..... 200..	..... 200..	..... 200..	..... Uhr
Lucia hat eine Wohnung gefunden			Lucia erzählt	

- L erklärt, dass diese Vergangenheitsform des Verbs „Perfekt" heißt und aus zwei Teilen besteht. *Wo steht das Perfekt im Satz? Wie heißt der Infinitiv?*
- T markieren alle Perfektformen im Text. Vergleich in PA.
- Sammeln der Perfektformen auf Zuruf der T an der Tafel und Ergänzen der Infinitive.
- Evtl. Personalpronomen ergänzen, um die Kongruenz zwischen Subjekt und Hilfsverb zu verdeutlichen.

12 Partizip II

a
Wortbildung: Partizip II systematisieren

- L erklärt, dass der zweite Teil der Perfektform „Partizip II" genannt wird, und fordert die T auf, bei den an der Tafel stehenden Partizipien Gemeinsamkeiten und Unterschiede herauszufinden. T werden feststellen, dass die Partizipien oft, aber nicht immer mit „ge-" beginnen und mit „-t" oder „-en" enden: mit unterschiedlichen Farben an der Tafel markieren.
- T markieren bei den Partizipien im Buch die Vorsilbe „ge-".
- L und T übernehmen die Tabelle aus dem Buch an die Tafel / ins Heft. PA: T ordnen die Partizipien in die Tabelle ein.
- Vergleich im Plenum: Je ein T ergänzt eine Spalte der Tabelle an der Tafel.

einfache Verben	trennbare Verben	nicht trennbare Verben	Verben auf „-ieren"
gemacht	angefangen	verkauft	telefoniert
gekauft	hochgetragen	unterschrieben	notiert
gekündigt	aufgehängt		
gepackt	eingeladen		
geliehen	eingepackt		
gelesen	angerufen		
geschenkt			
geliehen			
geholfen			
gekocht			
getrunken			

Variante/Ergänzung:
- Vier Gruppen: Jede Gruppe erhält eines von vier Plakaten zu den vier Verbgruppen und einen dicken Filzstift.

b
unregelmäßige Partizipien

- Ein T markiert die Partizipien mit der Endung „-en" an der Tafel, die anderen T im Heft.
- Gemeinsam die Erläuterung lesen. L weist darauf hin, dass zwar die Partizipien der meisten Verben regelmäßig gebildet werden, dass aber gerade viele wichtige Verben unregelmäßig sind und deshalb gelernt werden müssen.

Grammatik: das Perfekt

Bei der Verwendung des Perfekts müssen DaF-Lernende gleichzeitig verschiedene Punkte beachten:
Sie müssen daran denken, dass
- das Perfekt aus Hilfsverb und Partizip II besteht,
- dass das Hilfsverb konjugiert wird, das Partizip II nicht,
- dass beide eine Satzklammer bilden.

Sie müssen sich gleichzeitig fragen,
- welches der beiden Hilfsverben erforderlich ist
- und wie das Partizip des Verbs gebildet wird: regelmäßig, mit oder ohne Stammvokalwechsel, oder unregelmäßig, mit oder ohne Präfix „ge-", mit trennbarem oder nicht trennbarem Präfix.

Berliner Platz 1 führt das Perfekt wegen dieser Komplexität in mehreren Schritten ein. In Kapitel 4 wird den Lernenden unter der Rubrik „Strukturen verstehen" das Perfekt zunächst nur vorgestellt, in Kapitel 10 wird der Schwerpunkt auf die unterschiedliche Bildung des Partizips gelegt und in Kapitel 11 folgen Verben mit dem Hilfsverb „sein". Trotz dieser „sanften" Einführung könnten die mit dem Perfekt verbundenen Regeln eine Überforderung für lernungewohnte Lernende darstellen. Deshalb sollten Sie den Teilnehmern und Teilnehmerinnen auf jeden Fall raten, Verben grundsätzlich mit der kompletten Perfektform zu lernen.
Aber auch für lerngewohnte Lerner gilt, dass ihnen die Kognitivierung durch Regeln zwar bei der ersten Erfassung des Phänomens hilft, der fehlerarme Gebrauch aber nur durch häufige Anwendung erreicht werden kann. Das ist ein Prozess, der viel Zeit braucht, denn Lehrzeitpunkt und Lernzeitpunkt fallen hier (wie bei anderen ähnlich komplexen grammatischen Phänomenen) z. T. weit auseinander. Sie sollten deshalb auch ein sog. „Overlearning" vermeiden; d. h., es ist besser, direkt nach der Einführung in das Thema eine begrenzte Anzahl von Übungen zu machen, später aber immer wieder darauf zurückzukommen.

13 Güven und Susi haben eine Wohnung gefunden. Seite 117

Schreiben: Partizipien und Satzanschlüsse (Zeitadverbien)

- L schreibt die Zeitadverbien an die Tafel, gemeinsam klären, evtl. am Beispiel von Lucia.
- L verweist noch einmal auf den dritten Text aus Aufgabe 5: „Susi und Güven haben eine Wohnung gefunden." *Was haben sie gemacht?*
- L erklärt anhand des ersten und zweiten Satzfragments und der Beispielsätze das Prinzip der Aufgabe.
- PA: T verfassen auf der Grundlage der Satzfragmente eine kleine Geschichte.
- GA (zwei Paare): gegenseitige Textkorrektur. T sollten dabei besonders auf die Verbposition achten.
- Einige Beispiele im Plenum vorlesen lassen.

Lösungsbeispiel:
... Dann haben sie eine Anzeige gelesen. Danach haben sie mit dem Vermieter telefoniert. Später haben sie die Wohnung angesehen und den Mietvertrag unterschrieben. Daraufhin haben sie die alte Wohnung gekündigt. Danach haben sie Kartons gepackt, ein Auto geliehen und viele Freunde angerufen. Schließlich haben sie mit ihren Freunden alles hochgetragen. Zuletzt haben alle drei Kisten Bier getrunken, einen Lammbraten gekocht und die Nachbarn zum Fest eingeladen.

AB: S. 215
7 Tabelle: Partizipien und Infinitive
S. 216
8 Partizipien ergänzen

14 Präteritum von *sein* und *haben*

a
Verbformentabelle selbst erstellen

- L verweist noch einmal auf den Text „Lucias Wohnung" und die restlichen, noch nicht in Aufgabe 11 markierten Verbformen. Einige Beispiele an der Tafel sammeln: *Wie heißen die Infinitive?*
- L erläutert, dass diese Zeitform Präteritum heißt und bei den Verben „haben" und „sein" gebräuchlicher ist als das Perfekt.
- PA: T markieren die übrigen Präteritumformen im Text und ergänzen hiermit die Tabelle. Da nicht alle in der Tabelle fehlenden Verbformen im Text zu finden sind, müssen die T kombinieren und raten. Vergleich zunächst in Kleingruppen, dann im Plenum.

Lösung:

Infinitiv	ich	du	er/es/sie	wir	ihr	sie/Sie
haben	hatte	hattest	hatte	hatten	hattet	hatten
sein	war	warst	war	waren	wart	waren

b
Schreiben: Präteritum anwenden

- EA: T schreiben Sätze im Präteritum.
- Vergleich in PA, dann im Plenum.

Lösung: 1. Letzte Woche war mein Umzug. 2. Ich hatte viel zu tun. 3. Federico war leider krank. 4. Meine Freunde hatten Zeit. 5. Hattest du viel Arbeit? 6. Der Umzug war nicht kompliziert.

AB: S. 216
9 Präteritum ergänzen

2.23

15 Aussprache von *w–f* / *v–s*

a

- T hören und lesen halblaut mit.
- L spricht einzelne Wörter/Sätze vor, T sprechen nach. In PA oder Gruppen üben. L korrigiert behutsam.
- Einzelne Sätze im Plenum vorsprechen.

Erweiterung:

- T machen aus den Sätzen kleine Frage-Antwort-Sequenzen oder Minidialoge und tragen sie im Plenum vor.

b

- T hören die Sätze und sprechen halblaut mit.
- L spricht einzelne Sätze vor und lässt mehrere T nachsprechen. Sprechen gestisch begleiten und behutsam korrigieren.
- Sätze in kleinen Gruppen üben.
- Einzelne T sprechen die Sätze im Plenum.

AB: S. 217
10 Stimmhaftes/Stimmloses „s“ + „w“ – „f“/„v“ unterscheiden
Schwierige Wörter
11 Hören und üben
12 Individuelle Auswahl

2.25

Deutsch verstehen — Seite 118

16 Sag mir, wo die Möbel sind.

Wortfeld „Möbel“; Wort-Bild-Semantisierung

- T sehen sich noch einmal den Wohnungsgrundriss auf S. 112 an: *Wie heißen die Zimmer?* Bezeichnungen an der Tafel schon in Form einer Tabelle sammeln.
- T schauen sich die Bilder auf S. 118 an. *Welche Möbel kennen Sie schon?*
- Lied zweimal hören, beim zweiten Hören lesen T im Buch mit.
- EA: T markieren alle Möbel im Text und ordnen sie den Bildern zu.
- Vergleich in PA.

17 Welche Möbel passen in die Räume?

Wortschatzarbeit

- PA: T ordnen die Möbel den unterschiedlichen Räumen zu.
- Vergleich durch Ergänzen der Tabelle an der Tafel auf Zuruf der T.
- Lied noch ein- bis zweimal vorspielen, T singen mit.

Lösungsbeispiel:

Wohnzimmer	Küche	Schlafzimmer	Arbeitszimmer	Sonstiges
Sessel	Stühle	Bett	Schreibtisch	Kinderbett
Sofa	Tisch	Kleiderschrank	Regal	Badewanne
Tisch	Küchenschrank	Kinderbett		WC
Regal	Kühlschrank	(Wasch-)Becken		
Lampe	Spüle			

Variante:

- Mit schauspielerisch talentierten und begeisterten T kann das Lied auch pantomimisch untermalt werden. Hierfür kann L Requisiten bereitstellen, die vorher aus Möbelkatalogen ausgeschnitten werden.

Erweiterung:

- GA: T erhalten eine vergrößerte Kopie der Vorlage 10b „Unsere Wohnung“, Möbelprospekte, Schere und Klebestift und „richten die Wohnung ein“, indem sie die Möbel ausschneiden und aufkleben. Die Gruppenergebnisse werden im Kursraum aufgehängt und von den Gruppen kommentiert.

ZM:
- ausgeschnittene Möbel aus Katalogen
- Kopiervorlage 10b: „Unsere Wohnung“
- Möbelkataloge
- Scheren
- Klebstoff

18 Welche Texte passen zu den Aussagen 1–4? — Seite 119

selektives Leseverstehen

Dies ist ein schwarzes Brett, wie es in den meisten deutschen Mehrfamilienhäusern im Eingangsbereich hängt. Hier werden wichtige Punkte der Hausordnung noch einmal in Erinnerung gebracht, wichtige Termine angekündigt, Pläne zur Benutzung von Gemeinschaftseinrichtungen (Waschmaschinen, Trockenräumen) und für Dienste (Schneeschippen, Straßefegen) ausgehängt und auch private Mitteilungen angebracht.

- Gemeinsam das Pinnbrett anschauen: *Wo findet man das? Kennen Sie das auch?*
- T lesen die Überschriften, gemeinsam die Textsorten näher bestimmen: A = Regeln: *Was muss ich tun, was darf ich tun?*; B = Anleitung: *Wie macht man das?*; C = Einladung; D = Ankündigung: ein Termin, eine Veranstaltung ist wichtig.
- EA: T lesen zunächst die vier Aussagen, dann die Texte und ordnen diese den Aussagen zu. Vergleich in PA, dann im Plenum.

Lösung: 1. Text A 2. Text D 3. Text C 4. Text B

Erweiterung: für leistungsstärkere Gruppen

- PA: Paare erhalten eine der Aussagen und überlegen sich eine passende situative Einbettung, z. B. zu 1: *Frau Schmidt ist 67 Jahre alt und wohnt in der Borstellstraße 24. Sie macht jeden Tag um 13.30 Uhr einen Mittagsschlaf. Heute Mittag hört sie aus der Nachbarwohnung laute Musik und kann nicht schlafen. Sie wartet 15 Minuten, dann steht sie auf und klingelt bei der Nachbartür …*
- Im Plenum einige Beispiele vorstellen. Dann über die Situationen und weitere in den Texten angesprochene Regeln im Plenum reden. *Kennen Sie solche Situationen in Deutschland? Gibt es diese Regeln auch in Ihrem Heimatland? Sind die Regeln gut oder nicht? Trennen Sie den Müll?* Etc.

Erweiterung:

- T erhalten als Hausaufgabe den Auftrag, an den schwarzen Brettern ihrer Wohnhäuser drei bis vier Sätze zu sammeln, die sie abschreiben und mitbringen.
- Die Sätze werden in der nächsten Unterrichtseinheit zusammengetragen, besprochen und auf einem Poster zusammengestellt.

Strukturen verstehen
19 Hypothesen zu Wörtern

Komposita verstehen

Das Fragen nach dem Kontext und das Zerlegen in Wortbestandteile sind wichtige Semantisierungsstrategien, die die T schon früh nutzen sollten. Mit dieser Übung sollen die T einerseits erkennen, dass sie sich auch ohne Wörterbuch helfen können, andererseits lernen, wie aus einer Vielzahl von möglichen Übersetzungen im Wörterbuch, die richtige ausgewählt werden kann.

- L schreibt *Mülltrennung* an die Tafel. *Welche Wortteile kennen Sie?* Gemeinsam Hypothesen sammeln, dabei die Zeichnung an der Pinnwand zu Hilfe nehmen.
- T schlagen zunächst „Mülltrennung“ in Wörterbüchern nach, dann unter „Müll“ und „Trennung“. Stimmt die Übersetzung mit den Hypothesen überein? Hilft der Kontext bei der Worterschließung?
- PA: T verfahren mit den Begriffen der Aufgabe wie im gemeinsamen Beispiel.
- Vergleich im Plenum.

Erweiterung:

- T suchen weitere Komposita in den Pinnwandtexten und semantisieren sie auf dieselbe Weise.

Lückendiktat

Diktat

- Die T erhalten eine Kopie des Lückentextes (s. nächste Seite). Ein/-e T erhält den Text auf Folie.
- L liest den Text dreimal vor, beim ersten Vorlesen lesen die T lediglich mit, ergänzen also noch nicht. Beim zweiten Lesen macht L kurze Pausen nach jeder Sinneinheit, um die T die Lücken füllen zu lassen. Beim dritten Lesen kontrollieren die T ihre Ergänzungen.
- Vergleich in PA, dann im Plenum (Folie/OHP).

Ulrike und Bernd Klotz haben endlich eine Wohnung gefunden. / Sie haben lange gesucht, / aber alle Wohnungen waren zu teuer oder zu klein. / Die neue Wohnung ist groß, / sie hat vier Zimmer, / Küche, Badezimmer und einen Balkon. / Sie muss auch groß sein, / denn bald kommt das dritte Kind. / Und die Wohnung ist auch nicht zu teuer. / Sie kostet 500 kalt plus Nebenkosten. / Ulrike und Bernd hatten Glück. / Freunde haben von der Wohnung erzählt. / Ulrike hat dann sofort den Vermieter angerufen / und es hat geklappt.

Ulrike und Bernd Klotz haben endlich eine Wohnung ___________. Sie ___________ lange gesucht, aber alle Wohnungen ___________ zu teuer oder zu klein. Die neue Wohnung ___________ groß, sie hat vier ___________, Küche, Badezimmer und einen ___________. Sie muss auch ___________ sein, denn bald kommt ___________ dritte Kind. Und die Wohnung ist ___________ nicht zu teuer. Sie kostet 500 € kalt plus ___________. Ulrike und Bernd ___________ Glück. Freunde haben von der Wohnung ___________. Ulrike hat dann sofort den Vermieter ___________ und es ___________ geklappt.

Variante:

- Der Diktattext kann ohne weiteres auch für ein „normales" Diktat (T erhalten keinen Lückentext) verwendet und dafür ggf. etwas gekürzt werden.

Kapitel 11 – Was ist passiert?

Handlungsbereich
Tagesabläufe, Lebenslauf
Wortschatz
Zeitadverbien
Grammatik
Perfekt mit „sein";
Strukturen verstehen: Personalpronomen – Dativ und Akkusativ
Aussprache
„h", „e" unbetont

Einstiegsbild — Seite 122

Vorwissen aktivieren

Hier treffen wir wieder unseren ***Berliner Platz***-Kurs aus den ersten Kapiteln in einer typischen Montagmorgen-Situation an: Jede/-r berichtet, was er/sie am Wochenende gemacht hat.

- T sehen sich die Seite an: *Erkennen Sie die Personen? Wie heißen sie?* Evtl. noch einmal auf S. 6/7 nachsehen.
- T stellen Vermutungen darüber an, warum Hosni einen Verband trägt und Birsen einen Kuchen mitgebracht hat.

2.26

1 Fünf Dialog – Lesen und hören Sie bitte. — Seite 123

selektives Hörverstehen

- T lesen die Dialoganfänge.
- L gibt die Frage aus Dialog E an T weiter: *Wo ist eigentlich Helgi?* T stellen Vermutungen darüber an.
- T sehen sich die Postkartenmotive an: *Wo ist das?* T stellen Vermutungen über das Postkartenmotiv an.
- T lesen den Postkartentext in EA oder ein/-e T liest laut vor. Unbekanntes Vokabular gemeinsam klären und Wien auf der Karte der Umschlagklappe suchen.
- T lesen die Richtig/Falsch-Aussagen.
- Dialoge einmal ohne Pause hören.
- Dialoge ein zweites Mal mit Pausen hören. EA: T kreuzen an.
- Vergleich in PA. Bei Unstimmigkeiten Hörtexte noch einmal hören.

Lösung: **Richtig: 1, 4, 5 (für 5 ist „falsch" auch akzeptabel, denn genau genommen hatte Birsen gestern Geburtstag)**

Erweiterung:

- PA: T korrigieren die falschen Aussagen. Dafür die jeweiligen Dialoge (B–E) noch einmal hören.

Lösung: **2. Herr Schuhmann ist ins Schwimmbad gegangen. – 3. Hosni hat ein Problem mit dem Arm. – 5. Birsen hatte gestern Geburtstag. – 6. Helgi ist in Wien.**

Hinweis:

Auf der Postkarte sieht man das Kunsthistorische Museum in Wien, eines der bedeutendsten Museen der Welt, u. a. mit der größten Brueghel-Sammlung, Werken von Rembrandt, Raffael, Tizian und Velázquez.

2 Was hat Herr Schuhmann am Wochenende gemacht?

Perfektformen, einen Vorgang rekonstruieren

- Gemeinsam die Äußerungen von Herrn Schuhmann lesen. *Was fällt auf? Was ist neu?* Ggf. weist L auf die Verbformen und das Hilfsverb „sein" hin.
- Gemeinsam die Perfektformen lesen und die Infinitive dazu finden. L erklärt, dass einige Verben das Perfekt mit „sein" bilden. (Eine Systematisierung folgt in Aufg. 4).
- PA: T versuchen, aus der Erinnerung an Dialog C und mithilfe der Perfektvorgaben das Wochenende von Herrn Schuhmann zu rekonstruieren. (Bei Schwierigkeiten den Dialog C noch einmal hören.)
- Einige Ergebnisse im Plenum vorlesen lassen. Sammeln der Ergebnisse an der Tafel.

Lösungsbeispiel:
Herr Schuhmann hat lange geschlafen. Er ist um elf aufgestanden und dann ist er ins Schwimmbad gegangen. Danach hat er Mittag gegessen und nachmittags ist er noch zwei Stunden Rad gefahren. Danach hat er seine Freundin besucht. Etc.

- Abschließender Vergleich mit dem Hörtext.

Variante:

- Schwächere Paare erhalten das Transkript des Hörtextes.

AB: S. 218
1 Perfekt: Sätze ergänzen
2 Satzpuzzle

3 Gestern war Haushaltstag bei Hosni. Seite 124

a
Vorentlastung zur Textproduktion

Bei dieser Aufgabe soll der Haushaltstag von Hosni rekonstruiert werden. Da der Dialog B aus Aufgabe 1 die Details offen lässt, sind hier mehrere Varianten möglich und auch gewollt.

- Gemeinsam die Satzfragmente lesen und Vokabular klären.
- GA (drei T): T ordnen Hosnis Tätigkeiten in einer für sie sinnvollen Reihenfolge durch Nummerieren.

Lösungsbeispiel: 7 – 13 – 9 – 8 – 15 – 14 – 11 – 17 – 4 – 1 – 12 – 3 – 2 – 6 – 5 – 14 – 10

b
Schreiben: Textproduktion

- Gemeinsam die Bedeutung der Zeitadverbien wiederholen (ggf. hierfür noch einmal auf Herrn Schuhmanns Tagesablauf zurückgreifen).
- GA (drei T): Unter Verwendung der Zeitangaben formulieren die Gruppen nun die Satzfragmente zu einer kleinen Geschichte aus. Die Beispiele im Buch machen deutlich, wie unterschiedlich die Ergebnisse sein können.
- Die Geschichten werden im Plenum vorgelesen.

Lösungsbeispiel:
Der Wecker hat um sechs Uhr geklingelt und Hosni ist aufgewacht. Er ist gleich aufgestanden. Zuerst hat er geduscht und dann hat er gefrühstückt. Danach hat er abgewaschen und die Flaschen weggebracht. Dann hat er die Treppe geputzt. Schließlich hat er die Leiter geholt. Er hat die Fenster geputzt und zuletzt ist er von der Leiter gefallen. Dann hat er 112 gewählt und hat den Krankenwagen gerufen. Er ist zum Unfallarzt gefahren und ist drei Stunden im Krankenhaus gewesen. Danach ist er zu Hause ins Bett gegangen und hat seine Mama angerufen. Schließlich hat er den ganzen Abend ferngesehen.

Erweiterung:

- In Kursen, die sich gerne schauspielerisch betätigen, kann ein Gruppenmitglied die Vorgänge während des Lesens pantomimisch darstellen.

4 Diese Verben bilden das Perfekt mit *sein*.

Grammatik: Perfekt mit „sein"

- Gemeinsam die Perfektformen lesen. L lässt T spekulieren, warum diese Verben das Perfekt mit „sein" bilden. *Haben die Verben etwas Gemeinsames?*
- L erläutert anhand der Beispiele „einsteigen" und „einschlafen" die

Bewegung (von A nach B): ● → ● einsteigen: ist ... eingestiegen
Straße → Bus

und die

Zustandsveränderung: ☺ → ☹ wach → schlafen **einschlafen: ist … eingeschlafen**

- PA: T suchen die Infinitive zu den Perfektformen und ordnen beide in die Tabelle ein.
- Vergleich im Plenum durch Ausfüllen der Tabelle an der Tafel.

Lösung:

Bewegung	Zustandsveränderung
einsteigen – ist … eingestiegen	einschlafen – ist eingeschlafen
umsteigen – ist umgestiegen	aufwachen – ist … aufgewacht
fahren – ist … gefahren	
gehen – ist … gegangen	
fallen – ist … gefallen	
aufstehen – ist … aufgestanden	
kommen – ist … gekommen	

AB: S. 219
3 Perfekt: Hilfsverben ergänzen
4 Präsens – Perfekt: Sätze umformen
S. 220
5 Verben zuordnen

Grammatik: Vergangenheit mit „sein"

Es ist sehr schwierig für Lerner, zu verstehen, wann ein Verb sein Perfekt mit dem Hilfsverb „sein" bildet. Die hier eingeführte Regel, dass Verben der Bewegung und Zustandsveränderung das Hilfsverb „sein" benötigen, mag vielen Lehrenden zu ungenau erscheinen, weil sich schnell Gegenbeispiele finden lassen: *Sie hat auf der Party nur getanzt.*
Für Anfänger sind solche verkürzten Regeln jedoch eine wesentliche Hilfe, um im Chaos der Verben eine einfache Richtlinie zu finden. Die Regel sollte später oder bei Nachfragen der Teilnehmer selbstverständlich erweitert werden.

5 Ihr Tag — Seite 125

Fragen und Antworten formulieren

a

W: Bedeutung der Fragewörter „wann" und „wie lange" wiederholen.
- EA: T ergänzen die Fragen mit den entsprechenden Perfektformen.
- Vergleich in PA, dann im Plenum.

Lösung: 1. bist – nach Hause gekommen 2. hast – Hausaufgaben gemacht 3. hast – ferngesehen 4. bist – ins Bett gegangen 5. bist – aufgewacht 6. bist – aufgestanden 7. hast – für den Test gelernt 8. hast – zu Mittag gegessen

b

- EA: T beantworten die Fragen schriftlich nach ihrem persönlichen Tagesablauf.
- PA: T interviewen sich gegenseitig.
- Im Plenum besonders interessante/ausgefallene Antworten sammeln.

Variante:
- T beschreiben einen Fantasie-/Traumtag, z. B.: *Heute morgen bin ich um elf Uhr aufgestanden. Ich habe nicht zu Hause gefrühstückt. Ich bin ins Hotel … gegangen und habe …*

AB: S. 220
6 Hörverstehen
7 Zeitangaben ordnen
S. 221
8 Sätze vervollständigen

6 *Was hast du … gemacht?*

Wortschatz: Zeitangaben; Sprechen

- Gemeinsam (evtl. mithilfe eines Kalenders) die Zeitangaben klären und an die Tafel schreiben.
- Kettenübung (mit Ball): T1 fängt an und fragt T2: *Was hast du letzte Woche gemacht?* T2 antwortet und stellt T3 eine neue Frage usw.

Variante:
- L schreibt je eine Zeitangabe auf eine Seite eines in der Mitte gefalteten Blattes / einer Karteikarte und verteilt sie verdeckt an die T.
- T überlegen, was sie zu/in dem betreffenden Zeitpunkt/Zeitraum gemacht haben, und stellen das Blatt / die Karte so vor sich auf, dass die Zeitangabe für die anderen sichtbar ist.
- Kettenübung wie oben. (Dieses Vorgehen hat den Vorteil, dass die T während der Fragerunde nicht mehr lange überlegen müssen und so langatmige Pausen vermieden werden.)

ZM:
– je T ein Schild mit einer Zeitangabe

2.27 — 7 Aussprache: *h*-Laut

Aussprache: „h“

- T hören und lesen halblaut mit.
- L spricht einige Wörter/Sätze vor und lässt einzelne T nachsprechen.
- T üben in PA, L korrigiert in den Gruppen. L achtet auf die korrekte Aussprache von Akzent und Melodie.

2.28 — 8 *e* unbetont

Aussprache: unbetontes „e“

- T hören und lesen halblaut mit.
- L spricht einige Wörter/Sätze vor und lässt einzelne T nachsprechen.
- T üben in PA, L korrigiert in den Gruppen. L achtet auf die korrekte Aussprache von Akzent und Melodie.

AB: S. 221
9 Aussprache: „h“-Laut
10 Aussprache und Grammatik

Korrekturhilfen: „h“ und „e“ unbetont

„h“ im Anlaut und „h“ nach Vokal bewusst unterscheiden:

- Einzelne Wörter im Flüsterton üben.
- „h“ vor verschiedenen Vokalen üben: „haha“, „hihihi“, „hoho“.
- Aspiration visualisieren: Blatt Papier vor den Mund halten, Kerze ausblasen, (bei Kälte) in die Hände hauchen.
- Das unbetonte „-e“ in fallender Melodie sprechen, Enttäuschung/Trauer ausdrücken („schade“, „meine Hände“ etc.).

2.29 — 9 Das Fotoalbum von Swetlana Riesen — Seite 126

a
Vorentlastung zum Hör- und Leseverstehen

Die Fotos illustrieren einzelne Stationen aus dem Leben von Swetlana Riesen, einer Aussiedlerin aus Russland. Der Kommentar zu den Fotos ist authentisch, d. h., Fehler wurden bewusst nicht korrigiert.

- EA: T schauen sich die Fotos an, lesen die Fragen und Antworten und kreuzen die von ihnen vermutete Antwort unter a an bzw. füllen sie aus.
- Vergleich im Kursgespräch mit Begründung der Vermutungen.

b
selektives Hörverstehen

- Jeden Hörtextabschnitt ein- bis zweimal hören. T korrigieren ihre Vermutungen unter b.
- Vergleich im Plenum. Bei Uneinigkeiten den entsprechenden Abschnitt noch einmal hören.

Lösung: **1. Aus Russland. 2. Ein Jahr. 3. ... in die Schule. 4. Sie arbeitet als Straßenbahnfahrerin. 5. Im Sprachkurs.**

- L fragt: *Wann ist Frau Riesen nach Deutschland gekommen?* Den zweiten Abschnitt noch einmal hören, danach die Sprechweise von Jahreszahlen thematisieren:

1964	***neunzehnhundertvierundsechzig***
1992	***neunzehnhundertzweiundneunzig***
aber: 2002	***zweitausendzwei***

- **W:** Die Jahreszahlen können zum Anlass genommen werden, die Zahlen generell zu wiederholen und sie den Jahreszahlen gegenüberzustellen:

1977,— Euro:	***(ein)tausendneunhundertsiebenundsiebzig Euro***
aber: im Jahr 1977:	***neunzehnhundertsiebenundsiebzig***

10 Lebenslauf — Seite 127

detailliertes Leseverstehen

- Gemeinsam den Textabschnitt e lesen, der als Anfang des schriftlichen Lebenslaufs von Frau Riesen markiert ist. *Warum ist das der Anfang des Textes?* Signalwörter benennen (und auf Folie markieren): „Ich heiße ...", „1964" etc.
- EA: T lesen die übrigen Textabschnitte und ordnen sie in der richtigen Reihenfolge.
- Vergleich zunächst in PA, dann im Plenum, dabei die Signalwörter im Text benennen (und markieren).

Lösung: a4 – b3 – c6 – d2 – e1 – f5

- Gemeinsam unbekanntes Vokabular klären, dabei die Fotos auf S. 126 zu Hilfe nehmen.
- Kursgespräch über Swetlanas Lebenslauf: Hierbei können durchaus schon Vergleiche mit den Biographien der T gezogen werden. Ggf. gibt L ein Modell vor: *Swetlana ist oft umgezogen. Ich habe immer in ... gelebt.* Vor allem die Problematik, dass Schulabschlüsse und Berufsausbildungen, die im Heimatland absolviert wurden, in Deutschland nicht im selben Umfang akzeptiert werden, dürfte vielen T aus eigener Erfahrung bekannt sein.

Variante:

- PA: T erhalten Papierstreifen mit je einem Textabschnitt (zerschnittene Fotokopie des Buchtextes), die sie in der richtigen Reihenfolge zusammenpuzzeln und aufkleben. Ein Paar puzzelt mit Textabschnitten auf Folie als Vorlage für den abschließenden Vergleich im Plenum.

Erweiterung:

- GA: T halten die wichtigsten Lebensstationen Swetlanas in einem Zeitstrahl (auf einem großformatigen Papier) fest.

Lösungsbeispiel:

1964	1971	1981	1989	1993	2000
geb.	Schule	Tula, Ausbildung Kassiererin Ausbildung Straßenbahn	Orenburg Bauunternehmen	Deutschland Sprachkurs Lehrgang Umschulung zur Industriekauffrau	Angestellte

- Die Ergebnisse werden aufgehängt und miteinander verglichen.

ZM:
- Kopien des Lehrbuchtextes in Abschnitte zerschnitten und eine Version auf Folie
- Klebstoff
- OHP
- großformatiges Papier

11 Interviews im Kurs

a
Fragen formulieren

- Gemeinsam Stichwörter in der linken Tabellenspalte durchgehen. Ggf. noch nicht bekannte Begriffe klären.
- PA: T übernehmen die Tabelle ins Heft / erhalten eine Kopie der Vorlage 11 „Partnerinterview" und formulieren mit dem Partner / der Partnerin die Fragen aus.
- Vergleich durch Sammeln der Fragen an der Tafel / auf Folie:

Lösungsbeispiele:
Wie ist Ihr Name?
Wann sind Sie geboren? Wo sind Sie geboren?
Welchen Beruf haben Ihre Eltern?
Haben Sie einen Bruder oder eine Schwester?
Wohnen Sie mit Ihren Eltern oder Großeltern zusammen?
Welche Schule haben Sie besucht? Von wann bis wann haben Sie die Schule besucht? Wo sind Sie zur Schule gegangen?
Welchen Beruf haben Sie? Von wann bis wann haben Sie in dem Beruf gearbeitet? Wo haben Sie gearbeitet?
Wann sind Sie nach Deutschland umgezogen? Sind Sie allein nach Deutschland gekommen oder mit Familie?
Wo und wie lange haben Sie einen Sprachkurs besucht? Was für einen Kurs oder Lehrgang haben Sie gemacht?
Was arbeiten Sie? Wo arbeiten Sie jetzt? Wo haben Sie zuletzt gearbeitet?

ZM:
- Kopiervorlage 11: „Partnerinterview"

b
Notizen machen

- EA: T notieren sich Stichworte zu ihrem eigenen Lebenslauf.

Erweiterung:

- T erstellen zu ihren Stichpunkten einen Zeitstrahl, auf dem sie die wichtigsten Lebensdaten und -ereignisse markieren (s. o. 10).

AB: S. 221
11 Wortschatz: Verben zuordnen
S. 222
12 Tabellarischer Lebenslauf
Effektiv lernen
13 Verschiedene Lesestrategien anwenden

c
Sprechen

- PA: T interviewen sich gegenseitig und machen sich zu den Antworten des Partners / der Partnerin Notizen.
- GA: Je zwei Paare setzen sich zusammen und stellen den Interviewpartner / die Interviewpartnerin vor (ggf. unter Verwendung des Zeitstrahls).

Deutsch verstehen — Seite 128
12 Wiener Geschichten

a 2.30
detailliertes Hör- und Leseverstehen

- T sehen sich die Bilder an: *Wo und was ist das?* T bilden Hypothesen zu den Fotos.
- Gemeinsam die Postkarte (S. 123) noch einmal lesen. Noch offene Fragen klären.
- Auf die Überschrift eingehen und die Frage an die T weitergeben: *Was ist in Wien passiert?* T stellen Vermutungen an.
- Hören des Dialogs zweimal. Beim zweiten Hören lesen die T mit.
- *Was ist in Wien passiert?* Verständnissicherung der Hauptinformationen: Helgi hat in Wien einen Mann kennen gelernt und sich verliebt. Er heißt Leopold und ist ein „Weana" (Wiener).

Hinweis:

Fotos (von links nach rechts):
Blick aus dem Riesenrad: über 100-jähriges und über 64 Meter hohes Wiener Wahrzeichen im Prater, dem Wiener Vergnügungspark;
Schloss Schönbrunn: Barockschloss, ehemalige kaiserliche Sommerresidenz;
Hundertwasser-Haus: vom Künstler Friedensreich Hundertwasser (geb. 1928, gest. 2000) entworfenes und im Auftrag der Stadt Wien 1985 fertig gestelltes Wohnhaus, das durch seine bunten Flächen, unregelmäßigen Formen und integrierten Grünflächen zu einem Touristenmagneten in Wien wurde.

b 2.31
selektives Hörverstehen

- T sehen sich die Bilder an und raten, auf welchem Leopold sein könnte.
- Dialog weiterhören, ggf. mehrmals (nicht im Buch abgedruckt). T suchen das passende Bild.

Lösung: Leopold ist der Mann auf dem rechten Bild.

c 2.32
globales Hör- und Leseverstehen

- Dialog weiterhören, T lesen im Buch mit.
- Gemeinsam Ideen sammeln, was Helgi nicht auf der Karte geschrieben hat; L hält diese in Stichworten an der Tafel fest.

d 2.33
Schreiben

- Den Schluss des Dialogs hören und mit den Vermutungen der T vergleichen: *Warum hat Helgi das nicht geschrieben?*
- PA: T schreiben einen kurzen Text, in dem sie beschreiben, was Carmen wohl in Wien macht.
- L geht herum und hilft bei Problemen.
- Einige Texte im Plenum vorlesen.

Erweiterung:

- In leistungsschwächeren Gruppen kann L Stichwörter oder Satzanfänge vorgeben:

Prater – Riesenrad – Beisl – Disco – Theater – ...
Zuerst geht Carmen ...
Dort fährt sie ...
Danach ...
Dann ...
Schließlich ...

Landeskunde: Wien

Wien ist die Bundeshauptstadt und das kleinste der Bundesländer Österreichs, mit 1,6 Millionen Einwohnern, und Sitz der Bundesregierung sowie zahlreicher internationaler Organisationen (u. a. der UN).
Die „Altstadt" mit einer Vielzahl von bedeutenden Bauten, u. a. dem Stephansdom (13.–16. Jahrhundert), dem Wahrzeichen der Stadt, ist Weltkulturerbe seit 2001. Wien ist ein mitteleuropäisches Kulturzentrum mit Universität (1365) und sieben weiteren Hochschulen, zahlreichen Museen, Sammlungen und Archiven und führende Theaterstadt (Burgtheater, Staatsoper).
Daneben ist es die wichtigste Handels- und Industriestadt Österreichs (chemische, feinmechanische, elektrotechnische, Metall verarbeitende, Lederwaren- und Nahrungsmittelindustrie, grafisches und Kunstgewerbe). Selbstverständlich spielt auch der Fremdenverkehr eine bedeutende Rolle.

www.magwien.gv.at, info, wien.at

Strukturen verstehen
13 Personalpronomen Dativ und Akkusativ

a

- Gemeinsam den Anfang des Dialogs (bis *Mir? Einfach toll!*) bei Aufgabe 12 noch einmal lesen (zwei T). *Wer ist „dir"? Wer ist „mir"?*
- T weisen den Personalpronomen in den Dialogzitaten die bezeichnete Person zu.
- Vergleich in PA, dann im Plenum.

Lösung: Helgi – Helgi – Carmen – Leopold – Leopold – Leopold – Kursteilnehmer/-innen

b

- T markieren die Personalpronomen aus 13a in der Tabelle.
- Vergleich im Plenum.

Lösung:

Nominativ	**ich**	**du**	**er/es/sie**	**wir**	**ihr**	**sie/Sie**
Akkusativ	**mich**	**dich**	**ihn/es/sie**	**uns**	**euch**	**sie/Sie**
Dativ	**mir**	**dir**	**ihm/ihm/ihr**	**uns**	**euch**	**ihnen/Ihnen**

Laufdiktat

Diktat

- Die Sätze des Diktattextes werden einzeln (stark vergrößert) auf ein Blatt Papier fotokopiert. Die Blätter werden im Kursraum verteilt / an die Wände gehängt.
- PA: T1 läuft zum ersten Zettel, liest den Satz, merkt ihn sich, läuft zurück und diktiert ihn dem/der Partner/-in. Nach drei Sätzen wechseln die T die Rollen: T2 läuft und diktiert, T1 schreibt.
- T erhalten eine Kopie des Gesamttextes und korrigieren zu zweit das Geschriebene.

Im Plenum über die Fehler und die Fehlerquellen sprechen: Welche Fehler wurden am häufigsten gemacht, was ist der Grund für die Fehler (der/die Läufer/-in hat den Text lückenhaft diktiert, undeutlich gesprochen, der/die Schreiber/-in hat den Sinn nicht erfasst, Rechtschreibprobleme etc.).

1. Gestern Morgen hat Helgi den Wecker nicht gehört und verschlafen.
2. Sie ist erst um acht Uhr aufgewacht.
3. Dann hat sie kurz geduscht, aber nicht gefrühstückt.
4. Sie ist schnell zur Bushaltestelle gegangen.
5. Der Bus ist aber nicht gekommen und Helgi ist zu Fuß gegangen.
6. Um halb zehn war Helgi endlich im Deutschkurs.

Kapitel 12 – Das steht dir gut!

Handlungsbereich
Orientierung im Kaufhaus, Kleidung kaufen, Verkaufsgespräche führen, über Kleidung sprechen
Wortschatz
Kleidung, Größenangaben, Adjektive
Grammatik
Graduierung und Komparativ, „zu klein" – „größer";
Strukturen verstehen: Superlativformen
Aussprache
Konsonanten: „z", „x", „pf", „st"

Einstiegsseite — Seite 132

Wortschatz aktivieren

Vorwissen aktivieren:
- Gemeinsam die Fotos anschauen, Fragen zu den Personen formulieren und Antworten suchen, z. B.: *Wie alt ist der Mann, die Frau, die Kinder? Was ist sie/er von Beruf? Was macht sie/er gerne in der Freizeit? Sind sie verheiratet? Sind das ihre Kinder? Wohin gehen sie abends gerne? Machen sie gerne Sport?* Etc.
- *Wie sieht die Kleidung der Personen aus?* Gemeinsam Adjektive sammeln, z. B.: *praktisch, elegant, chic, sportlich, witzig, bequem, modern* etc.

2.34

1 Kleidung — Seite 133

Wortschatz: selektives Hörverstehen

- T lesen sich den grünen Kasten mit den einzusetzenden Kleidungsstücken durch. Noch keine Wortschatzerklärungen abgeben.
- Den Hörtext mehrmals, mit kurzen Pausen zwischen den einzelnen Aussagen vorspielen. T ergänzen die Leerstellen mit je einem Kleidungsstück aus dem grünen Kasten.
- Vergleich in PA, dann im Plenum, ggf. Hörtext noch einmal hören.

Lösung: B der Rock, die Schuhe – C die Sportschuhe, die Jeans – D der Anzug, das Kleid – E das T-Shirt – F der Anorak

2 Wörtertraining

Wortschatz gruppieren

- Gemeinsam die Aufgabe und die einzelnen Rubriken klären.
- T suchen mithilfe der Fotos und Beschriftungen je drei Kleidungsstücke, die man in der entsprechenden Situation trägt. L geht herum und hilft bei Problemen.
- Vergleich in PA, dann im Plenum durch Sammeln der Ergebnisse an der Tafel.

Erweiterung:
- Wenn L mehrere Modekataloge und -prospekte bereitstellen kann, kann im Anschluss ein fünfteiliges Lernplakat angefertigt werden. Hierfür erhält jede von fünf Gruppen einen Katalog, ein Blatt Papier, Schere und Klebstoff und eine der Rubriken. Die Gruppen suchen nun für ihre Rubriken passende Kleidungsstücke, schneiden sie aus und beschriften sie. Dann werden die Gruppenarbeiten nebeneinander an einer Wand aufgehängt und jede Gruppe stellt ihre Ergebnisse vor. Diese Erweiterung eignet sich besonders für Lerngruppen, die schon einige Vorkenntnisse mitbringen.

ZM:
- Modekataloge/-prospekte
- Papier
- Schere
- Klebstoff

2.35 — 3 Hören Sie zu. Zu welchen Bildern passen die Texte?

globales Hörverstehen

- Den ersten Text ein- bis zweimal vorspielen: *Zu welchem Foto gehört der Text? Warum?* Schlüsselwörter an der Tafel festhalten.
- Die übrigen Texte mit kurzen Pausen vorspielen, T ordnen sie den Fotos zu.
- Vergleich in PA, dann im Plenum mit Besprechung der Schlüsselwörter.

Lösung: 1B/C – 2A – 3D

2.36 — 4 Was trägst du wann?

Sprechen

ZM:
- Kopiervorlage 12a: „Was trägst du wann?“
- Kopiervorlage 12b: „Ratespiel ‚Wer ist das?‘“
- Kopiervorlage 12c: „Spiel: Hose, Mantel, Hut“

- Gemeinsam die Redemittel durchgehen und unbekanntes Vokabular klären, v. a. auf die Häufigkeitsangaben (temporale Adverbien) eingehen. Hierfür kann L einen Pfeil an die Tafel zeichnen:

- PA: T interviewen sich gegenseitig zu ihren Kleidungsvorlieben und machen sich Notizen (ggf. mithilfe der Kopiervorlage 12a „Was trägst du wann?“, wodurch die Fragen mehr gelenkt werden).
- GA: Je zwei Paare setzen sich zusammen und jede/-r T stellt den/die Partner/-in den anderen vor. Gemeinsamkeiten der Gruppenmitglieder werden in Stichworten festgehalten und danach im Plenum vorgestellt.

Variante: nach dem Interview
- GA: Nach dem Partnerinterview setzen sich je zwei Paare zusammen. Jede/-r T gibt (in Stichworten auf einem Zettel) Vermutungen über die Vorlieben der nicht selbst interviewten Gruppenmitglieder ab. Danach stellt jede/-r T den/die Partner/-in vor und die Vermutungen der anderen werden damit verglichen.

Variante/Ratespiel:
- Jede/-r T ordnet nach persönlichen Vorlieben fünf bis acht Kleidungsstücke in die Tabelle der Vorlage 12b ein. Die Zettel werden eingesammelt und neu ausgeteilt. Nun liest jede/-r T die Informationen auf dem gezogenen Zettel vor (Redemittel vorher an der Tafel sammeln: „Diese Person trägt oft ein/-e ... Sie zieht selten ... an.“). Die anderen T versuchen, die gesuchte Person zu erraten.

Erweiterung:
- L malt ein Strichmännchen an die Tafel, dessen Körperteile auf Zuruf der T beschriftet werden.
- Kettenübung (vier bis sechs T oder im Plenum mit Ball): T1 nennt einen Körperteil, T2 nennt ein dazu passendes Kleidungsstück und dann einen weiteren Körperteil etc.

Erweiterung: „Spiel: Hose, Mantel, Hut“
- GA (drei bis vier T): Jede Gruppe bekommt einen Satz Kärtchen der Kopiervorlage 12c, die gemischt und im Stapel verdeckt auf den Tisch gelegt werden. T1 deckt eine Karte auf und zählt leise bis 20. Währenddessen schreiben die anderen Gruppenmitglieder alle Kleidungsstücke mit Artikel auf, die zu dem auf der Karte markierten Körperteil passen. Für jeden richtig notierten Begriff gibt es einen Punkt. Gewonnen hat, wer nach zwei Runden die meisten Punkte hat.

AB: S. 224
1 Kreuzworträtsel
2 Detailliertes Hörverstehen
S. 225
3 Personenbeschreibung

5 Orientierung im Kaufhaus — Seite 134

Redemittel

- T sehen sich das Bild an und lesen den Übersichtsplan. Gemeinsam die Situation (Kaufhaus, Herrenabteilung) und unbekanntes Vokabular klären („Ober-", „Untergeschoss" = „Stockwerk"/„Etage"; ggf. Haus an die Tafel malen und beschriften).
- L leitet mit einer Frage an eine/-n T die Aufgabe ein: *Entschuldigung, wo finde ich Kindermäntel?*, und verweist auf den Redemittelkasten: *Im dritten Obergeschoss/Stock.*
- Redemittelkasten besprechen. *Wer sagt was?* (links Kunde, Mitte und rechts Verkäufer).
- PA: T erhalten Suchaufträge (kleine, von L vorbereitete Zettel) und fragen sich gegenseitig nach Zielen im Kaufhaus.

Erweiterung:

- PA: T1 erhält eine Kopie der Vorlage 12dA, T2 der Vorlage 12dB „Orientierung im Kaufhaus". Durch gegenseitiges Befragen müssen die T den Standort der gesuchten Kleidungsstücke in der Abteilung des Partners herausfinden.

ZM:
– Kopiervorlage 12dA/12dB: „Orientierung im Kaufhaus"

2.37

6 Kleidung kaufen

a globales Hörverstehen

- T schauen sich das Bild an. *Wo ist das? Was machen die Personen?*
- L kündigt drei Dialoge an, denen die fünf Aussagen zugeordnet werden sollen.
- T lesen die Aussagen. Klären des Vokabulars.
- Hören der Dialoge (ggf. mit kurzen Pausen), T ordnen die Aussagen den Dialogen durch Nummerieren zu.
- Vergleich im Plenum, bei Bedarf die Dialoge noch einmal hören.

Lösung: 1. Dialog 1; 2. Dialog 3; 3. Dialog 2; 4. Dialog 2; 5. Dialog 3

b selektives Hörverstehen

- T lesen die Stichworte, ggf. Vokabular klären.
- Dialog 1 einmal vorspielen, den T Zeit lassen, die entsprechenden Wörter aus der Liste zu suchen und zu notieren.
- Vergleich in PA.
- Mit den Dialogen 2 und 3 ebenso verfahren.
- Vergleich im Plenum durch Sammeln der Ergebnisse an der Tafel.

c detailliertes Hörverstehen

- Dialoge noch einmal ohne Pause hören, T kontrollieren dabei den Tafelanschrieb, der im Anschluss gemeinsam korrigiert bzw. ergänzt wird.

Lösung:
Dialog 1: anprobieren – der Spiegel – die Bluse – die Umkleidekabine
Dialog 2: billiger – der Anorak – der Winter – eine Nummer größer – warm – zu teuer
Dialog 3: der Anzug – fürs Büro – Größe 52 – keine Ahnung

Variante: zu b und c

- GA: drei Gruppen, jede Gruppe kümmert sich um einen Dialog.
- Dialoge ohne Pause vorspielen, T sammeln das zu ihrem Dialog passende Vokabular. Vergleich in der Gruppe. Ein T schreibt die Ergebnisse an die Tafel.
- Jede Gruppe erhält nun die Aufgabe, die Ergebnisse einer anderen Gruppe beim nochmaligen Hören zu kontrollieren und danach ggf. zu korrigieren und zu ergänzen.

7 Dialoge üben — Seite 135

Dialoge üben, schreiben und umsetzen

a
- Drei T lesen Dialog 2 laut im Plenum. L achtet darauf, dass die Intonationspfeile beachtet werden, und korrigiert auch bei falscher Akzentuierung.
- Mit Dialog 3 und drei anderen T ebenso verfahren.
- GA: Je drei T suchen sich einen Dialog aus, den sie mit verteilten Rollen laut lesen. L geht herum und korrigiert die Aussprache.

ZM:
- je Gruppe ein Zettel mit einem Kleidungsstück
- wenn möglich, ein bis zwei Originale der jeweiligen Kleidungsstücke als Requisiten

b
- GA: L gibt jeder Gruppe einen Zettel mit einem Kleidungsstück (z. B. *Mütze, Schuhe* etc.), das das Objekt in dem nun zu schreibenden Dialog ist.
- Jede Gruppe verfasst einen kleinen Beratungsdialog.

AB: S. 225
4 Redemittel bei Verkaufsgesprächen
S. 226
5 Dialog ergänzen und ordnen

c
- Die Gruppen üben ihre Dialoge ein (s. u.) und spielen sie im Plenum vor (idealerweise mit von L bereitgestellten „echten" Kleidungsstücken als Requisiten).

Sketche

Das Einüben und Vorspielen von Dialogen und kleinen Sketchen ist bei den meisten (auch erwachsenen) Lernenden sehr beliebt, weil es den Unterricht sehr lebendig macht.
Gerade bei selbst geschriebenen Dialogen ist erstaunlich, wie kreativ viele Lernende schon mit geringen sprachlichen Mitteln umgehen und wie viel Spaß es allen Beteiligten macht, im geschützten Raum des Unterrichts authentische Situationen zu simulieren.
Auch unsicheren Lernenden fällt es mithilfe der schriftlichen Vorlage leichter, zu sprechen, weil die Angst vor Fehlern begrenzt ist.
Um jedoch zu vermeiden, dass die „Schauspieler an ihren Texten kleben", sprich Wort für Wort ablesen, können Sie folgende Übung vorschalten:
Jede/-r T unterstreicht im eigenen Part eine von Ihnen vorgegebene Anzahl von Schlüsselwörtern (die sich je nach dem Umfang des Parts richtet) und übt die Rolle so ein, dass er/sie beim halblauten Lesen nach jedem Schlüsselwort von der Textvorlage aufschaut. Nach einigen „Trockendurchgängen" sind die Lernenden dann meist so sicher, dass sie nicht mehr jedes Wort ihres Parts lesen müssen, sondern sich an den Schlüsselwörtern orientieren und sich so mehr auf das „Spiel" konzentrieren können.

8 Aussprache – Zwei Konsonanten

2.38

a
- T hören und lesen halblaut mit.
- L spricht einzelne Wörter/Sätze vor, T sprechen nach. L spricht ggf. schwierige Wörter sehr langsam und präzise.
- In PA oder Gruppen üben. L korrigiert behutsam.
- Einzelne Sätze im Plenum vorsprechen.

b
- Üben wie in 8a.

AB: S. 226
6 Zungenbrecher

9 Die Anprobe – Ein Sketch — Seite 136

2.39

a
globales Hörverstehen
- T schauen sich die Bilder an. Gemeinsam die Situation klären: *Wo spielt der Sketch? Was denken die Frauen? Was sagen sie?*
- Sketch einmal ohne Buch ganz hören: *Was möchte die Dame/Kundin? Was ist das Problem?* Antworten der T an der Tafel sammeln (Tafelbild s. nächste Seite).

ZM:
- Kleidungsstücke als Requisiten oder Kleiderkataloge/ -prospekte
- Scheren

b
detailliertes Hör- und Leseverstehen

- Sketch noch einmal in drei Etappen hören, T lesen im Buch mit.
- Nach jedem Textabschnitt mithilfe der Leitfragen *Was möchte die Kundin? Was ist das Problem?* das Tafelbild ergänzen bzw. korrigieren, dabei unbekanntes Vokabular klären.

Was möchte die Kundin?	*Was ist das Problem?*
1. einen Rock	*Der Rock ist zu weit. Der andere Rock ist zu kurz.*
2. eine Hose in Gelb oder Grün	*Es gibt nur Hosen in Blau und Schwarz.*
3. eine Hose in Blau	*Die Hose ist zu teuer.*
4. ein Kleid in Rot	*Es gibt nur Kleider in Gelb oder Grün.*

- Ggf. kurz auf die Farben eingehen: *Welche Farbe gefällt Ihnen? Welche Farbe ist eine Hosenfarbe, welche eine Rock- und welche eine Blusenfarbe?*
- Die Grammatikphänomene Komparation und Demonstrativpronomen noch nicht thematisieren; die Bedeutung soll den T aus Kontext und Kotext klar werden. Eine grammatikalische Auseinandersetzung folgt in den Aufgaben 10–13. Ggf. die im Text vorkommenden Adjektivpaare (Antonyme) semantisieren und an der Tafel gegenüberstellen:

kurz ↔ lang *eng ↔ weit* *teuer ↔ billig*

szenisches Spiel

- Kurs in zwei Gruppen einteilen: Gruppe A übernimmt die Rolle der Kundin, Gruppe B die der Verkäuferin.
- Hörtext noch einmal in Abschnitten mit kurzen Pausen vorspielen, die T lesen ihren Part halblaut mit.
- Je ein/-e T aus Gruppe A und B bilden ein Paar und üben den Dialog ein. (Tipps zum Einstudieren s. o.)
- Einige Paare spielen den Sketch im Plenum vor.

Ergänzung/Tipp:

- Noch lebendiger wird das Einüben und Vorspielen des Sketches natürlich mit entsprechenden Requisiten. Bei Mangel an echter Kleidung, kann L auch Kataloge/ Prospekte und Scheren an die Paare verteilen, die dann die benötigten Kleidungsstücke dort ausschneiden.

AB: S. 227
7 Sketch ergänzen

10 Lesen Sie die Beispiele … Seite 137

Grammatik: Demonstrativpronomen

- L übernimmt das erste Beispiel aus dem Buch an die Tafel:

Der Rock steht Ihnen sehr gut. *Nein, der ist viel zu eng.*

und verweist auf das Demonstrativpronomen: *Was ist „der"?*
- T lesen und vergleichen die Beispielsätze und sollen erkennen, dass sich das Demonstrativpronomen auf das unterstrichene Satzglied im vorherigen Satz bezieht, also dasselbe Genus hat, dass der Kasus jedoch vom Verb des eigenen Satzes abhängt.
- Da die Demonstrativpronomen hier zunächst nur im Nom., Akk. und Dat. Singular eingeführt werden, kann L zur Verständniserleichterung die Eselsbrücke „Demonstrativpronomen = Artikel ohne Nomen" einführen:

Der Rock steht Ihnen sehr gut. *Nein, der ~~Rock~~ ist viel zu eng.*
- EA: T unterstreichen im Text die Demonstrativpronomen. Vergleich in PA, dann im Plenum (Markieren der Ergebnisse auf Folie).

11 Ergänzen Sie die Minidialoge.

Grammatik: Demonstrativpronomen

- PA: T ergänzen die Demonstrativpronomen.
- Vergleich im Plenum.

Lösung: 1. Die 2. Den 3. das 4. der

AB: S. 227
8 Demonstrativpronomen ergänzen

12 Vergleiche

- L verweist auf die erste Illustration des Sketches auf S. 136: *Was ist das Problem? Was ist die Lösung?*, und schreibt die Antworten an die Tafel:

  Der Rock ist zu eng. → ***Er muss weiter sein.***
- PA: T versuchen, die Gegenüberstellung mithilfe des Textes zu ergänzen. (Im Text stehen die Antonyme nicht immer in direktem Zusammenhang, sodass die T ein wenig kombinieren müssen.)
- Vergleich in PA, dann im Plenum durch Sammeln der Ergebnisse an der Tafel.

Lösung: zu kurz → länger – zu teuer → billiger – zu klein → größer – zu weit → enger – zu lang → kürzer

- Gemeinsam versuchen, eine vereinfachte Regel zur Bildung des Komparativs zu formulieren:

  Adjektiv + er ***a, o, u → ä, ö, ü***

  oder gemeinsam die Regel auf S. 141 besprechen.

13 Vergleiche: *genauso schön wie / schöner als ...*

Grammatik

- L hat mehrere Gegenstände mitgebracht, von denen sich einige in einer Hinsicht gleichen. Die Gegenstände werden gut sichtbar für alle aufgestellt. Gemeinsam mehrere Vergleiche ziehen und diese an der Tafel festhalten, z. B.:

  ■ = ■

  Der Bleistift ist genauso lang wie der Buntstift.

  ■ ≠ ■

  Der Marker ist länger als der Bleistift.
- Gemeinsam die Beispiele im Kasten besprechen, bei den unregelmäßigen Komparationen noch „gut" → „besser" ergänzen.
- Den ersten Übungssatz als Beispiel gemeinsam formulieren.
- EA: T konstruieren die restlichen sieben Sätze.
- Vergleich in PA, dann im Plenum.

Lösung: 1. Das Hemd ist genauso teuer wie der Pullover. 2. Die Schuhe sind billiger als die Stiefel. 3. Das Hemd ist genauso schön wie die Krawatte. 4. Das T-Shirt ist genauso weit wie die Bluse. 5. Die Hose kostet mehr als der Rock. 6. Der Bikini kostet genauso viel wie der Badeanzug. 7. Peter trägt genauso gern Jeans wie einen Anzug. 8. Karin trägt genauso gern Hosen wie Röcke.

ZM:
– mehrere verschiedene Gegenstände (z. B. Schreibutensilien) zum Ziehen von Vergleichen

AB: S. 228
9 Antonyme zuordnen
S. 228/229
10–12 Übungen zur Komparation
Schwierige Wörter
13 Hören und sprechen
14 Individuelle Auswahl

14 Projekt: Wo kann man in Ihrer Region günstig Kleidung kaufen?

Schon in Kapitel 3 wurden verschiedene Möglichkeiten aufgezeigt, wie und wo man in Deutschland preiswert einkaufen kann. Flohmärkte, Inserate, Secondhandläden sind jedoch noch nicht alles und in jeder Stadt, jeder Region gibt es unterschiedliche weitere Angebote.

Sicherlich haben Ihre Kursteilnehmer/-innen ein starkes Interesse daran, diese Möglichkeiten an ihrem Kursort kennen zu lernen. Auf der anderen Seite können vielleicht T, die schon länger am Kursort leben, wertvolle Tipps geben, wo sie gut und preiswert Kleidung kaufen. Veranstaltungskalender (Flohmarkttermine), die gelben Seiten (unter den Stichworten „An- u. Verkauf" und „Secondhandshops"), Tageszeitungen, Schnäppchenführer, das Internet etc. können in einem Projekt nach kursortnahen Gelegenheiten für preiswerten Einkauf durchforstet werden.

- L fragt die T, wo sie ihre Kleidung kaufen und was für sie „günstig" im Zusammenhang mit Kleidung bedeutet.
- T überlegen zunächst in Gruppen, wie man an Informationen über günstige Einkaufsquellen herankommen könnte: z. B. Freunde, Nachbarn nach Tipps fragen, Interviews

auf der Straße durchführen, in Geschäfte gehen und Preise vergleichen, Inseratszeitungen, Tageszeitungen durchforsten, das Internet befragen, in Bibliotheken Schnäppchenführer durchsehen etc.

- Ergebnisse an der Tafel sammeln.
- Neue Gruppen bilden (möglichst nach Interesse und Möglichkeiten der T), die jeweils eine Informationsquelle übernehmen. T überlegen in der Gruppe, wie diese weiter vorgeht, d. h., wer welche Aufgaben übernimmt, welche Materialien die Gruppe braucht, wo man Hilfen bekommen kann; bei Interviews: Fragen formulieren und klären, wer fragt, wer die Antworten notiert usw.
- Im Plenum gibt jede Gruppe einen Zwischenbericht über ihre Planung, evtl. haben die anderen Gruppen noch ergänzende Ideen/Vorschläge. Gemeinsam den Zeitpunkt und den Zeitrahmen für die Durchführung festlegen (in oder außerhalb der Unterrichtszeit, bis wann die Ergebnisse vorliegen sollen etc.).
- Wenn Ergebnisse vorliegen, setzen sich die Gruppen wieder zusammen und stellen im Plenum ihre Resultate vor.
- Eine Wandzeitung mit den Ergebnissen aller Gruppen ist dann eine beliebte Informationsquelle, die im Kursraum oder an einer gut besuchten Stelle der Schule aufgehängt wird und so für alle zugänglich ist.

Deutsch verstehen — Seite 138

15 Selektives Lesen – In welchen Anzeigen finden Sie das?

ZM:
- mehrere Anzeigenteile von Tageszeitungen oder Inseratszeitungen
- Papier
- Scheren
- Klebstoff

- T lesen die Überschrift. Ggf. (wenn nicht schon im Projekt besprochen) unbekanntes Vokabular klären und sammeln, welche Möglichkeiten für Secondhand-Käufe (Inserate, Läden, Flohmärkte etc.) es gibt.
- Gemeinsam klären, um welche Textsorten es sich hier handelt: (Inserate/Anzeigen, Werbezettel) und wo sie zu finden sind (Tageszeitung, Inseratszeitungen, Wurfsendungen).
- Gemeinsam die erste Aussage lesen und die infrage kommenden Anzeigen suchen. L macht noch einmal deutlich, dass zur Lösung der Aufgabe nicht jedes Wort der Texte verstanden werden muss.
- EA: T bearbeiten die Aufgaben 2–5, Vergleich in PA, dann im Plenum.

Lösung:
1. Anzeige 2, 4; 2. Anzeige 10; 3. Anzeige 9; 4. Anzeige 7 (10); 5. Anzeige 8 (10)
1. Anzeige 2, 4, 6; 2. Anzeige 1; 3. Anzeige 2, 3; 4. Anzeige 9 (1); 5. Anzeige 10

Erweiterung:
Wenn keine Möglichkeit für das Projekt (Aufgabe 14, S. 137), kann im Anschluss an diese Aufgabe ein Mini-Projekt durchgeführt werden:

- Jede/-r T überlegt sich ein Kleidungsstück, das er/sie gerne aus zweiter Hand kaufen würde, und schreibt es auf einen Wunschzettel. Es werden Kleingruppen (drei bis vier) gebildet, an die L je einen Anzeigenteil einer Tageszeitung oder ein Inseratsblatt (auch ältere Exemplare) verteilt. Gemeinsam suchen die Gruppenmitglieder entsprechende Anzeigen heraus. Die Anzeigen werden ausgeschnitten und zusammen mit den Wunschzetteln auf ein Blatt Papier geklebt; die Blätter werden dann im Plenum verglichen: *Für wen konnten die meisten Anzeigen gefunden werden?*

2.40

16 Hedis Kleiderkiste — Seite 139

a
globales Leseverstehen

- T lesen die Aufgabe. L macht deutlich, dass nur die Antwort auf die Frage gefunden werden soll.
- Hörtext einmal vorspielen, T lesen im Buch mit.
- Besprechung der Lösung: *Wo steht das im Text?*

Lösung: Die Kundin möchte einen Mantel und drei Kleider verkaufen.

b
detailliertes Leseverstehen

- T lesen zunächst die Aussagen. Unbekanntes Vokabular klären.
- EA: T lesen den Text noch einmal und kreuzen bei jeder Aussage an, ob sie im Text steht (r = richtig) oder nicht (f = falsch).
- GA: Vergleich in Kleingruppen, wobei die entsprechenden Textstellen unterstrichen werden.
- Abschlussvergleich im Plenum.

Lösung: Richtig: 1, 4 und 5

Strukturen verstehen
17 Superlativformen

a

Bei dieser Aufgabe soll es auf keinen Fall um eine Differenzierung des attributiv und prädikativ gebrauchten Superlativs gehen, sondern lediglich darum, den T deutlich zu machen, dass „-ste" an einem Adjektiv die letzte Form der Steigerung bedeutet.

- L greift sein/ihr Beispiel aus Aufgabe 13 noch einmal auf, erweitert mit einem dritten Gegenstand um den Superlativ: z. B. drei unterschiedlich lange Stifte.
- T lesen die Steigerungsformen der Aufgabe 17a. Gemeinsam Beispiele im Kursraum dafür finden (z. B.: T zählen ihre Stifte: *Wer hat viel, wer mehr, wer am meisten?*).
- T markieren die Superlativformen in Text 1 auf S. 138 und im Dialog aus Aufgabe 16, S. 139. Vergleich in PA, dann im Plenum.

Lösung:
Anzeigen:
Wo macht das Einkaufen am meisten Spaß?
Wo ist die Auswahl für Damen und Herren am größten?
Und wo ist das am billigsten?
Am besten kommen Sie heute noch vorbei!
Dialog:
Natürlich! Am liebsten Markenkleidung …
Niemand kauft ein Kleid mit Flecken. Am besten gefällt mir der Mantel …
Also, den Mantel kann ich am teuersten verkaufen …

b

- T ergänzen den Merkspruch.
- Vergleich im Plenum.

Lösung: Den Superlativ erkennt man am „-ste(n)" am Ende.

Erweiterung:

- Als Hausaufgabe sollen die T in ihrem Alltag Superlative sammeln, d. h. überall, wo ihnen Sprache begegnet – Fernsehen, Radio, Zeitung, Internet, Plakate, Gespräche in der Straßenbahn, beim Arzt im Wartezimmer, Durchsagen im Supermarkt etc. – Augen und Ohren offen halten, versuchen, Superlative herauszuhören / zu lesen, und sie aufschreiben.

Diktat

Diktat

Frau Weiß ist Verkäuferin / in der Kinderabteilung in einem Kaufhaus. / Sie mag ihre Arbeit, / aber manchmal ist es auch schwierig. / Denn oft wollen die Kinder / keine Kleidung anprobieren. / Dann suchen die Mütter / die Sachen für ihre Kinder aus: / Hemden, Hosen, Jacken, / Pullover, Mäntel, Kleider. / Aber den Kindern gefällt das nicht immer / und manchmal sind die Sachen / dann auch zu klein oder zu groß. / Dann kommen die Frauen / mit ihren Kindern wieder / und tauschen die Kleidung um.

Raststätte 4

1 Wiederholungsspiel – Drei in einer Reihe   Seite 142

Wiederholung von Lexik, Syntax, Landeskunde und Grammatik

Bei diesem Wiederholungsspiel versuchen die T, durch Beantworten von Fragen bzw. Lösen von Aufgaben Spielfelder zu besetzen, die sie dann mit einem Spielstein markieren. Wer zuerst drei Spielsteine nebeneinander in einer Reihe hat (senkrecht, waagerecht oder diagonal), hat gewonnen. Gesetzt wird immer abwechselnd. Können die Fragen/Aufgaben nicht richtig beantwortet/gelöst werden, bleibt das Feld frei und die andere Partei ist dran. Die Felder müssen also nicht nur nach Gefallen oder Nichtgefallen der Aufgaben ausgewählt werden, sondern auch nach strategischen Gesichtspunkten. Denn es gilt auch, den/die Mitspieler/-in daran zu hindern, drei Spielsteine in eine Reihe zu legen. „Drei in einer Reihe" ist in englischsprachigen Ländern auch als „tick-tack-toe" bekannt.

ZM:
– je T/Team ca. 15 Spielsteine (Münzen, getrocknete Hülsenfrüchte, Knöpfe o. Ä.)

- Im Plenum die Spielregeln durchgehen. Ggf. erklärt L diese an der Tafel.
- T spielen das Spiel entweder zu zweit oder zu viert, wobei dann zwei Spieler/-innen jeweils ein Team bilden und sich beraten können.
- Die Mitspieler entscheiden, ob die jeweilige Antwort richtig ist. Bei Unstimmigkeiten sollte im Buch nachgeschlagen werden (aber erst dann!), bevor L helfend eingreift.
- Sobald ein/-e Spieler/-in drei Felder in einer Reihe belegt hat, ist das Spiel zu Ende und er/sie hat gewonnen.
- Spieldauer: Da die Dauer einzelner Spiele sehr unterschiedlich sein kann, sollte vorher eine Gesamtspieldauer festgelegt werden (15–20 Min.), innerhalb derer jedes Paar / jede Gruppe ein oder mehrere Spiele durchführen kann.

Lösung: (in Klammern die betreffenden Seitenzahlen im Lehrbuch)
Spalte 1:
1. (z. B.) Wir hätten gern die Speisekarte. (62) 2. Herr von Nachseitzu und Frau Ausbeimit bleiben mit dem Dativ fit. (85) 3. kurz, lang, kurz 4. (z. B.) Nein, ich habe Rückenschmerzen. (104) 5. (s. S. 120)
Spalte 2:
1. (z. B.) Ich habe Frühstück gemacht, bin zum Deutschkurs gegangen, habe Hausaufgaben gemacht etc. 2. (z. B.) Leipziger Allerlei, Wiener Schnitzel, Zürcher Geschnetzeltes, Berliner (60/61) 3. (z. B.) Informatiker/-in, Elektriker/-in, Verkäufer/-in, Sekretär/-in, Fahrer/-in (86–94) 4. (z. B.) Ich möchte mit Kindern arbeiten. (91) 5. Entschuldigung, wie komme ich zum Bahnhof? (84)
Spalte 3:
1. Säfte, Füße, Büros, Busse (s. Wortliste) 2. gehört, gelesen, eingekauft (s. Wortliste) 3. Gleitzeit (88) 4. (z. B.) der Tisch, das Regal, das Bett, der Schrank, der Sessel (116, 118) 5. Das ist falsch: Im Restaurant gibt man bis zu 10 % Trinkgeld, an der Imbissbude nichts. (68)
Spalte 4:
1. Zimmer, Küche, Bad; Nebenkosten; Quadratmeter (112) 2. Ich brauche eine Krankmeldung und ein Rezept. (99, 104) 3. (z. B.) der Bahnhof, die Straße, die Straßenbahn, das Rathaus, die Kreuzung (76–85) 4. (z. B.) Wo muss die Wohnung sein? Wie viele Zimmer brauche ich? Wie viel darf die Wohnung kosten? Brauche ich einen Balkon? (112) 5. (z. B.) Wir haben zwei Augen, zwei Ohren, zwei Hände, zwei Arme, zwei Beine, zwei Füße. (96)
Spalte 5:
1. die Versichertenkarte (oder Äquivalent, z. B. Krankenschein) (96) 2. Die Rechnung, bitte. / Zahlen, bitte. (68) 3. (z. B.) Entschuldigung, wann fährt der Bus zum Rathausplatz? (76–84) 4. spät, billig/günstig, langweilig/uninteressant 5. Ich muss jeden Tag 8 Stunden arbeiten. (95)
Spalte 6:
1. Berlin (77) 2. (z. B.) Wie viel verdient man als Sekretärin? 3. (z. B.) Wie hoch ist die Miete? Wann kann ich die Wohnung ansehen? Wo kann man das Auto parken? (120) 4. Doch, ich lerne Deutsch. (64, 69) 5. (z. B.) die Erkältung, die Grippe, der Schnupfen, der Husten (97, 104)

Erweiterung:

- In lernstarken Gruppen kann man die Aufgaben für das Spiel auch gemeinsam entwickeln. Gespielt wird dann mit einem nummerierten Feld. Die Aufgaben werden auf Zettel geschrieben, die auf der Rückseite nummeriert werden:

1	2	3
4	5	6
7	8	9
10	11	12
13	14	15

usw.

In lernschwachen Gruppen sollten die Fragen/Aufgaben vor dem eigentlichen Spiel bearbeitet und ein Lösungsplan erstellt werden. Beim eigentlichen Spiel wird dann der Wiederholungseffekt wirksam, das Spiel aber trotzdem nicht langweilig, weil das Taktikelement so vom sprachlichen Können unabhängig ist.

2 Wörter in Gruppen lernen — Seite 144

Lernstrategien kennen lernen und umsetzen

Den T sollen hier Möglichkeiten vorgestellt werden, Wortschatz zu systematisieren, neuen und bekannten Wortschatz miteinander zu verknüpfen und zu Lernendes in andere, größere Zusammenhänge zu setzen, um es dadurch besser zu behalten.
Diese Aufgabe bietet verschiedene Vorgehensweisen im Unterricht:

1. Die T machen nacheinander die Aufgaben a bis c.
2. Die T erhalten je ein bis zwei der Aufgaben, wobei sehr gut nach den Möglichkeiten der T differenziert werden kann: a ist am komplexesten, c am wenigsten komplex.
3. Die T suchen sich die Aufgaben, die sie bearbeiten möchten, selbst heraus oder überlegen sich andere Möglichkeiten, den Wortschatz zu gruppieren.

a

- Ggf. gemeinsam anhand des Beispiels „Arbeit" auf S. 107 wiederholen, was „Wortfeld" heißt und wie es in Form von Wortnetzen dargestellt werden kann.
- Im Plenum mögliche Wortfelder, die das aufgeführte Wortmaterial beinhalten, sammeln: z. B. „Beim Arzt", „Arbeit", „Wohnungssuche", „Unterricht".
- PA: T wählen zwei bis drei Wortfelder aus, suchen zu jedem passende Begriffe aus dem Wortmaterial heraus, stellen dieses zu einem Wortnetz zusammen und ergänzen es ggf. durch weitere ihnen bekannte Wörter.
- Jedes Paar stellt eines seiner Wortnetze im Plenum vor, das dann ggf. von den anderen T noch ergänzt wird.

ZM:
- großformatiges Papier
- Filzstifte

b

- EA: Die T schreiben innerhalb von drei Minuten alle Nomen aus der Liste heraus, die sie mit Artikel und Pluralform benennen können.
- PA: Zwei T tauschen ihre Listen miteinander und kontrollieren die Liste des/der anderen mithilfe der Wortliste oder eines Wörterbuches. Dann stellen sie aus ihren Ergebnissen eine gemeinsame Liste zusammen.
- GA: Je zwei Paare stellen wiederum ihre Listen zu einer gemeinsamen Gruppenliste zusammen. *Wie viele Nomen sind jetzt noch übrig?*
- Vergleich im Plenum.

c

- EA: T markieren alle Verben in der Liste.
- Vergleich in PA.
- EA: T schreiben ohne Hilfe zehn der Verben mit Partizip II heraus.
- PA: Vergleich und Korrektur mithilfe der Wortliste / eines Wörterbuchs.
- GA: Je zwei Paare stellen ihre Listen zu einer Gruppenliste zusammen, wobei hier die Partizipien noch einmal gruppiert werden können: regelmäßig, unregelmäßig, mit Hilfsverb „sein" etc. (vgl. Übersichten auf S. 121 und 131).
- Vergleich der Listen im Plenum.

3 Wie gut kennen Sie „Berliner Platz 1"? Seite 145

Spielerischer Rückblick auf *Berliner Platz 1*

Bei diesem Spiel ist das Nachschlagen im Buch nicht nur erlaubt, sondern sogar gewollt. Es geht darum, möglichst schnell die gefragte Information zu beschaffen. Dabei handelt es sich nicht um allgemein landeskundliche oder sprachliche Fragen, sondern um ***Berliner Platz***-spezifische Inhalte.

- 31 kleine Zettel werden durchnummeriert, gefaltet und in eine Dose oder Ähnliches gesteckt.
- Zwei Gruppen: Gruppe A zieht einen Zettel und liest die dazugehörige Frage laut vor.
- Gruppe B hat nun 30 Sekunden Zeit, die Antwort herauszufinden: Wer weiß, in welchem Kapitel die Antwort zu finden ist, schreit es heraus, alle Gruppenmitglieder schlagen im Buch nach. Ist die Antwort gefunden, wird die Zeit gestoppt. Jede Sekunde, die die Gruppe unter 30 Sekunden bleibt, wird als Punkt gewertet, für die richtige Antwort gibt es fünf Punkte. Löst die Gruppe die Aufgabe nicht innerhalb der 30 Sekunden oder ist die Antwort falsch, gibt es keine Punkte.
- Danach Wechsel: Gruppe B zieht einen Zettel und liest die Frage vor, Gruppe A sucht die Antwort usw.
- Die letzte Frage liest L vor: Beide Gruppen suchen nun die Lösung. Die Gruppe, die die Antwort zuerst gefunden hat, bekommt die entsprechenden Punkte angerechnet.
- Die Punkte werden an der Tafel festgehalten und zusammengezählt. Das Siegerteam sollte einen kleinen Preis erhalten (Gummibärchen o. Ä.).

ZM:
- 31 nummerierte Zettel
- Stoppuhr oder Uhr mit Sekundenzeiger

Variante 1:

- Die Gruppen spielen gegeneinander: L zieht alle Zettel und liest die Fragen laut vor. Die Gruppe, die die jeweilige Antwort zuerst gefunden hat, ruft sie in den Raum. Ist die Antwort richtig, bekommt sie fünf Punkte, ist sie falsch, hat das andere Team noch die Chance, einmal zu antworten, und erhält dann nur drei Punkte.

Variante 2:

- Wie Variante 1, nur erhalten beide Gruppen die Fragen auf einmal und haben insgesamt fünfzehn Minuten Zeit, sie zu beantworten. Die Lösungen werden von einem zuvor benannten Gruppenmitglied aufgeschrieben (an der Tafel / auf einer Folie). Nach Ablauf der fünfzehn Minuten werden die Antworten ausgewertet. Die Gruppe mit den meisten richtigen Antworten hat gewonnen.

Lösung (in Klammern Seitenzahlen im LB):
1. Er hat den Arm gebrochen (123/124). 2. Milse und Sieker (78). 3. Beata ist ein Aupairmädchen aus Polen (19). 4. Müller (73). 5. Eine Waschmaschine (28). 6. Das ist Hosni (6, 122, 124). 7. Das ist eine Maus. 8. Ein Pfund Tomaten kostet 1 € (53). 9. Heitz (97). 10. Tom Winter, Carmen Sans, Helgi Org, Pavel Jordan, Birsen Althun ... (7). 11. Goldener Adler (62). 12. Nein, Helgi Org kommt aus Estland (9). 13. Sie arbeitet bei der Altendorf-Stiftung (127). 14. Nein, er sucht einen Anzug (135). 15. Nein, Sabine Schütz ist Informatikerin (88). 16. Hosni isst ein halbes Hähnchen mit Salat (65). 17. Um sechs Uhr (41). 18. Sie liest Zeitung (40). 19. Von 20 bis 22 Uhr (45). 20. Er trägt einen Anzug mit Krawatte, einen Mantel und einen Schutzhelm (und Stiefel) (132). 21. Man braucht 400 g Zucchini (56). 22. Sie verdient etwa 1900 Euro netto (88). 23. Nein, Swetlana war Straßenbahnfahrerin (127). 24. Eine Pizza „Vier Jahreszeiten" (62). 25. Auf Platz 10 (73). 26. Um 7.30 Uhr (76). 27. Es hat die Hausnummer 133–145 (77). 28. Am *Alsterpavillon* auf dem *Jungfernstieg* (82). 29. Er glaubt, dass ein Fehler in seiner Gehaltsabrechnung ist (87). 30. Sie möchte ein Mittel gegen Rückenschmerzen (98). 31. Ja, er fährt Mountainbike (103).

Erweiterung:

- Auch hier können lernstarke Gruppen selbst Fragen entwickeln, die dann untereinander ausgetauscht werden.

2.41

4 Drei Worte – Ein Lied hören und genießen Seite 146

- L zeigt die Bilder ohne den Text über OHP, erklärt, dass sie ein Lied illustrieren, und fragt die T nach dem möglichen Thema/Inhalt des Liedes. Vermutungen der T stichwortartig an der Tafel sammeln.
- Ohne Buch: das Lied (mehrmals) bis zum Ende der vorletzten Strophe hören: *Was ist das Problem? Warum ist der Mann krank? Wie heißen die drei Worte?*
- Lied noch einmal hören, T lesen im Buch mit. *Warum sind die drei Worte so schwer?*

ZM:
- Kopie der Liedillustrationen auf Folie

Variante:

- PA: Die Paare erhalten eine in die Einzelbilder zerschnittene Papierkopie der Illustrationen.
- Das Lied mehrmals hören. T legen/sortieren die Bilder während des Hörens in einer für sie sinnvollen Reihenfolge.
- Weiter wie oben.

5 Machen Sie die Aufgaben 1 bis 12 und kontrollieren Sie im Kurs. Seite 147

Selbstevaluation

- Gemeinsam die Aufgaben besprechen.
- EA: T bearbeiten die Aufgaben 1 bis 12 für sich allein.
- Vergleich der Lösungen in PA.
- Im Plenum die Lösungen vergleichen/sammeln (es gibt mehrere Möglichkeiten bzw. die Lösungen sind individuell).
- T machen daraufhin für sich allein eine Beurteilung ihrer eigenen Leistung. L hilft bei Fragen und in Zweifelsfällen.

Lösungsbeispiele:
1. Das ist ... Er kommt aus ... und ist ... Jahre alt. 2. ○ Was kostet der Fernseher? ● 250 €. ○ Das ist zu teuer. 3. ○ Wann ist die Apotheke geöffnet? ● Von 9 bis 18 Uhr. 4. ● 100 Gramm Gouda, bitte. ● Am Stück, bitte. 5. ○ Was möchten Sie gern? ● Ich hätte gern eine Currywurst. ● Dann nehme ich Pommes frites mit Ketchup. 6. ○ Entschuldigung, wie komme ich zur Volkshochschule? 7. Was machst du beruflich? Von wann bis wann arbeitest du? Wie viel verdient man als ...? 8. ● Ich habe Schmerzen im Rücken. 9. Ist die Wohnung noch frei? Wie hoch sind die Nebenkosten? Hat die Wohnung einen Balkon? 10. Ich bin zur Arbeit gegangen. Nachmittags habe ich eingekauft. Und am Abend bin ich ins Kino gegangen. 11. Ich bin 19... in ... geboren. Von 19... bis 19... bin ich in ... zur Schule gegangen. Nach der Schule habe ich eine Ausbildung in ... gemacht. 12. ● Ich suche eine Hose.

- Im Plenum Fehler besprechen und Fehlerquellen ausmachen: *Wo ist das Problem? Wo finde ich das? Was muss ich wiederholen?*

Aufgabe 1 → Kapitel 1, S. 11, 14	Aufgabe 7 → Kapitel 8, S. 94
Aufgabe 2 → Kapitel 3, S. 34	Aufgabe 8 → Kapitel 9, S. 104
Aufgabe 3 → Kapitel 6, S. 77	Aufgabe 9 → Kapitel 10, S. 120
Aufgabe 4 → Kapitel 5, S. 58	Aufgabe 10 → Kapitel 11, S. 125, 130
Aufgabe 5 → Kapitel 6, S. 64/65	Aufgabe 11 → Kapitel 11, S. 127, 130
Aufgabe 6 → Kapitel 7, S. 78	Aufgabe 12 → Kapitel 12, S. 135, 140

- Ggf. spricht L noch einmal mit T, die ein nicht zufrieden stellendes Ergebnis hatten.

C Anhang

Kopiervorlagen

Kopiervorlage 1a „Weltkarte“

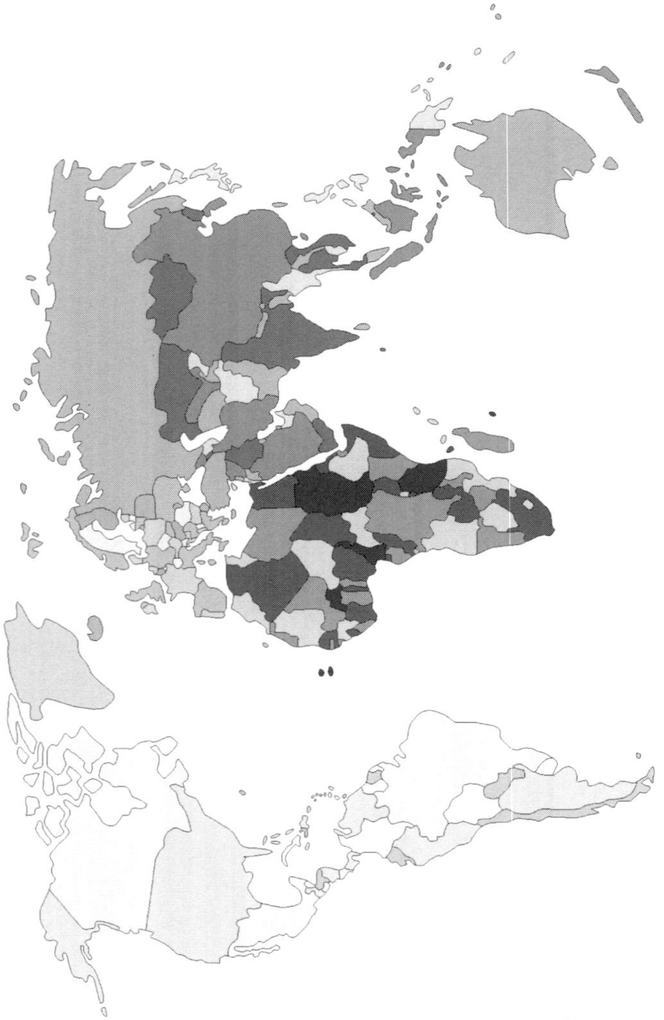

Wenn Sie diese Karte auf eine Folie kopieren und sie dann per OHP auf ein großformatiges Blatt (DIN A2 oder A1 – die Rückseiten von alten Plakaten eignen sich hierfür besonders gut) projizieren, können Sie leicht die Umrisse der Karte abzeichnen und erhalten somit eine Weltkarte, in die die T die Grenzen ihrer Heimatländer und ihre Heimatstädte selbst einzeichnen können.

Kopiervorlage 1b „Steckbriefe“

Name ______________________

Heimatland ______________________

Heimatstadt ______________________

Sprache(n) ______________________

Porträt

Name ______________________

Heimatland ______________________

Heimatstadt ______________________

Sprache(n) ______________________

Porträt

Name ______________________

Heimatland ______________________

Heimatstadt ______________________

Sprache(n) ______________________

Porträt

© Langenscheidt-Verlag 2003. Vervielfältigung zu Unterrichtszwecken gestattet. Aus: ***Berliner Platz 1***, Lehrerhandreichungen

„Alphabet-Poster“

A	B e	C e	
D e	E	e F	G e
H a	I	J ott	K a
e L	e M	e N	O
P e	Q u	e R	e S
T e	U	V au	W e
i X	Y psilon	Z et	

„Alphabet-Rhythmus“

A Be Ce De E eF Ge Ha I Jott Ka eL eM eN O Pe Qu eR eS Te U Vau We iX Ypsilon Zet

A Be Ce De E eF Ge Ha I Jott Ka eL eM eN O Pe Qu eR eS Te U Vau We iX Ypsilon Zet

A Be Ce De E eF Ge Ha I Jott Ka eL eM eN O Pe Qu eR eS Te U Vau We iX Ypsilon Zet

A Be Ce De E eF Ge Ha I Jott Ka eL eM eN O Pe Qu eR eS Te U Vau We iX Ypsilon Zet

A Be Ce De E eF Ge Ha I Jott Ka eL eM eN O Pe Qu eR eS Te U Vau We iX Ypsilon Zet

Karte A	Karte A	Karte A
• Hallo, … Wie geht's? • Es geht.	• Möchtest du Kaffee?	• Was trinkst du?
Karte A	Karte A	Karte A
• Kommst du aus Algerien?	• Entschuldigung, sind Sie Frau/Herr Schuhmann?	• Guten Tag, Frau/Herr … Wie geht es Ihnen? • Sehr gut. Danke.
Karte B	Karte B	Karte B
• Danke gut. Und dir?	• Nein, lieber Tee.	• Orangensaft.
Karte B	Karte B	Karte B
• Nein, ich komme aus …	• Nein, ich heiße …	• Nicht so gut. Und Ihnen?

Die Dialogkarten ausschneiden und auf farbigen Karton kleben, unterschiedliche Farben für A- und B-Karten. Bei mehr als zwölf T entsprechend Karten ergänzen. Die Besitzer der A-Karten sollen so lange B-Karten-Besitzer befragen, bis sie den richtigen Partner gefunden haben. Die B-Karten-Besitzer antworten nur dann, wenn ihre Antwort zu der ihnen gestellten Frage passt, ansonsten reagieren sie mit Kopfschütteln oder Schulterzucken.

• Pavel

• Hallo, Pedro, ist hier frei?↗
○ …
• Das sind Beata und Maria.↘
○ …
■ …
○ …
■ …
○ …
■ …
○ …
◆ …
○ …
■ …
◆ …

○ Pedro

• …
○ Ja klar.↘
• …
○ Hallo! Seid ihr im Deutschkurs A?↗
■ …
○ Und was macht ihr in Deutschland?↗
■ …
○ Sabine Wohlfahrt, die Lehrerin?↗
■ …
○ Toll, dann sprichst du ja bald perfekt Deutsch.↘ Woher kommt ihr?↘
◆ …
○ Ich bin Argentinier.↘ Trinkt ihr Kaffee, Tee oder …?↗
■ …
◆ …

■ Beata

• …
○ …
• …
○ …
■ Nein, ich bin in Kurs B.↘
○ …
■ Wir sind Aupairmädchen.↘ Maria arbeitet in Hamburg.↘ Ich wohne hier bei Frau Wohlfahrt.↗
○ …
■ Ja, sie lebt alleine und hat zwei Kinder.↘ Ich spreche zu Hause nur Deutsch.↘
○ …
◆ …
○ …
■ Ich trinke lieber Mineralwasser.↘ Was möchtest du, Maria?↗
◆ …

◆ Maria

• …
○ …
• …
○ …
■ …
○ …
■ …
○ …
■ …
○ …
◆ Aus Polen.↘ Wir kommen aus Warschau.↘ Und du?↗
○ …
■ …
◆ Kaffee mit Milch und Zucker, bitte.↘

Trinkst

du Tee? Heißen

Sie Meier? Kommt

er aus Argentinien? Sprechen

Beata und Maria Polnisch? Ich

trinke lieber Kaffee. Nehmen

Sie Milch und Zucker? Wohnst

du in Basel? Wir

kommen aus Warschau. Sie

heißt Carmen Sans. Du

lernst Deutsch. Trinken

wir Orangensaft?

Kontrollblatt

1	2	3	4	5	6	7	8	9	10
11	12	13	14	15	16	17	18	19	20
21	22	23	24	25	26	27	28	29	30
31	32	33	34	35	36	37	38	39	40
41	42	43	44	45	46	47	48	49	50
51	52	53	54	55	56	57	58	59	60
61	62	63	64	65	66	67	68	69	70
71	72	73	74	75	76	77	78	79	80
81	82	83	84	85	86	87	88	89	90
91	92	93	94	95	96	97	98	99	100

Bingo-Blatt

Bingo-Blatt

Kopiervorlage 3a

„Flohmarkt“

Kopiervorlage 3b

„Gegenstände“

(a) der Staubsauger (b) die Waschmaschine (c) der Wasserkocher (d) der Kühlschrank

(e) das Bügeleisen (f) das Fahrrad (g) das Auto (h) der Schrank

- ☐ 65 € fünfundsechzig
- ☐ 717 € siebenhundertsiebzehn
- ☐ 55 € fünfundfünfzig
- ☐ 139 € einhundertneununddreißig
- ☐ 2312 € zweitausenddreihundertundzwölf
- ☐ 289 € zweihundertneunundachtzig
- ☐ 421 € vierhunderteinundzwanzig
- ☐ 511 € fünfhundertelf

„Der“, „das“ oder „die“? Das Wörterbuch hilft.

Im Wörterbuch steht der Artikel so:

Tisch *der*; *-(e)s, -e*; **1** ein Möbelstück aus e-r waagrechten Platte u. *mst* vier Stützen (Beinen), auf das man Dinge legt, …

Bild *das*; *-(e)s, -er*, 1 das, was man *mst* mit Farben u. *bes* auf künstlerische Weise auf e-e Fläche (*bes* auf Papier) malt od. zeichnet …

Vase [v-] *die*; -, *-n*; ein Gefäß (*bes* aus Glas od. Porzellan), in das man Wasser füllt u. Blumen stellt: *e-e V. mit Tulpen …*

oder so:

Tisch […] *m* (-(e)s, -e) …

Bild […] *n* (-(e)s, -er) …

Vase […] *f* (-, -n)

oder so:

-r **Tisch** *[-es/-e]* table: **am ~ sitzen** sit at the table; **den ~ decken** lay the table; **den ~ abräumen** clear the table …

-s **Bild** *[-es/-er]* imagen *f*, cuadri *m*; foto *f*, -r **~bericht** reportaje gráfico

-e **Vase** *[-/-n]* vase *m*, **~nmalerei** *f* peinture de vases

der → m = Maskulinum → -r

das → n = Neutrum → -s

die → f = Femininum → -e

Suchen Sie die Wörter im Wörterbuch und finden Sie den Artikel:

Dialog Melodie Akzent Tabelle Satz Projekt Kurs Rhythmus Foto Position Name
Nomen Sprache Kaffee Tee Milch Zucker Frage Zahl Handy

der (m/-r)	das (n/-s)	die (f/-e)
Dialog	*Projekt*	*Melodie*

© Langenscheidt-Verlag 2003. Vervielfältigung zu Unterrichtszwecken gestattet. Aus: ***Berliner Platz 1***, Lehrerhandreichungen

Kopiervorlage 4a

„Pappuhr"

Kopiervorlage 4b

„Folienuhr"

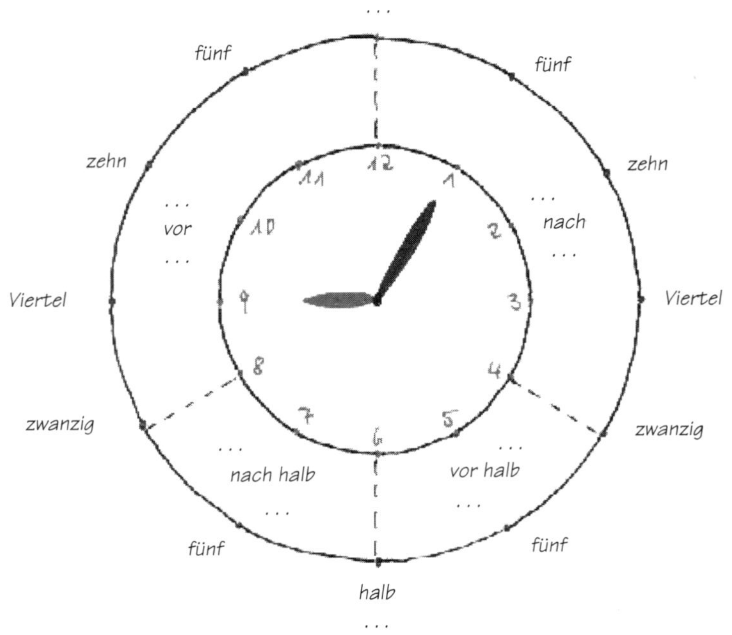

© Langenscheidt-Verlag 2003. Vervielfältigung zu Unterrichtszwecken gestattet. Aus: ***Berliner Platz 1***, Lehrerhandreichungen

Kopiervorlage 4c

„Uhrzeit-Spiel“

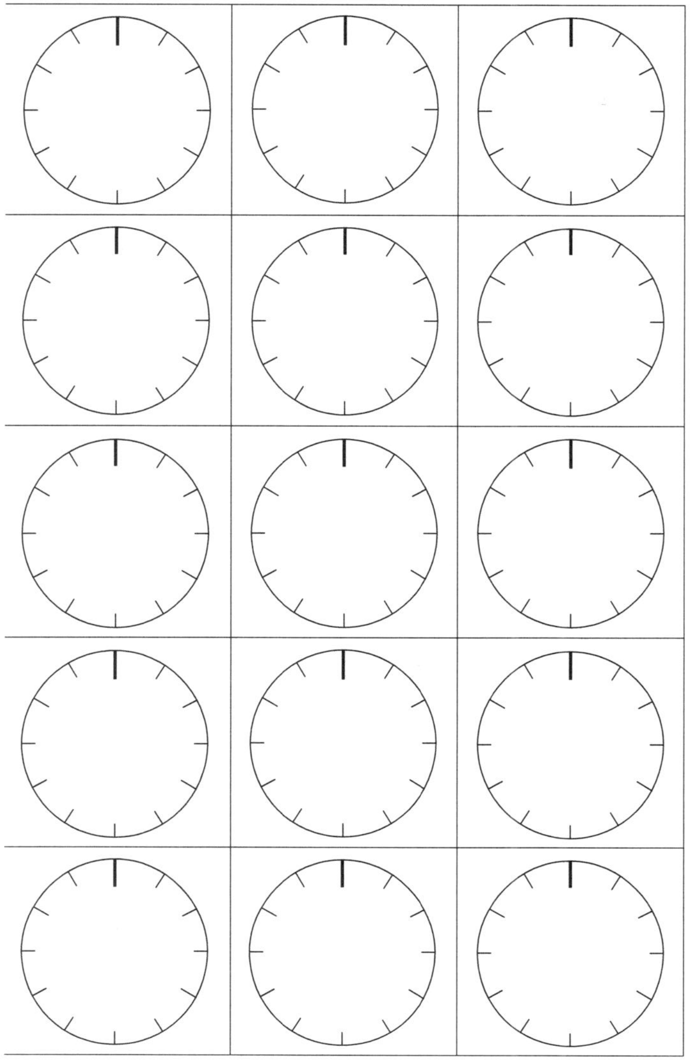

Kopiervorlage 4d

„Uhrzeiten – drei Varianten“

man schreibt:	man sagt:		
10.15 Uhr	Viertel nach zehn	oder	viertel elf
10.30 Uhr	halb elf		
10.45 Uhr	Viertel vor elf		drei viertel elf

Was sagt man?

05.15 Uhr	....	....
05.30 Uhr	....	
05.45 Uhr	....	....
09.15 Uhr	....	....
09.30 Uhr	....	
09.45 Uhr	....	....
13.15 Uhr	....	....
13.30 Uhr	....	
13.45 Uhr	....	....
17.15 Uhr	....	....
17.30 Uhr	....	
17.45 Uhr	....	....
21.15 Uhr	....	....
21.30 Uhr	....	
21.45 Uhr	....	....
01.15 Uhr	....	....
01.30 Uhr	....	
01.45 Uhr	....	....

Kopiervorlage 4e

„Satzklammer“

Ich	stehe	jeden Morgen um sechs Uhr	auf.
	Kaufen	Sie morgens	ein?

Kopiervorlage 4f

„Mein Tag“

Uhrzeit	Notizen	Mein Tag
	aufstehen, Zähne putzen,	Ich stehe um .... Uhr auf. Ich putze die Zähne,

Kopiervorlage 4g

„Verabredungen“

Montag	Dienstag	Mittwoch

Donnerstag	Freitag	Samstag	Sonntag

Kopiervorlage 5a

„Pluraltypen“

(")-e	-(e)n	(")-er
		Gläser

-s	(")-

Plural: (")-e, -(e)n, (")-er, -s, (")-?
Das Wörterbuch hilft.

Im Wörterbuch steht die Pluralendung hier:

Tisch […] *m* (-(e)s, -e) … **Bild** […] *n* (-(e)s, -er) … **Vase** […] *f* (-, -n) …

Suchen Sie die Wörter im Wörterbuch und finden Sie die Pluralform:

Mann, Stunde, Fernseher, Land, Schwimmbad, ~~Auto~~, Zeitung, Telefon, ~~Film~~, Schere, Supermarkt, Schrank, ~~Fahrrad~~, Wecker, Wörterbuch, Park, ~~Füller~~, Radio, Schule, Brötchen, Büro, ~~Lampe~~

(")-e	-(e)n	(")-er
Film	*Lampe*	*Fahrrad*

-s	(")-
Autos	*Füller*

Arbeitsgruppe ___

☐ die Bäckerei ☐ die Metzgerei/Fleischerei ☐ das Lebensmittelgeschäft ☐ der Getränkeladen

☐ ________ ☐ ________ ☐ ________ ☐ ________

Geschäft/Name	Geschäft/Name
________	________
Adresse	Adresse
Straße ________	Straße ________
Postleitzahl/Ort ________	Postleitzahl/Ort ________
Telefon ________	Telefon ________

	Ist offen von bis			Ist offen von bis	
Mo	___ ___	Uhr	Mo	___ ___	Uhr
Di	___ ___	Uhr	Di	___ ___	Uhr
Mi	___ ___	Uhr	Mi	___ ___	Uhr
Do	___ ___	Uhr	Do	___ ___	Uhr
Fr	___ ___	Uhr	Fr	___ ___	Uhr
Sa	___ ___	Uhr	Sa	___ ___	Uhr
So	___ ___	Uhr	So	___ ___	Uhr

Hier kauft man gut/billig: ________ ________

Hier kauft man gut/billig: ________ ________

Familie Schuhmann

Mutter Renate Schuhmann

- isst gerne Gemüsegerichte.
- mag aber keine Tomaten und Pilze.
- trinkt gerne ein Glas Weißwein.
- fährt das Auto.
- möchte für die Kinder nur gesunde Gerichte.

Vater Wolfgang Schuhmann

- isst gerne Fleischgerichte.
- mag aber nicht so gerne Schweinefleisch.
- mag keine Nudeln.
- trinkt gerne Bier, aber nicht vom Fass.

Tochter Julia Schuhmann

- ist sieben Jahre alt.
- mag am liebsten Pommes frites mit Ketchup und Currywurst.
- mag kein Gemüse.
- trinkt gerne Apfelsaft.

Sohn Dennis Schuhmann

- ist neun Jahre alt.
- liebt Pizza.
- mag keine Salami.
- trinkt am liebsten Cola.

Wo ist was in ***Berliner Platz 1***?

A

Suchen Sie die fehlenden Antworten im Lehr- und Arbeitsbuch. Ihr Partner / Ihre Partnerin kontrolliert die Antworten.

Frage	Antwort	Hier finden Sie die Antwort:
Wie heißt der Plural von ***Computer***?		
Sie machen Aufgabe 14, S. 31. Wo gibt es noch mehr Übungen dazu und wie viele?	Es gibt zwei weitere Übungen im Arbeitsbuchteil auf S. 165.	Das Symbol „► S. 165“ heißt: Auf S. 165 gibt es noch mehr Übungen zum Thema.
Sie machen im Arbeitsbuchteil in Kapitel 5 die Übung 8 auf S. 177. Wie und wo kontrollieren Sie die Lösungen?		
Wie heißt der Artikel von ***Post***?	die Post	In der Wortliste, S. 257
Wie heißen die Wochentage?		
Was bedeutet dieses Symbol? 	Hier gibt es eine Projektidee.	S. 2
Es ist ***9.15 Uhr***. Wie sagen Sie das?		
Wo ist der Akzent in ***Alphabet***? Ist er lang oder kurz?	Alphab_e_t. Der Akzent ist auf dem ***e***, er ist lang.	In der Wortliste, S. 251

Wo ist was in ***Berliner Platz 1***?

B

Suchen Sie die fehlenden Antworten im Lehr- und Arbeitsbuch. Ihr Partner / Ihre Partnerin kontrolliert die Antworten.

Frage	Antwort	Hier finden Sie die Antwort:
Wie heißt der Plural von ***Computer***?	die Computer	In der Wortliste, Seite 253: Comp_u_ter, der, – (Zuerst steht das Nomen, dann der Artikel, dann der Plural.)
Sie machen Aufgabe 14, S 31. Wo gibt es noch mehr Übungen dazu und wie viele?		
Sie machen im Arbeitsbuchteil in Kapitel 5 die Übung 8 auf S. 177. Wie und wo kontrollieren Sie die Lösungen?	Mit den *Lösungen zum Arbeitsbuchteil*, S. 240–247.	S. 242
Wie heißt der Artikel von ***Post***?		
Wie heißen die Wochentage?	Montag, Dienstag, Mittwoch, Donnerstag, Freitag, Samstag, Sonntag	S. 48, „Im Allt_a_g 3“ S. 262, in der Übersicht „Zahlen, Zeiten, Maße, Gewichte“
Was bedeutet dieses Symbol? 		
Es ist ***9.15 Uhr***. Wie sagen Sie das?	„Es ist Viertel nach neun.“	S. 48, „Auf einen Blick“; im Umschlag
Wo ist der Akzent in ***Alphabet***? Ist er lang oder kurz?		

© Langenscheidt-Verlag 2003. Vervielfältigung zu Unterrichtszwecken gestattet. Aus: ***Berliner Platz 1***, Lehrerhandreichungen

Kopiervorlage 7a

„Bielefeld – Stadtplan“

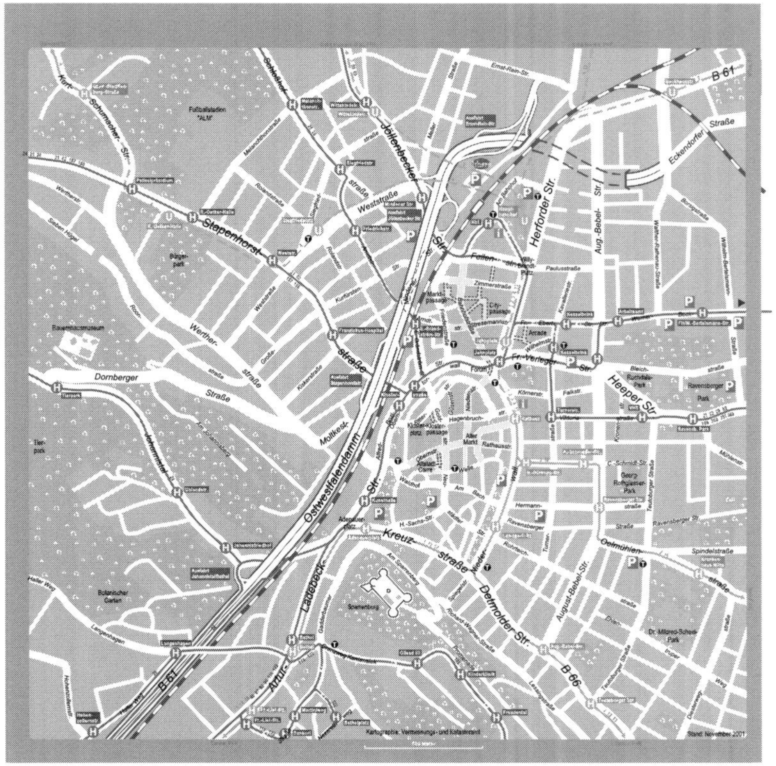

Kopiervorlage 7b

„Wie komme ich zu …?“

Standort: Ziel:	Standort: Ziel:	Standort: Ziel:	Standort: Ziel:
Standort: Ziel:	Standort: Ziel:	Standort: Ziel:	Standort: Ziel:
Standort: Ziel:	Standort: Ziel:	Standort: Ziel:	Standort: Ziel:
Standort: Ziel:	Standort: Ziel:	Standort: Ziel:	Standort: Ziel:

Personalbogen

Persönliche Daten				
1	Name, Vorname (Rufname unterstreichen) ggf. Geburtsname			
2	Straße, Nummer			
3	PLZ, Wohnort			
4	Geburtsort/-land/-datum			
5	Familienstand			
6	Staatsangehörigkeit (auch frühere)			
7	Religionszugehörigkeit			
8	Name des Ehegatten (auch Geburtsname)			
9	Kinder			
	Vorname des 1. Kindes		Geburtsdatum	
	Vorname des 2. Kindes		Geburtsdatum	
10	Erreichbarkeit	Tel. privat: Fax:	Tel. dienstlich: Fax:	
11	aktueller Arbeitgeber (Name, Anschrift, Telefon, Fax)			
12	nächste Angehörige/Partner (Name, Anschrift, Telefon, Fax)			
13	Krankenkasse			
14	Bankverbindung			
	Konto-Inhaber:			
	Kreditinstitut:	BLZ:	Konto-Nr.:	

Ausländeramt

- • Entschuldigung! Ich habe eine Frage: Wann hat … geöffnet?
- ◇ Das weiß ich leider auch nicht, aber fragen Sie mal dort am Schalter.
- ■ Das Ausländeramt hat montags bis freitags von … Uhr bis … Uhr und Donnerstag auch von … bis … geöffnet.

Im Bahnhof

- • Guten Tag.
- • Ich möchte nach Berlin.
- • Was kostet das?
- • Wann fährt der Zug?
- • Auf welchem Gleis?
- ■ Sie nehmen den …
- ■ Der fährt um … Uhr.
- ■ Die Fahrkarte kostet … Euro.

Die Monatskarte

- • Ich brauche eine Monatskarte für die Straßenbahn / den Bus.
- ■ Von wo bis wo fahren Sie?
- ■ Wo wohnen Sie?
- • Ich wohne in der …straße.
- ■ Und wo arbeiten Sie?
- • Ich besuche einen Sprachkurs bei …
- ■ Füllen Sie bitte das Formular hier aus.

In der Kantine

- • Hallo, …
- ◇ Das ist die neue Kollegin …
- ■ Hallo … Willkommen im/bei …
- ■ Woher kommst du?
- ■ Wie lange bist du schon in …?

Im Sprachkurs

- • Wie komme ich zum …?
- • Wo steige ich aus?
- ■ Sie nehmen den Bus / die Straßenbahn …
- ■ Die Linie …
- ■ Sie steigen an der Haltestelle … aus.

Arbeitsgruppe ___

Der / Das / Die

☐ Rathaus ☐ Ausländeramt ☐ Arbeitsamt ☐ Sozialamt

☐ Sparkasse ☐ ☐ ☐

☐ ______ ☐ ______ ☐ ______ ☐ ______

______ (Straße)

______ (Postleitzahl) (Ort)

______ (Telefonnummer)

hat folgende Öffnungszeiten:

Montag	______ – ______	Uhr
Dienstag	______ – ______	Uhr
Mittwoch	______ – ______	Uhr
Donnerstag	______ – ______	Uhr
Freitag	______ – ______	Uhr
Samstag	______ – ______	Uhr
Sonntag	______ – ______	Uhr

Arbeitsgruppe ___

Wie kommt man von .... nach ....?

Man fährt

von ______

bis ______

von ______

bis ______

mit dem/der

☐ Bus ______ ☐ Straßenbahn ______
☐ Zug ______ ☐ U-Bahn ______
☐ ______ ☐ ______
☐ ______ ☐ ______

von ______

bis ______

Wo kaufe ich eine Fahrkarte/Monatskarte? Was kostet eine Fahrkarte? Was kostet eine Monatskarte?

Fahrplan:

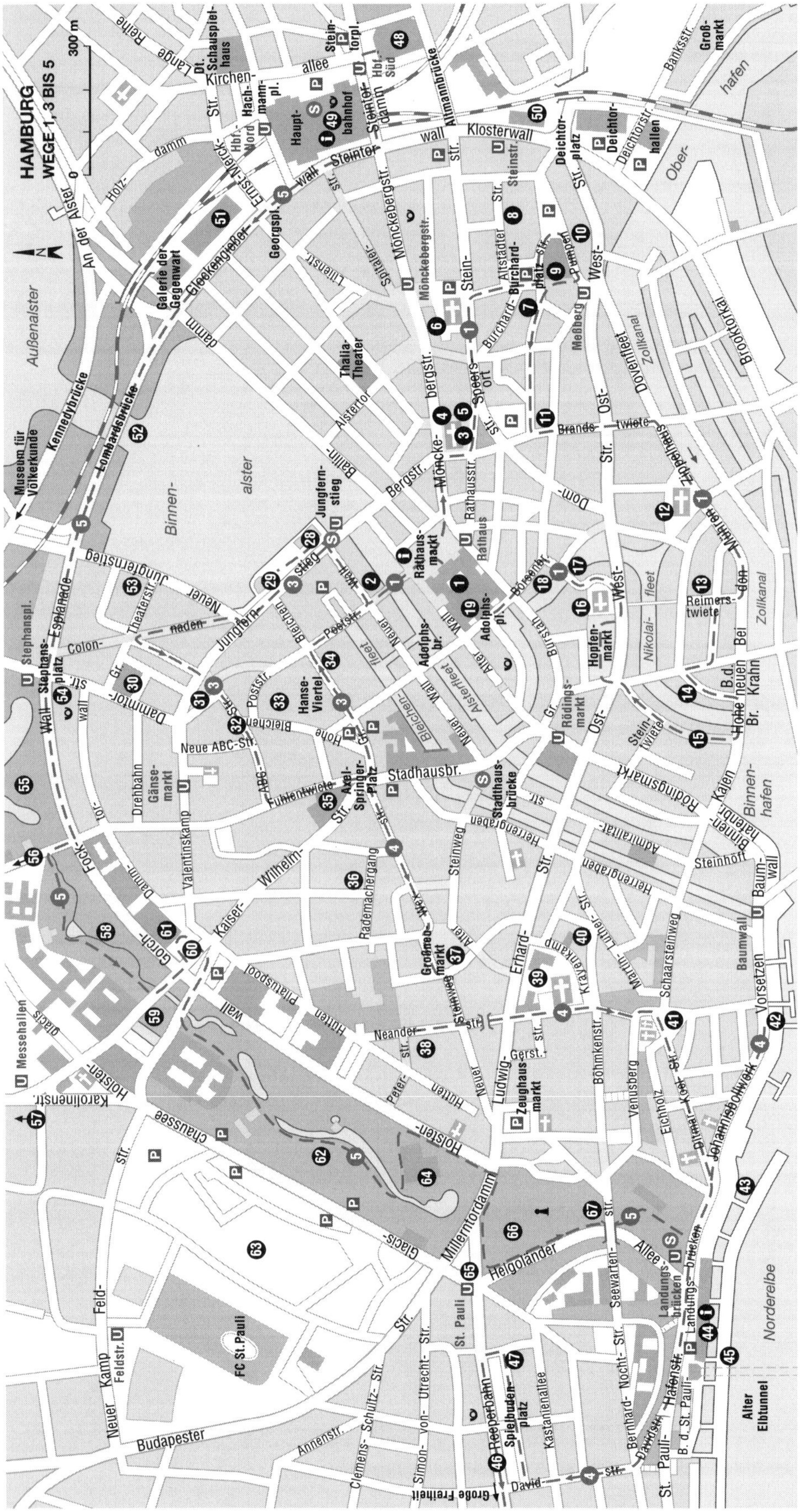
HAMBURG
WEGE 1, 3 BIS 5
0
300 m

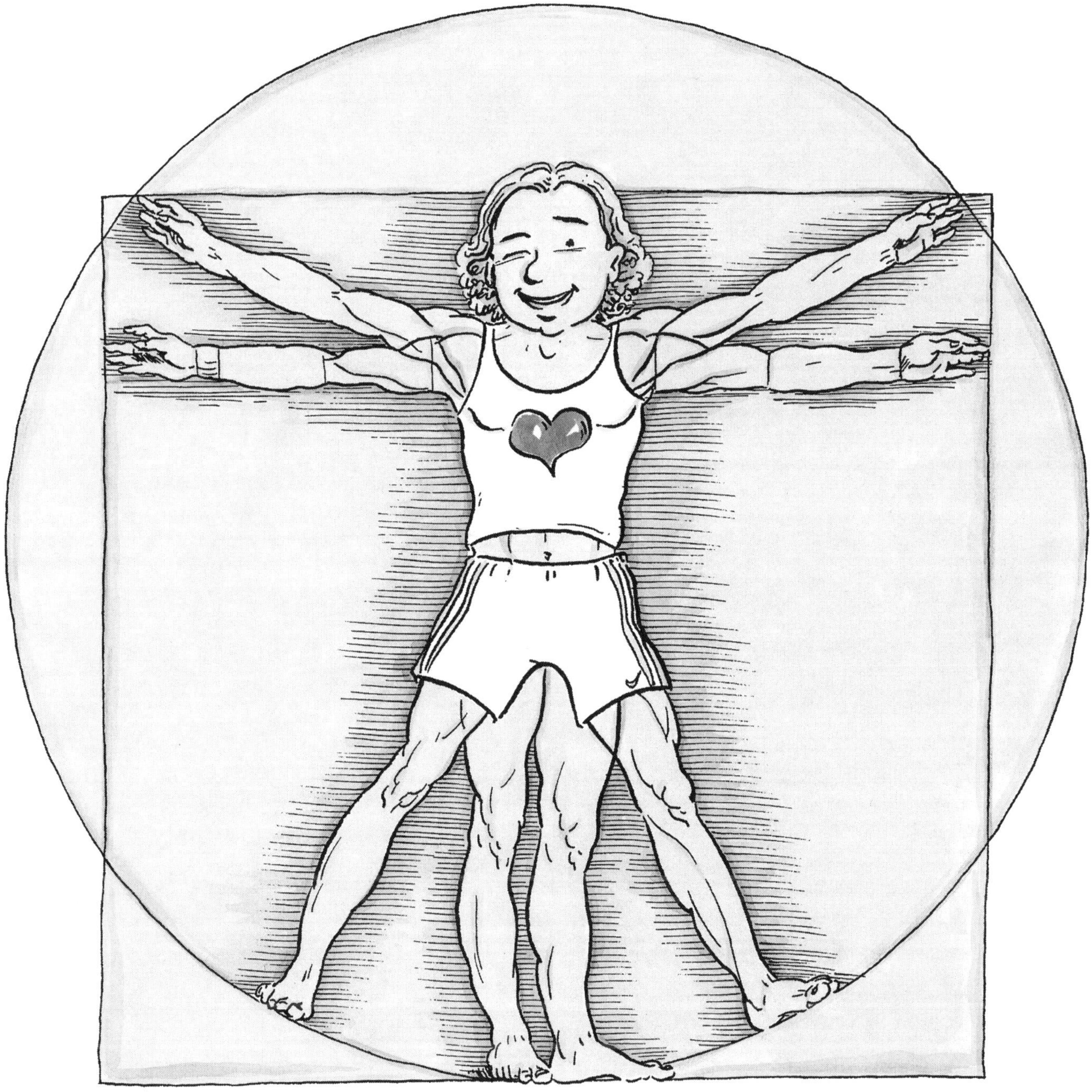

Kopiervorlage 9b „Der Körper II“

der Kopf	die Haare	das Gesicht
das Auge	die Nase	das Ohr
der Mund	der Zahn	der Hals
die Schulter	die Brust	das Herz
der Arm	die Hand	der Finger
der Bauch	der Rücken	das Bein
das Knie	der Fuß	die Zehe

Kopiervorlage 9c „Beschwerdekärtchen“

Fieber	Husten	Schnupfen
Grippe	Kopfschmerzen	Halsschmerzen
Ohrenschmerzen	der Arm tut weh	das Bein schmerzt
Probleme mit dem Fuß	Rückenschmerzen	Probleme mit der Hand
Probleme mit den Augen	Zahnschmerzen	Magenschmerzen

Kopiervorlage 9d

„Possessivartikel“

	Singular			Plural
Nominativ	der	das	die	die
	mein	___	___	___
	dein	___	___	___
	sein	___	___	___
Das ist/sind	sein	___	___	___ Söhne
	ihr Sohn	___ Baby	___ Tochter	___ Babys
	unser	unser	unsere	unsere Töchter
	euer	___	___	___
	ihr	___	___	___
Akkusativ	den	das	die	die
	___	___	___	___
	___	___	___	___
	___	___	___	___
Der Arzt untersucht	___	___	___	___ Söhne
	___ Sohn	___ Baby	___ Tochter	___ Babys
	unseren	unser	unsere	unsere Töchter
	___	___	___	___
	___	___	___	___
Dativ	dem	dem	der	den
	___	___	___	___
	___	___	___	___
Das ist die Geschichte mit	___	___	___	___
	___	___	___	___ Söhnen
	___ Sohn	___ Baby	___ Tochter	___ Babys
	unserem	unserem	unserer	unseren Töchtern
	___	___	___	___
	___	___	___	___

Kopiervorlage 9e

„Projekt ‚Ärzte und Krankenhäuser‘ I“

Arzt/Ärztin für Allgemeinmedizin		Arzt/Ärztin	
Name		Name	
Adresse		Adresse	
Telefonnummer		Telefon- nummer	
Sprechzeiten	Montag Dienstag Mittwoch Donnerstag Freitag	Sprechzeiten	Montag Dienstag Mittwoch Donnerstag Freitag

Arzt/Ärztin		Arzt/Ärztin	
Name		Name	
Adresse		Adresse	
Telefonnummer		Telefon- nummer	
Sprechzeiten	Montag Dienstag Mittwoch Donnerstag Freitag	Sprechzeiten	Montag Dienstag Mittwoch Donnerstag Freitag

Kopiervorlage 9f

„Projekt ‚Ärzte und Krankenhäuser' II"

Apotheke		Apotheke	
Name		Name	
Adresse		Adresse	
Telefonnummer		Telefon-nummer	
Notdienst	Montag Dienstag Mittwoch Donnerstag Freitag	Notdienst	Montag Dienstag Mittwoch Donnerstag Freitag

Apotheke		Apotheke	
Name		Name	
Adresse		Adresse	
Telefonnummer		Telefon-nummer	
Notdienst	Montag Dienstag Mittwoch Donnerstag Freitag	Notdienst	Montag Dienstag Mittwoch Donnerstag Freitag

Kopiervorlage 9g

„Projekt ‚Ärzte und Krankenhäuser' III"

Krankenhaus		Krankenhaus	
Name		Name	
Adresse		Adresse	
Telefonnummer		Telefon-nummer	
Straßenbahn-/Buslinie/Haltestelle		Straßenbahn-/Buslinie/Haltestelle	

Krankenhaus		Krankenhaus	
Name		Name	
Adresse		Adresse	
Telefonnummer		Telefon-nummer	
Straßenbahn-/Buslinie/Haltestelle		Straßenbahn-/Buslinie/Haltestelle	

Notruf				
Notruf Feuer/ Krankenwagen	Notruf Polizei	Ärztlicher Notdienst	Kinderärztlicher Notdienst	

Kopiervorlage 10a „Wohnungssuche“

Anzeige:	Anzeige:	Anzeige:	Anzeige:
....................- ...., 1ZKB, Balkon, 50 m^2, 350 €, .../ 3481930	......................, ...- Straße, 4 ZKB, WC, 100 m^2, € 550 + NK, ... / 6907382	......................, 2 ZK, Dusche, WC, 65m^2, billig, .../ 6394766	.......................- Zentrum, 3 ZKB, Bal- kon, 80 m^2, .../24738
weitere Informationen: nicht an Studenten, ruhig, 10 Minuten zum Bahnhof, 80 € Nebenkosten	weitere Informationen: 60 € Nebenkosten, ideal für Familie mit Kindern, Haus hat Garten, Schule 5 Min.	weitere Informationen: kein Balkon, 4. OG, 250 € + 70 € Nebenkosten, Ofenheizung	weitere Informationen: 480 €, nur für Ehepaar ohne Kinder, ruhig, 10 Minuten zum Bahnhof

Kopiervorlage 10b „Unsere Wohnung“

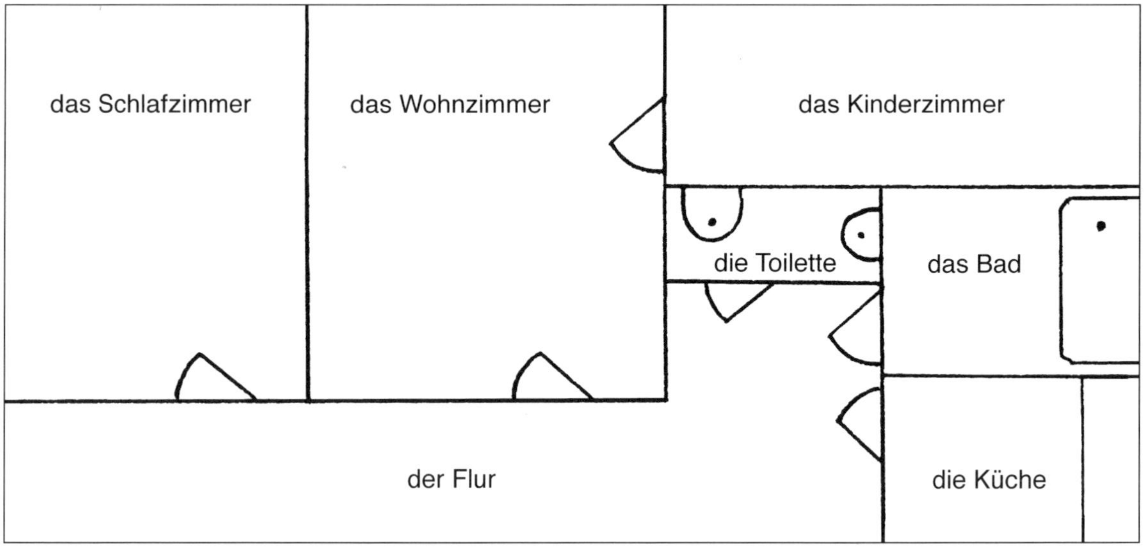

© Langenscheidt-Verlag 2003. Vervielfältigung zu Unterrichtszwecken gestattet. Aus: ***Berliner Platz 1***, Lehrerhandreichungen

Kopiervorlage 11

„Partnerinterview"

		Frage	Antwort meines Partners / meiner Partnerin
Name	Wie?	*Wie heißen Sie / heißt du?*	
Geboren	Wann? Wo?		
Eltern	Beruf/ Arbeit?		
Geschwister	Bruder/Schwester?		
Wohnen	Mit Mutter/Vater/ Onkel/Tante/ Großmutter/ Großvater?		
Schulausbildung	Welche Schule? Von wann bis wann? Wo?		
Berufsausbildung	Welcher Beruf? Von wann bis wann? Wo?		
Ausreise/Umzug	Wann? Wohin? Mit Familie/Allein?		
Sprachkurs/ Lehrgang	Wo? Wie lange? Was?		
Familie	Verheiratet? Kinder?		
Beruf/Arbeitsstelle	Was? Wo?		

Kopiervorlage 12a

„Was trägst du wann?"

	immer	oft	manchmal	selten	nie
bei der Arbeit					
im Winter					
im Sommer					

Kopiervorlage 12b

„Ratespiel ‚Wer ist das?'"

immer	
oft	
manchmal	
selten	
nie	

Kopiervorlage 12c

„Spiel: Hose, Mantel, Hut"

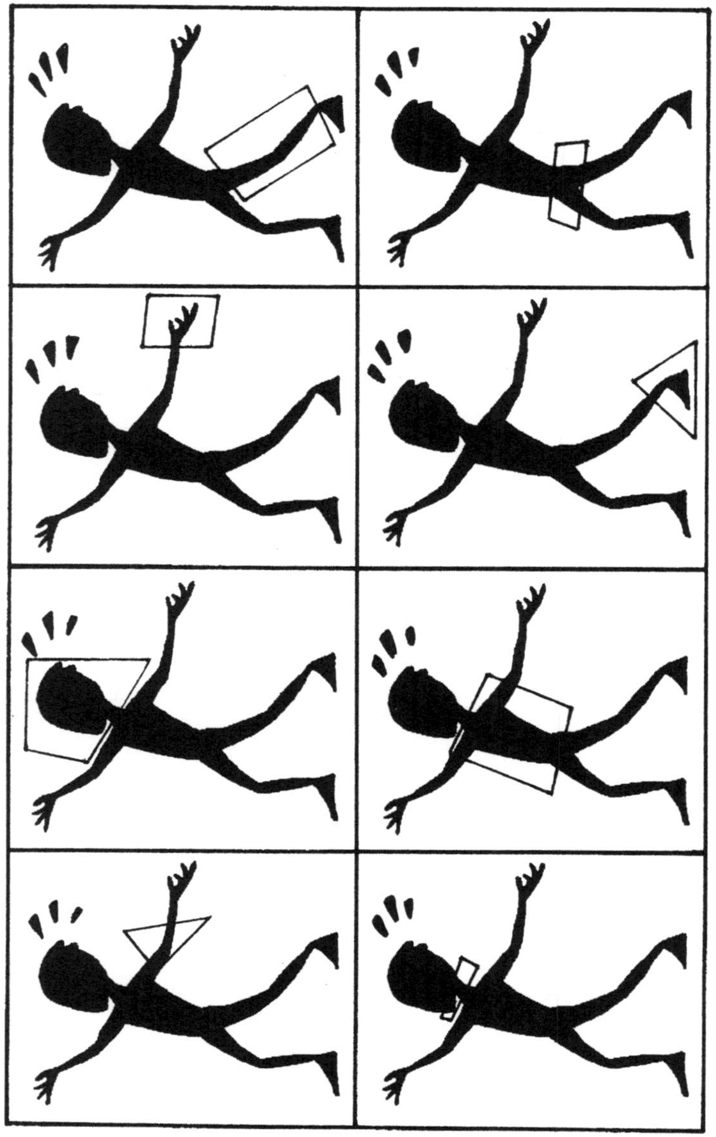

Kopiervorlage 12dA „Orientierung im Kaufhaus“

A

Sie sind Kundin/Kunde im Modehaus „Klein“ und wollen in der Kinderabteilung einkaufen. Sie wollen eine **Jacke**, eine **Hose**, einen **Pullover** und ein **Kleid** für Ihre Tochter kaufen. Wo finden Sie die Kleidungsstücke?
Fragen Sie Ihren Partner / Ihre Partnerin.

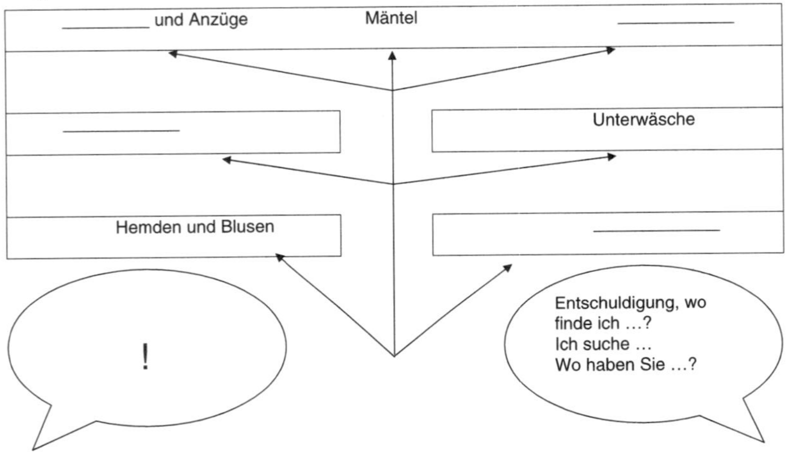

Sie sind Verkäufer/-in im Kaufhaus „Neukauf“ in der Herrenabteilung. Ihr Partner / Ihre Partnerin sucht verschiedene Kleidungsstücke. Geben Sie Auskunft:

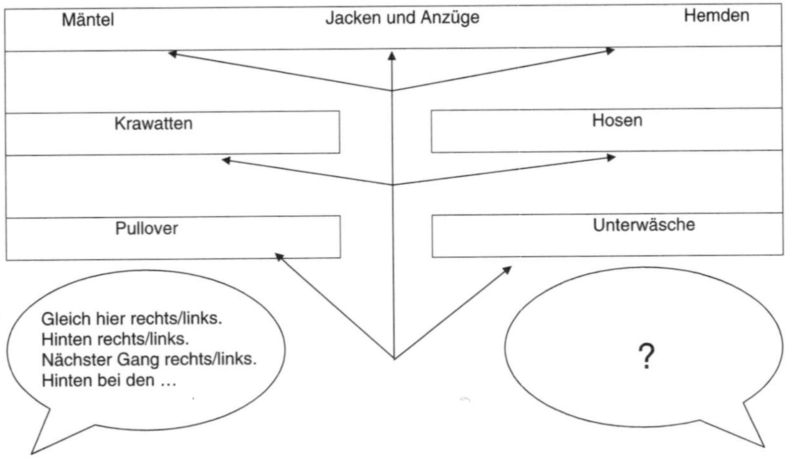

Kopiervorlage 12dB „Orientierung im Kaufhaus“

B

Sie sind Verkäufer/-in im Modehaus „Klein“ in der Kinderabteilung. Ihr Partner / Ihre Partnerin sucht verschiedene Kleidungsstücke. Geben Sie Auskunft:

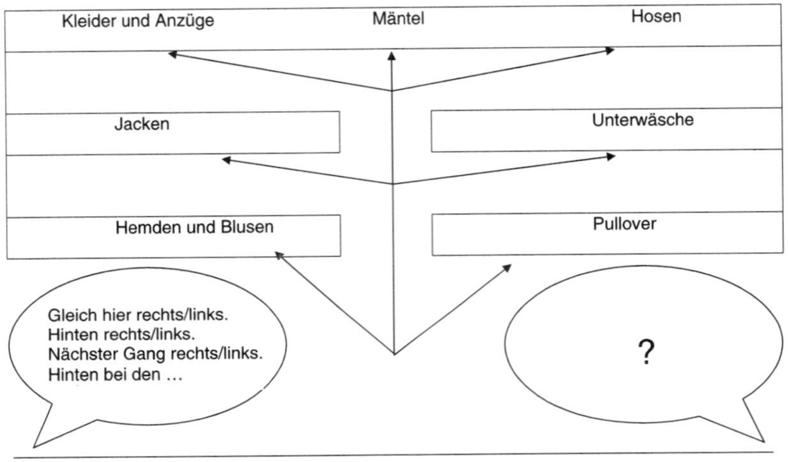

Sie sind Kundin/Kunde im Kaufhaus „Neukauf“ und wollen in der Herrenabteilung einkaufen. Sie wollen einen **Mantel**, einen **Anzug**, ein **Hemd** und eine **Krawatte** kaufen. Wo finden Sie die Kleidungsstücke?
Fragen Sie Ihren Partner / Ihre Partnerin.

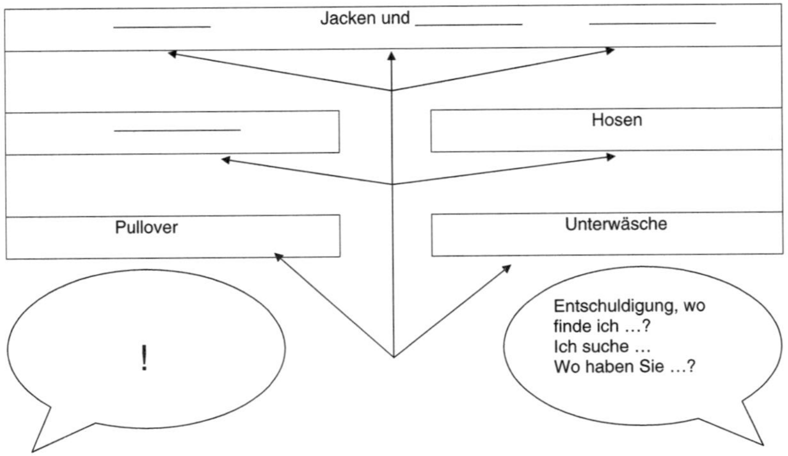

© Langenscheidt-Verlag 2003. Vervielfältigung zu Unterrichtszwecken gestattet. Aus: ***Berliner Platz 1***, Lehrerhandreichungen

Transkripte der Hörtexte

Im Folgenden finden Sie die Hörtexte, die nicht im Lehr- und Arbeitsbuch abgedruckt sind.

Hörtexte im Lehrbuchteil

Index	Text
	Kapitel 1 – Hallo!
1.2	**1 Die Kursliste**

Dialog 1
- ● Hallo, ich bin Tom Winter.
- ○ Und ich bin Carmen Sans.
- ● Wie bitte?
- ○ Sans, Carmen Sans.
- ● Woher kommen Sie?
- ○ Ich komme aus Spanien, aus Valencia. Und Sie?
- ● Ich komme aus Schweden, ich bin aus Malmö.

Dialog 2
- ● Wie heißen Sie?
- ○ Mein Name ist Helgi Org.
- ● Woher kommen Sie?
- ○ Ich komme aus Estland, aus Tallinn.

Dialog 3
- ● Hallo, ich bin Tom. Wie heißt du?
- ○ Pavel, Pavel Jordan.
- ● Woher kommst du?
- ○ Aus Tschechien, aus Pilsen. Und woher kommst du?
- ● Ich komme aus Schweden, ich bin aus Malmö.

1.5 **6/7 Drei Dialoge**

Dialog 1
- ● Hallo.
- ○ Tag, ich bin Helgi.
- ● Und ich heiße Yong-Min.
- ○ Entschuldigung, wie heißt du?
- ● Yong-Min. Ich bin aus Korea, und du?
- ○ Ich bin aus Estland.

Dialog 2
- ● Guten Tag. Mein Name ist Sans.
- ○ Guten Tag, Frau Sans. Ich bin Pavel Jordan.
- ● Woher kommen Sie?
- ○ Aus Pilsen. Und Sie?
- ● Aus Valencia.

Dialog 3
- ● Guten Abend.
- ○ Guten Abend, ich bin Markus Schmeling.
- ● Entschuldigung, wie ist Ihr Name?
- ○ Schmeling, Markus Schmeling.
- ● Und ich bin Frau Jacob, Irene Jacob.

1.6 **10 Eine Weltkarte**

- ○ Hallo, Sabine!
- ● Hallo, Bernd! Das ist der neue Deutschkurs. Es sind zehn Teilnehmer.
- ○ Woher kommen sie?
- ● Aus Schweden, Estland, Tschechien, aus der Slowakei, aus Korea, Spanien, Tunesien, Brasilien, Mexiko und aus der Türkei!
- ○ Wer kommt denn aus Schweden?

Ich spreche etwas Schwedisch.

- ● Tom Winter. Er wohnt in Malmö. Er spricht auch Englisch. Und das ist Helgi Org. Sie kommt aus Tallinn. Das liegt in Estland. Und das ist Birsen Althun. Sie kommt aus der Türkei. Ich glaube, aus Bursa.
- ○ Und wer ist aus Südamerika?
- ● Ja, lass mal sehen, äh, Mônica Nunes ist aus Brasilien. Aus Porto Alegre. Magdalena Marquez kommt aus Puebla in Mexiko. Magdalena spricht übrigens gut Englisch.
- ○ Und wer ist aus der Slowakei?
- ● Michael kommt aus Bratislava. Und die drei kannst du raten: Woher kommt Frau Kim?
- ○ Aus Korea. Wie ist ihr Vorname?
- ● Yong-Min. Und woher ist Carmen Sans?
- ○ Aus Spanien, oder?
- ● Richtig! Und Hosni Bouslimi?
- ○ Algerien?
- ● Fast richtig. Hosni kommt aus Tunesien, aus Tunis.
- ○ Ist Hosni der Vorname?
- ● Ja. Und dann haben wir noch ...

1.7 13 Buchstabieren

- ● Oh, Entschuldigung! Das tut mir Leid. So ein Mist ...
- ○ Äh, ja, das ist blöd. Was machen wir jetzt?
- ● Mein Name ist Huber. Anton Huber. Hier ist meine Karte. Wie heißen Sie?
- ○ Kandogmus.
- ● Wie bitte?
- ○ Kandogmus.
- ● Äh, wie schreibt man das? Buchstabieren Sie bitte.
- ○ K – A – N – D – O – G – M – U – S.
- ● Danke. Und wie ist Ihr Vorname?
- ○ Hülya. H – Ü – L – Y – A.
- ● Danke. Äh, ja, also, ich melde das dann meiner Versicherung und Sie ...

1.9 15 Wie heißt die Person?

- ● Wie heißen Sie?
- ○ Raimondo Pereira.
- ● Entschuldigung, wie ist Ihr Name?
- ○ Raimondo Pereira.
- ● Buchstabieren Sie bitte.
- ○ R – A – I – M – O – N – D – O – P – E – R – E – I – R – A.
- ● Danke schön.

1.10 17 Vorstellungen

(1)
Ja, also ich ... ich heiße Sandra Petri und – äh – ich bin achtzehn Jahre und wohne in Dresden. Dresden – äh – das ist die Hauptstadt von Sachsen. Ich mag Autos. Also Autos find ich ganz toll. Ich lerne Automechanikerin.

(2)
Mein Name ist Martina Klimmt. Ich bin 49 Jahre alt und wohne in Wien, also in Österreich. Ich bin Deutschlehrerin. Ich unterrichte Deutsch als Fremdsprache an einer Sprachenschule. Ich unterrichte gern.

(3)
Ich heiße Urs, Urs Keller. Ich bin Schweizer und wohne in Basel. Ich bin 33 Jahre alt. Meine Frau arbeitet in einem Büro. Wir haben eine Tochter. Sie heißt Julia. Ich bin zurzeit zu Hause. Ich bin Hausmann, wie man sagt. Ich kümmere mich um meine Tochter Julia.

1.11 Kapitel 2 – Wie geht's?
1 In der Cafeteria

Dialog 1
● Guten Tag, Frau Sans. Wie geht es Ihnen?
○ Nicht so gut.
● Oh, das tut mir Leid. Möchten Sie etwas trinken?
○ Vielleicht Mineralwasser.

Dialog 2
● Hallo, wie geht's?
○ Danke, gut. Und dir?
● Es geht.
○ Trinkst du Kaffee?
● Nein, danke.

Dialog 3
● Was trinkst du?
○ Kaffee.
● Nimmst du Milch und Zucker?
○ Nein, danke.
● Was, nicht mal Zucker?
○ Nein, immer schwarz.

Dialog 4
● Kommst du aus Algerien?
○ Nein, ich komme aus Tunesien.
● Aus Tunis?
○ Ja, aus Tunis.

Dialog 5
● Möchtest du Saft?
○ Ja, gerne.

1.14 11 Null (0) bis zwölf (12)

null – eins – zwei – drei – vier – fünf – sechs – sieben – acht – neun – zehn – elf – zwölf

1.15 12 Handynummern

Dialog 1
● Hast du Telefon?
○ Ja, ein Handy.
● Wie ist deine Nummer?
○ Die Vorwahl ist 01 75 und die Telefonnummer 2 56 91 38.
● Also 01 75 / 2 56 91 38.

Dialog 2
● Ich ruf dich heute noch an.
○ O. k. Hast du meine Handynummer?
● Nein.
○ Die Vorwahl ist 01 73 und die Nummer 9 76 85 41.

1.17 15 An der Kasse

Dialog 2
○ Zwei Cola, zwei Kaffee … macht fünf zwanzig.
● Wie viel?
○ Fünf Euro und zwanzig Cent.
● Moment, zwei Cola kosten zwei Euro und fünfzig Cent …

Dialog 3
● Ich bezahle alles: Mineralwasser, ein Kaffee, ein Tee, zwei Espresso.
○ Vier Euro fünfzig.
● Eins, zwei, fünfzig … Mist! Hast du mal zwei Euro?

1.18 17 Zahlen verstehen

Sie hören die Zeitansage:
1. Beim nächsten Ton ist es 8 Uhr 15 Minuten und 45 Sekunden.
2. Beim nächsten Ton ist es 12 Uhr 57 Minuten und 11 Sekunden.
3. Beim nächsten Ton ist es 1 Uhr 33 Minuten und 37 Sekunden.
4. Beim nächsten Ton ist es 6 Uhr 48 Minuten und 9 Sekunden.
5. ● Wie spät ist es?
   ○ Es ist 12 Uhr 31.

1.19 18 Angebote im Supermarkt

(1)
Im Angebot finden Sie heute: junger Gouda, 100 Gramm für nur 99 Cent, 1 Liter Buttermilch von Müller für nur 39 Cent, Fruchtzwerge, die Packung für nur 1 Euro und 49 Cent.

(2)
Genießen Sie den Kaffee von Mövenpick, heute im Angebot für nur 4 Euro und 10 Cent das Pfund.

(3)
Sind Sie Teetrinker? Dann haben wir für Sie das Richtige: Frucht und- Kräutertees, die Packung für nur 2 Euro 29 Cent.

(4)
In der Getränkeabteilung finden Sie heute: Eichbaum Pilsener, der Kasten für 9 Euro 99, Odenwaldquelle Mineralwasser Classic und Medium, der Kasten für 3 Euro 59.

Kapitel 3 – Was kostet das?
1.20 2 Was ist das?

Dialog 1
● Was ist das? Eine Vase?
○ Das ist keine Vase. Das ist vielleicht eine Lampe.
■ Ja, klar! Das ist eine Lampe. Eine Lavalampe.
● Die ist schön.
○ Und praktisch!
● Na ja, ich weiß nicht ...

Dialog 4
○ Schau mal hier, ein Fernseher, ein Videorecorder und hier ein Handy!
● Das ist kein Handy! Das ist ein Rasierapparat.
○ Der Fernseher ist teuer, 160 Euro!

Dialog 5
● Hier ist eine Kaffeemaschine. Und hier ... eine Nähmaschine für nur 65 Euro!
○ Funktioniert die Nähmaschine?
■ Natürlich! Selbstverständlich!

Dialog 6
● Kostet der Computer 230 Euro?
○ Ja, 230 Euro.
● Was? Das ist zu teuer! Ich zahle 150 Euro.
○ 150? Nein, 180!
● O. k., 180!

1.22 6 Was kostet wie viel?

Dialog 1
● Was kostet der Staubsauger?
○ 139 €.
● Wie viel?
○ 139 €. Das ein Top-Gerät!

Dialog 2
● Wie viel kostet die Waschmaschine?
○ Ein Schnäppchen, nur 511 €.
● 511 €. Das geht eigentlich.

Dialog 3

○ Ich suche einen Kühlschrank.
● Wie wär's mit dem hier? 200 Liter. Energiesparer, italienisches Design ...
○ Was kostet er?
● Nur 289 €.
○ Das ist mir zu teuer, haben Sie auch einen günstigeren?

Dialog 4

● Was wollen Sie für das Auto?
○ 2312 €.
● 212 €? Das ist ja super.
○ Nein, nein. 2312 €.
● Ach so. Schade!

1.23 7 Acht Zahlen

a 987 – b 2463 – c 3761 – d 8999 – e 727 – f 567 – g 5491 – h 7655

1.26 17 Zwei Telefongespräche

Dialog 1

○ Noll.
● Guten Tag, mein Name ist Toluk. Ich rufe wegen Ihrer Anzeige an. Haben Sie den Campingbus noch?
○ Ja, der ist noch da.
● Was kostet er?
○ 12.000 Euro.
● 12.000 Euro?
○ Nun, ja, dann 10.500 Euro ...! Der ist fast neu.
● Ich zahle höchstens 8.500!
○ Das ist viel zu wenig! 9.000!
● 8.800?
○ O. k., 8.800 Euro.
● Prima! Ich komme heute Nachmittag und sehe mir das Auto an ...

Dialog 2

● Lainović, ja bitte?
○ Hallo, hier ist Schmitz. Sie suchen eine Waschmaschine?
● Ja! Unsere Waschmaschine ist kaputt. Haben Sie eine?
○ Klar, besonders günstig. Um die 150 €.
● Nein, das ist viel zu teuer!
○ Ja, aber das ist eine Miele-Electronic-Maschine.
● Wie alt?
○ Ach, vielleicht ein halbes Jahr, oder ein Jahr.
● Nein, zu teuer. 100 €.
○ Nein, nein, das geht nicht. 130!
● Ich nehme sie für 120 Euro.
○ Moment, da muss ich erst den Chef fragen ...
● Wie bitte?

Raststätte 1
1.27 5 Ein Diktat

Der Deutschkurs von Frau Wohlfahrt und Herrn Schuhmann hat zehn Teilnehmer und Teilnehmerinnen aus vielen Ländern.
Einige sprechen schon eine Fremdsprache. Tom Winter spricht Englisch und Hosni Bouslimi spricht auch Französisch. Der Kurs hat sechs Stunden Unterricht am Tag.
In der Pause gehen viele in die Cafeteria. Sie trinken einen Kaffee mit Milch und Zucker oder ein Mineralwasser.

Kapitel 4 – Wie spät ist es?
1.29 1 Ein Tag

Radioansage: Es ist 6.00 Uhr. Guten Morgen, meine Damen und Herren, hier ist der Norddeutsche Rundfunk mit Nachrichten.

Von Montag bis Samstag steht Frau Keller um fünf Uhr auf. Sie öffnet die Bäckerei jeden Morgen um sechs.

7.00 Uhr. Der Wecker klingelt. Familie Schmidt steht auf. Frau Schmidt kocht Kaffee, Holger duscht, putzt sich die Zähne und zieht sich an. Herr Schmidt frühstückt schon.

Radioansage: 7.30 Uhr. NDR1 mit Kurznachrichten.

Um halb acht fährt Holger mit dem Rad zur Schule. Er braucht zwölf Minuten und 38 Sekunden von zu Hause bis zur Schule. Die Schule beginnt um Viertel vor acht. Herr Schmidt geht ins Büro. Er fährt mit dem Bus.

9.00 Uhr. Ilona und Frau Schmidt frühstücken noch. Frau Schmidt liest Zeitung und Ilona macht Hausaufgaben. Sie geht heute erst um halb zehn zur Schule.

Klaus: Petra, es ist halb zwölf, aufstehen!

11.30 Uhr. Um halb zwölf weckt Klaus Hansen Petra. Sie bleibt noch 10 Minuten liegen. Dann steht sie auf, trinkt einen Orangensaft und putzt sich die Zähne. Klaus packt die Sportsachen ein. Dann gehen Petra und Klaus in den Park joggen. Danach duscht sie.

12.30 Uhr. Von halb eins bis drei macht Frau Keller die Bäckerei zu: Mittagspause. Sie kocht das Mittagessen. Dann macht sie einen Mittagsschlaf von halb zwei bis halb drei.

15.15 Uhr. Axel Baatz arbeitet bei der Post und kommt immer um Viertel nach drei nach Hause, dann kocht er Kaffee und schaltet den Fernseher ein. Heidi Baatz ist Deutschlehrerin. Sie korrigiert gerade Hausaufgaben. Sie hat heute Abend von 7 bis 10 Uhr Unterricht.

16.45 Uhr. Klaus Hansen arbeitet am Computer. Um Viertel vor fünf macht er Pause und geht einkaufen. Um halb sechs macht er das Abendbrot. Um Viertel vor sechs kommt Petra. Petra und Klaus essen immer zusammen.

18.00 Uhr. Frau Keller macht die Bäckerei zu.

Frau Schmidt: „Gib mir doch mal bitte ..."
Holger: „... Und weißt du, was er dann gemacht hat ..."

Kurz nach sieben sitzt Familie Schmidt beim Abendbrot. Alle erzählen von ihrem Tag.

1.30 3 Uhrzeiten

Dialog 1
- ● Holger, wann kommst du heute nach Hause?
- ○ So zwanzig nach eins. Wir haben heute sechs Stunden Unterricht.
- ● Wie bitte?
- ○ Zwanzig nach eins. Dreizehn Uhr zwanzig!

Dialog 2
- ● Können Sie mir sagen, wie viel Uhr es ist?
- ○ Aber gern, es ist gleich drei.
- ● Entschuldigung, gleich zwei?
- ○ Nein, gleich drei. Es ist fünf Minuten vor drei. 14 Uhr 55.

Dialog 3
- ● Wie viel Uhr ist es?
- ○ Zehn nach drei.
- ● Was, schon zehn nach drei? Die Bäckerei ist noch zu. Wo ist denn Frau Keller?
- ○ Vielleicht schläft sie noch.

Dialog 4
- ● Holger, Abendessen!
- ○ Papa ist doch noch gar nicht da.
- ● Papa kommt heute erst kurz vor acht nach Hause.
- ○ Warum?
- ● Er arbeitet heute bis halb acht.

1.32 12 Verabredungen

Dialog 1
- ● Petra Schönemann.
- ○ Hallo, Petra, Horst.
- ● Wer?
- ○ Horst, Horst Tappert.
- ● Tag, Horst, was gibt's?
- ○ Hast du Zeit?
- ● Wozu?
- ○ Überraschung! Es dauert zwei Stunden. Es ist nur am Freitag. Na, weißt du's?
- ● Nee, nun sag schon!
- ○ Hör mal ...
- ● Hast du echt Karten für das PUR-Konzert.
- ○ Ja, und zwar für dich und für mich.

● Super, danke. Das ist echt super nett von dir.
○ Hast du Lust, vorher mit mir ...

Dialog 2
○ Mensch, Hanne, dich hab ich ja schon lange nicht mehr gesehen. Wie geht's?
● Ach, danke, es geht, und dir?
○ Gut. Ich hab viel Arbeit, aber es geht gut.
● Sag mal, wollen wir nicht mal wieder was zusammen machen? Hast du Zeit?
○ Kommt drauf an, wann.
● Heute Abend kann ich nicht. Ich geh jetzt montags immer ins Fitnessstudio, weißt du.
○ Oha!
● Sag mal, hast du am Mittwoch Zeit? Da ist Disco im Backstage.
○ Nee, Mittwoch kann ich nicht. Aber Donnerstag und Freitag geht bei mir.
● Du, gehen wir ins Kino? Im Cinema Quadrat kommt am Donnerstag „Rossini".
○ Wie lange geht der?
● Keine Ahnung, vielleicht zwei Stunden.
○ Ja, super. Dann können wir hinterher vielleicht noch was zusammen trinken.

Kapitel 5 – Haben wir alles?

1.33 **1 Im Supermarkt**

Dialog 1
● Wer kommt dran?
○ Ich! Haben Sie auch Weißbrot?
● Natürlich. Baguette oder Toastbrot?
■ Mama, ich möchte eine Brezel!
○ Ein Toastbrot und eine Brezel bitte.

Dialog 2
● Sind die Kästen komplett?
○ Ja, zwei Kästen Bier, eine Kiste Cola und hier sind noch vier Milchflaschen.

Dialog 3
○ Was darf's sein?
● 150 Gramm Gouda-Käse, bitte.
○ Am Stück?
● Nein, bitte in Scheiben.

Dialog 4
● Wo finde ich Zucker?
○ Dahinten.

Dialog 5
○ Haben wir alles?
● Moment, ich schau nach ... Nein, auf der Liste steht noch Salz und Zucker.

1.34 **7 Nicos „Tante-Emma-Laden"**

● Guten Tag, Frau Beimer.
○ Guten Tag.
● Sie wünschen?
○ Ich hätte gern ein Kilo Tomaten.
● Spanische oder deutsche?
○ Spanische.
● Sonst noch was?
○ Ja, geben Sie mir bitte eine Packung Butter und sechs Eier.
● So ... Darf's noch etwas sein.
○ Warten Sie ... Tomaten, Butter, Eier, ja, ich brauche noch 200 Gramm Gouda-Käse.
● In Scheiben oder am Stück?
○ Am Stück, bitte.
● Ist das alles?
○ Was kosten denn die Mangos?
● Die sind aus Brasilien, drei Euro das Stück.
○ Oh Gott, nein, das ist mir zu teuer. Das wär's dann.
● Also, die Tomaten 2 Euro, sechs Eier 1 Euro 20, der Käse 1 Euro 80, die Butter 1 Euro 10. Das macht zusammen 6 Euro 10 ... Ja, das sind 10 Euro und hier sind 5 Euro 90 zurück.
○ Wieso?

1.37 13 Was kochen wir?

- ● Wie viele Leute sind wir heute Abend?
- ○ Fünf oder sechs. Klaus kommt vielleicht nicht.
- ● Was kochen wir?
- ○ Ich habe Lust auf ein richtiges Menü mit drei oder vier Gängen.
- ● Gut, ich auch. Dann machen wir vielleicht einen Salat als Vorspeise und dann eine Suppe und ...
- ○ Matthias und Lara essen am liebsten Spaghetti.
- ● Schon wieder Spaghetti? Pizza essen doch auch alle gerne.
- ○ Gut, machen wir eine Pizza als Hauptspeise. Und als Nachtisch?
- ● Ich mache einen Obstsalat, o. k.?
- ○ Prima. Dann haben wir es ja.

1.38 14 Das Menü

- ● Wer macht was?
- ○ Ich mache den Salat und eine Soße mit Olivenöl, Zitrone und Knoblauch.
- ● Ich koche dann die Gemüsesuppe. Haben wir alles?
- ○ Wir haben noch eine Tomate, eine Zwiebel, einen Brokkoli, drei Kartoffeln, eine Paprika, eine Möhre, einen Sellerie und einen Weißkohl.
- ● Prima, das reicht ja. Ich schneide das Gemüse.
- ○ Für die Pizza brauche ich ein Pfund Mehl, ein Ei, ein Päckchen Hefe, etwas Milch und Öl.
- ● Mist! Wir haben keine Milch mehr!
- ○ Macht nichts, dann nehme ich Wasser wie in Italien. Wir brauchen noch eine Dose Tomaten, sechs Scheiben Salami, eine Dose Champignons und 500 Gramm Käse.
- ● Das haben wir. Aber Inge isst kein Fleisch. Mach doch eine Ecke nur mit Gemüse.
- ○ Und du machst den Obstsalat?
- ● Ja, aber wo ist das Obst? Wir haben keine Bananen und keine Orangen und nur einen Apfel und eine Kiwi.
- ○ Dann kaufe ich noch schnell ein paar Äpfel, Orangen und Bananen bei Nico.
- ● Bring noch einen Liter Milch mit.

1.39 18 Omas Tipps

- ● Keller!
- ○ Hallo, Oma, hier ist Felix! Danke für das Rezept. Es kommen acht Leute zum Essen. Was muss ich dann tun?
- ● Du kannst die Zutaten verdoppeln, aber du musst beim Würzen aufpassen!
- ○ Aber Nina mag keine Zucchini ...
- ● Dann kannst du Möhren nehmen.
- ○ Was können wir dazu essen?
- ● Eigentlich alles. Du kannst Fisch oder Fleisch dazu machen. Oder du reibst Käse darüber, dann hast du einen Kartoffel-Zucchini-Käse-Auflauf!
- ○ Prima! Tschüs, Oma! Und danke!

Kapitel 6 – Guten Appetit!
1.40 4 Die Speisekarte

Dialog 1

- ● Was darf ich Ihnen bringen?
- ○ Ich nehme eine Tomatensuppe als Vorspeise und dann ein Wiener Schnitzel.
- ● Was möchten Sie trinken?
- ○ Ein Mineralwasser bitte.
- ● Tomatensuppe, Wiener Schnitzel und ein Wasser.
- ○ Richtig.

Dialog 2

- ● Sie wünschen?
- ○ Ich hätte gern eine Pizza mit Käse und Tomaten.
- ● Möchten Sie eine Vorspeise?
- ○ Bringen Sie mir einen kleinen Salat dazu.
- ● Und zu trinken?
- ○ Ein Bier bitte.
- ● Weizenbier?
- ○ Ja, ein Weizenbier.

Dialog 3

● So, was darf ich Ihnen bringen?
○ Für mich bitte eine Tagessuppe und dann das Rindergulasch.
● Tagessuppe und Rindergulasch.
■ Ich nehme auch die Tagessuppe, aber dann die Lasagne.
● Möchten Sie etwas trinken?
○ Ja, einen Apfelsaft bitte.
■ Und bringen Sie mir eine Weißweinschorle.
● Wie bitte?
■ Eine Weißweinschorle bitte.
● Zweimal Tagessuppe, Rindergulasch, Lasagne, ein Apfelsaft und eine Weißweinschorle.
○ Ja, danke.

1.41 5 Familie Schmidt im Restaurant

● Guten Tag.
○ Wir hätten gern die Speisekarte.
● Einen Moment, ich bringe sie gleich. – So, was darf es für Sie sein?
○ Ich hätte gern ein großes Bier vom Fass.
● Und was möchten Sie essen?
○ Eine Pizza „Vier Jahreszeiten".
■ Und ich hätte gern den italienischen Salat und ein Mineralwasser.
□ Und ich möchte das Wiener Schnitzel mit Pommes frites.
● Wiener Schnitzel haben wir heute leider nicht. Ein Zigeunerschnitzel vielleicht?
□ Nein, das mag ich nicht so. Ich nehme dann lieber das Putenschnitzel und dazu eine Portion Pommes extra.
● Und was möchtest du trinken?
□ Eine Apfelsaftschorle.
● Und der junge Mann? Was möchtest du?
◆ Pommes, ganz viel Pommes mit Ketchup und eine Cola.
■ Nein, nein, du trinkst Mineralwasser oder Apfelsaft.
◆ Ich will aber Cola.
■ Ein Glas Apfelsaft für den Jungen, bitte.
◆ Immer Apfelsaft. Ich will aber keinen Apfelsaft, ich will …

1.44 10 Die Rechnung

■ Wir möchten zahlen.
● Ja, zusammen oder getrennt?
■ Getrennt bitte.
● Ja, also … eine Pizza „Vier Jahreszeiten" und zwei Bier … Das sind 6,90 und 4,40, 11 Euro 30 bitte.
■ Machen Sie 12 Euro.
● Danke, das sind 15 Euro und 2 Euro zurück. Ich bedanke mich! So, und Sie haben: ein italienischer Salat, 3,50, und ein Mineralwasser, 1,40, macht zusammen 5,90.
■ Entschuldigung, ich glaube, da stimmt was nicht.
● Wieso?
■ Ja, also, ich hatte den italienischen Salat …

1.45 11 *Ja* oder *Doch*

● Magst du Wiener Schnitzel?
○ Ja, sehr!
● Und magst du Sauerkraut?
○ Nein, überhaupt nicht! Ich finde Sauerkraut schrecklich.
● Magst du auch keinen Schweinebraten?
○ Doch, aber nicht mit Sauerkraut.

1.47 18 Lieblingsessen

Frage: Was essen Sie gerne zum Frühstück?
Frau Schild: Zum Frühstück esse ich am liebsten Kornbrot mit Marmelade, Käse oder auch Toast ...
Frage: Und was ist ihr Lieblingsessen?
Frau Schild: Mein Lieblingsessen sind Nudelgerichte, am liebsten italienische Nudelgerichte. Z. B. Gemüselasagne.
Frage: Und wann essen Sie am liebsten – morgens, mittags oder abends?
Frau Schild: Bevorzugt esse ich gerne Frühstück, also am Morgen.

Frage: Herr Schild, was essen Sie gerne zum Frühstück?
Herr Schild: Also, zum Frühstück bevorzuge ich Toast, ein fünf Minuten gekochtes Ei und dazu nehme ich noch Schwarzbrot mit holländischem Käse.
Frage: Und was ist ihr Lieblingsessen?
Herr Schild: Mein Lieblingsessen sind Spaghetti mit Pesto, und einen ganz, ganz bunten, grünen und roten und blau-gelben Salat dazu.
Frage: Und wann essen Sie am liebsten – morgens, mittags oder abends?
Herr Schild: Ich esse am liebsten abends und dann bevorzuge ich einen wunderschönen Salat mit Weißbrot und Rotwein dazu.

Frage: Christiane, was isst du am liebsten zum Frühstück?
C. Lemcke: Ich esse morgens immer Müsli.
Frage: Trinkst du Kaffee oder Tee?
C. Lemcke: Immer Kaffee.
Frage: Und was ist dein Lieblingsessen?
C. Lemcke: Eigentlich Quark mit Kartoffeln.
Frage: Und wann isst du am liebsten – morgens, mittags oder abends?
C. Lemcke: Also am liebsten ess ich morgens. Ein ganz reichhaltiges Frühstück ...

Kapitel 7 – Willkommen in Bielefeld
2.1 2 Wo, was, wann?

Dialog 1
● Wie komme ich zum Ishara-Bad?
○ Keine Ahnung. Ich bin nicht von hier.
■ Das Ishara-Bad ist in der Nähe vom Bahnhof.

Dialog 2
● Gibt es am Freitag ein Fußballspiel?
○ Ja, auf der „Alm".
● Auf der „Alm"?
○ So heißt das Stadion von Arminia Bielefeld.
● Wie komme ich da hin?
○ U-Bahn Linie 4.
● Wer spielt?
○ Arminia Bielefeld gegen Bayern München.
● Oh Gott!

Dialog 3
● Wo ist das Einwohnermeldeamt?
○ Im Rathaus. Das ist Niederwall 23. Fahren Sie mit der Straßenbahn bis zur Haltestelle Rathaus. Das sind zwei Stationen von hier.

Dialog 4
● Ich suche das Ausländeramt.
○ Das ist in der Bürgerberatung im Rathaus.
● Wo ist das Rathaus?
○ Niederwall 23.
● Haben Sie zufällig auch die Telefonnummer?
○ Ja, die Zentrale hat die Nummer 510.

Dialog 5

● Welche Straßenbahn fährt zur Post?
○ Möchten Sie zur Hauptpost?
● Ja, zur Hauptpost.
○ Fahren Sie von hier mit der Linie 1 bis zur Haltestelle zum Hauptbahnhof. Die Post ist gleich beim Bahnhof. Fragen Sie dort noch einmal.
● Linie 1 bis Hauptbahnhof?
○ Richtig.

Dialog 6

○ Entschuldigung, ich suche den Reichstag.
● Was suchen Sie?
○ Den Reichstag, das Parlament …
● Den Reichstag? Da sind Sie leider ganz falsch. Das hier ist Bielefeld. Der Reichstag ist in Berlin.
○ Wie komme ich da hin?
● Nehmen Sie den Intercity. In 2½ Stunden sind Sie in Berlin.

Dialog 7

● Wo kann ich eine E-Mail verschicken?
○ Es gibt ein Internetcafé in der August-Bebel-Straße.
● Welche Hausnummer?
○ Ich glaube, 133.
● Nummer 130?
○ Nein, 133.

2.4 11 Frau Lipinska kommt in ihre neue Firma.

Dialog 1

● Guten Tag, mein Name ist Lipinska.
○ Guten Tag, Frau Lipinska. Was kann ich für Sie tun?
● Ja, äh, ich bin neu hier, ich …
○ Ach ja, Frau Lipinska. Gehen Sie bitte zuerst ins Personalbüro. Frau Stern erwartet Sie.
● Entschuldigung, wo finde ich …?
○ Im zweiten Stock rechts, da drüben ist der Aufzug.

Dialog 2

○ Guten Morgen, sind Sie Frau Lipinska?
● Ja, ich …
○ Füllen Sie bitte den Personalbogen aus …
● Ist das so richtig?
○ Ja, aber, Frau Lipinska, Sie brauchen ein Konto. Wir überweisen das Gehalt immer auf ein Girokonto.
● Wo kann ich ein Konto eröffnen?
○ Zum Beispiel bei der Sparkasse.
● Wo ist die Sparkasse?
○ Gleich gegenüber ist eine Filiale.
● Ist sie jetzt geöffnet?
○ Jetzt ist sie geschlossen. Heute Nachmittag ist von 14 bis 16 Uhr auf.
● Gut, dann mache ich das später. Wo ist die Kantine? Ich treffe da eine Kollegin.
○ Die Kantine ist im Keller. Sie kommen aus dem Aufzug und dann sehen Sie sie gleich.

Dialog 3

○ Ah, Maria, da bist du ja. Hier sind Teller und Besteck. Du bestellst da an der Theke und dann gehst du zur Kasse da vorne.
■ 5 Euro 80.
○ Alles o. k.?
● Ja, fast. Aber ich brauche noch ein Girokonto.
○ Hast du schon eine Monatskarte für die Stadtbahn?
● Nein, wo gibt es die?
○ Im Zentrum am Jahnplatz.

Dialog 4

● Ich möchte ein Konto eröffnen.
○ Ein Girokonto?
● Ja, ein Girokonto, bitte.
○ Ich brauche Ihren Namen und die Adresse.
● Mein Name ist Lipinska, Maria Lipinska …
○ Äh, können Sie den Nachnamen bitte buchstabieren.
● Ja, L – I – P – I – N – S – K – A.
○ Und Ihre Adresse …

Dialog 5

● Ich brauche eine Monatskarte für die Straßenbahn.
○ Wie viele Zonen?
● Was ist „Zone"?
● Von wo bis wo fahren Sie?
● Ich wohne zurzeit in der Normannenstraße.
○ Und wo arbeiten Sie?
● Bei „Miele".
○ Das ist in der Stadtmitte. Die Stadtmitte ist eine Zone. Füllen Sie bitte das Formular hier aus.

Kapitel 8 – Ich arbeite bei der Spedition Höhne

2.7 **2 Büroalltag**

Dialog 1

● Herr Kölmel, können Sie mal zu mir ins Büro kommen?
○ Jetzt gleich?
● Nein, jetzt habe ich eine Konferenz. Um halb elf.
○ In Ordnung.

Dialog 2

● Höhne GmbH, guten Tag! Mein Name ist Sabrina Bartusch. Was kann ich für Sie tun?
○ Fritsche, guten Tag, Frau Bartusch! Wir warten jetzt schon seit zwei Stunden auf den Transporter …
● Moment, Herr Fritsche, ich verbinde Sie mit dem Außendienst …

Dialog 3

● Guten Tag, wir sind die Elektriker …
○ Ach, gut, dass Sie kommen. Im Lager funktionieren einige Lampen nicht …

Dialog 4

Frau: Was machst du dieses Jahr im Urlaub, Erhan? Fährst du in die Türkei?
Erhan: Ja, ich will zu meinen Eltern nach Izmir fahren. Aber ich kann erst im August fahren. Ich muss noch zwei Monate arbeiten.

Dialog 5

● Was ist denn los, Theo? Du siehst so deprimiert aus?
○ Ich glaube, ich muss mir einen anderen Job suchen.
● Wieso?
○ Ich muss was mit den Händen machen. Jeden Tag nur Papier und Computer, das halt ich nicht aus.

Dialog 6

● Entschuldigung, ich suche das Personalbüro.
○ Da müssen Sie in den zweiten Stock runtergehen.
● Bin ich hier nicht im zweiten Stock?
○ Nein, Sie sind im dritten.

Dialog 7

● Tag, ich glaube, da ist ein Fehler in der Gehaltsabrechnung.
○ Ein Fehler?
● Ich hab letzten Monat zehn Überstunden gemacht. Die sind nicht dabei.
○ Ich prüfe das, Herr Wetz, und gebe Ihnen morgen Bescheid. O. k.?
● Ja, äh … ja, o. k.

2.9 **14 Zwei Telefongespräche**

Telefongespräch 1

● Schönen guten Tag! Sie wünschen?
○ Sie suchen freundliche Damen und Herr…
● Ah, unsere Anzeige in der Zeitung! Sie haben Glück, wir brauchen noch Mitarbeiter.
○ Was muss ich da machen?
● Ach das ist ganz einfach, Sie müssen nur telefonieren.
○ Ja, aber …

● Wir sind eine Agentur für Direktmarketing. Im Moment machen wir für einen Kunden aus der Versicherungsbranche eine Aktion.
○ Was heißt das?
● Sie bekommen Telefonnummern von potenziellen Kunden und Sie rufen an.
○ Aha, und wie ist das mit der Bezahlung?
● Ja, das hängt von Ihnen ab. Sie erhalten natürlich eine Provision pro Auftrag!
○ Provision? Kein festes Gehalt?
● Provision ist viel besser! Wenn Sie erfolgreich sind, können Sie bei uns sehr gut verdienen.
○ Und ein Arbeitsvertrag?
● Ich bitte Sie! Sie können Ihre Arbeitszeit frei wählen! Sie arbeiten praktisch zu Hause ... Aber wir können einen Provisionsvertrag machen. Und für die Adressen müssen Sie uns natürlich eine Kaution von 500 Euro bezahlen. Die wird dann angerechnet ...
○ Äh, also ich glaube, ich muss das noch einmal überlegen ...

Telefongespräch 2

● Wiener Spezialitätenbäckerei, mein Name ist Kobel, was kann ich für Sie tun?
○ Hallo, ich heiße Brause, Tina Brause, ich rufe an wegen der Anzeige.
● Guten Tag, Frau Brause! Ja, wir suchen eine Reinigungsfrau für unseren neuen Laden.
○ Wie hoch ist der Stundenlohn?
● Wir bezahlen gut. Und es gibt einen Zuschuss für die Fahrtkosten.
○ Was zahlen Sie?
● Zehn Euro die Stunde.
○ Könnte ich auch erst ab 20.30 Uhr arbeiten?
● Klar! Das können Sie selbst einteilen.
○ Ich bin sehr interessiert!
● Sehr schön! Könnten Sie heute Nachmittag ins Büro kommen? Dann reden wir über die Details. Bitte bringen Sie Ihren Ausweis mit ...

Kapitel 9 – Gesund und fit

2.11 1 Der Körper

das Gesicht – der Kopf – die Haare – das Auge – die Nase – das Ohr – der Mund – der Zahn – der Hals – die Schulter – der Arm – die Hand – der Finger – das Herz – die Brust – der Rücken – der Bauch – das Bein – das Knie – der Fuß – die Zehe

2.12 2 Hören Sie zu und zeigen Sie auf die Körperteile.

Bitte stehen Sie auf.
Stehen Sie auf beiden Füßen.
Machen Sie die Augen zu.
Heben Sie den rechten Arm. Die rechte Hand geht zur Nase. Sie berühren die Nase.
Heben Sie den linken Arm. Die linke Hand geht zum rechten Ohr. Sie berühren das rechte Ohr.
Beide Arme gehen wieder nach unten.
Sie machen die Augen auf.
Heben Sie das linke Bein.
Die rechte Hand geht zum linken Knie.
Bleiben Sie bitte so stehen.
Stehen Sie jetzt wieder normal.
Tief einatmen und ausatmen. Entspannen.
Die rechte Hand geht zum Bauch. Sie berühren Ihren Bauch.
Die linke Hand geht zur Schulter.
Bleiben Sie bitte so stehen.
Tief einatmen und ausatmen. Entspannen.
Ihr Oberkörper geht nach vorne und wieder zurück.
Und wiederholen: nach vorne und wieder zurück.
Danke schön, jetzt können Sie mit Aufgabe drei weitermachen.

2.13 3 Ärztehaus

Peter: Guten Morgen, Sabine, was machst du denn hier?

Sabine: Ich habe Bauchweh. Ich muss zum Internisten. Und du?

Peter: Ich geh zum Zahnarzt. Ich hab Zahnschmerzen. Vielleicht habe ich Karies.

Sabine: Zum Zahnarzt muss ich nächste Woche.

Peter: Hast du einen Termin? Der arbeitet nur vormittags und mittwochs gar nicht.

Sabine: Ja, klar, am Montag um acht Uhr. Dann gehe ich auch gleich zum Hals-Nasen-Ohren-Arzt. Ich muss wieder einen Hörtest machen. Schau mal, da kommt ja Katrin. Hallo, Katrin! Katrin auf dem Fahrrad? Was machst du denn hier? Musst du auch zum Arzt?

Katrin: Hallo, ihr beiden. Nein, ich bin topfit. Ich fahre gerade ins Fitnessstudio. Ich fahre immer mit dem Fahrrad. Kommt doch mal mit. Da gibt es auch ein Schwimmbad, eine Sauna und viele nette Leute.

Sabine: Meinst du?

Peter: Na, ich weiß nicht, mit meinem kaputten Rücken ...

2.14 5 Drei Dialoge

Dialog 1: In der Apotheke

● Guten Tag, Frau Tomba. Wie geht es Ihnen?
○ Guten Tag, leider nicht gut. Ich habe solche Rückenschmerzen.
● Seit wann haben Sie das?
○ Seit gestern. Dienstags spiele ich immer Fußball.
● Ja, also ich kann Ihnen Schmerztabletten geben und eine Salbe.
○ Aspirin? Haben Sie nicht etwas Stärkeres?
● Doch, aber da brauchen Sie ein Rezept.
○ Da muss ich ja zum Arzt!
● Sie sollten unbedingt zum Arzt gehen und sich untersuchen lassen.
○ Wo muss ich denn da hin?
● Gehen Sie zuerst mal zu Ihrem Hausarzt.

Dialog 3: Im Sprechzimmer

● Guten Tag, Frau Tomba. Was fehlt Ihnen denn?
○ Hier oben tut es so weh und da auch, bis in mein Bein.
● Hm, wie lange haben Sie das schon?
○ Seit vorgestern. Montags ist unser harter Tag in der Firma. Da muss ich oft schwere Kisten tragen.
● Wir müssen erst mal röntgen. Ich schreibe Ihnen eine Überweisung zum Röntgen und ein Rezept für Schmerztabletten und eine Salbe.
○ Ich brauche eine Krankmeldung für meinen Arbeitgeber.

Dialog 2: In der Anmeldung

● Guten Tag, ich möchte zu Frau Dr. Prunk.
○ Haben Sie einen Termin?
● Nein, aber Schmerzen.
○ Haben Sie Ihre Versichertenkarte dabei.
● Ja, hier.
○ Nehmen Sie bitte im Wartezimmer Platz.

- ● Ich schreibe Sie bis Freitag krank.
- ○ Wie oft muss ich die Tabletten nehmen?
- ● Dreimal am Tag zu den Mahlzeiten.
- ○ Darf ich Sport machen? Unsere Fußballmannschaft hat nämlich …
- ● Nein, das dürfen Sie nicht. Auf keinen Fall! Gehen Sie viel spazieren und …
- ○ Na gut, dann freut sich wenigstens mein Hund …

2.15 7 Modalverb *dürfen*

(1)
- ● Darf ich Sport machen?
- ○ Nein, Sie dürfen eine Woche lang nichts machen.

(2)
- ● Dürfen wir Computer spielen?
- ○ Ja, ihr dürft ein bisschen spielen.

(3)
- ● Herr Doktor, darf mein Mann rauchen?
- ○ Er darf auf keinen Fall rauchen.

2.19 18 Zwei Interviews

Interview 1

Bitte? Eine Fitness-Umfrage? Na ja, von mir aus. Also ich mache eigentlich keine besonderen Sachen für meine Fitness. Acht Stunden Arbeit, das hält fit! Ich bin LKW-Fahrer und muss manchmal auch ein- und ausladen. Ganz schön schwer, das kann ich Ihnen sagen. Da brauch ich kein Fitnessstudio! Und Ernährung ist wichtig. Gut essen. Meine Frau ist auch berufstätig und wir essen bei uns zu Hause immer am Abend. Viel Fleisch! Ich brauch was Kräftiges auf'm Teller! Hm, ja, und am Wochenende geh ich mit meinen beiden Jungs schon mal in'n Park. Fußballspielen. Also, eigentlich leb ich schon gesund. Ham Sie mal Feuer?

Interview 2

Eine Fitness-Umfrage? Ja, gerne! Ich finde, Fitness fängt bei der Ernährung an! Viel Gemüse, viel Obst, viel Fisch, wenig Fleisch, das ist meine Speisekarte. Und ganz wenig Alkohol! Und keine Zigaretten! Rauchen ist wirklich sehr ungesund. Und Bewegung ist wichtig! Viel wichtiger als Sport. Vor allem Leistungssport ist sehr ungesund! Ich fahre viel Rad und gehe oft spazieren, manchmal auch schwimmen. Und einmal in der Woche gehe ich in den Tai-Chi-Kurs. Das ist toll: Körper und Geist in Harmonie.

Raststätte 3
2.20 1 Hören, verstehen und Wege beschreiben

Dialog 1
- ● Ich möchte zum …? Wie komme ich da hin?
- ○ Gehen Sie hier immer geradeaus. Da vorne, am Ende der Straße, sehen Sie Käthes Imbiss. Da gehen Sie links und gleich wieder rechts und dann sehen Sie schon den …
- ● Also hier die Straße entlang bis zum Ende. Dann links, dann rechts.
- ○ Genau.

Dialog 2
- ● Entschuldigung, ich suche die …
- ○ Die …? Hm, also da gehen Sie diese Straße hier bis zum Ende. Äh, ja, und dann rechts. Bis zur Kreuzung. Dann links bis zu Käthes Imbiss. Dort rechts bis zum Ende von der Straße. Die … ist auf der linken Seite.

Dialog 3

● Entschuldigung, wissen Sie, wo das ... ist?

○ Tut mir Leid, das weiß ich leider nicht. Ich bin nicht von hier.

● Entschuldigung, wissen Sie, wo das ... ist?

■ Ja, das ist ganz einfach. Gehen Sie hier rechts an der Volkshochschule vorbei. Nach der Kreuzung sehen Sie einen Imbiss. Sie gehen weiter geradeaus. Nach dem Kaufhaus dann links. Dann sehen Sie die Sporthalle. Und gleich daneben ist es.

Kapitel 10 – Zimmer, Küche, Bad

2.21 2 Ich suche eine Wohnung – Drei Dialoge

Dialog 1

● Noll.

○ Guten Tag, mein Name ist Bäumler. Ich suche eine Wohnung und habe Ihre Anzeige gelesen. Ist sie noch frei?

● Ja.

○ Ist die Wohnung ruhig? Wissen Sie, meine Frau hat ...

● Es ist ein Altbau in der Aachener Straße.

○ Wie hoch sind die Nebenkosten?

● Ungefähr 110 Euro im Monat.

○ Gibt es einen Bus in der Nähe?

● Nein, aber eine U-Bahn-Station.

○ Wann kann ich die Wohnung sehen?

● Kommen Sie doch heute Nachmittag ab fünf vorbei.

Dialog 2

● Stegmüller Immobilien, mein Name ist Rilke, guten Tag.

○ Witmer, guten Tag. Ich habe gerade Ihre Anzeige gelesen.

● Welche?

○ Ich interessiere mich für die Zweizimmerwohnung im Zentrum.

● Ja, Frau ...

○ Witmer.

● Ja, Frau Witmer. Die Wohnung ist noch frei. Möchten Sie sie sehen?

○ Wie hoch ist denn die Kaution?

● Zwei Monatsmieten.

○ Und gibt es noch andere Kosten?

● Na ja, die üblichen Nebenkosten ...

○ Wann kann ich vorbeikommen?

● Haben Sie heute um 15 Uhr Zeit?

Dialog 3

○ Bieler.

● Guten Abend, Herr Bieler. Ich heiße Raguet. Ist das Zimmer noch frei?

○ Es haben schon zwei Leute angerufen. Es ist eine Einzimmerwohnung mit separatem Eingang.

● Muss ich Kaution bezahlen?

○ Eine Monatsmiete.

● Wie lange braucht man von Lohmar in die Stadt?

○ Mit der S-Bahn 25 Minuten. Mit dem Auto eine halbe Stunde.

● Was sind die Nebenkosten?

○ Heizung, Wasser usw.

● Kann man in der Nähe parken?

○ Das ist kein Problem.

● Kann ich jetzt gleich vorbeikommen?

○ Heute geht es schlecht. Rufen Sie doch morgen früh noch einmal an, da ...

● Ja, aber ich brauche das Zimmer. Ich bin ...

2.26

Kapitel 11 – Was ist passiert?

1 Fünf Dialoge

Dialog A

● Was hast du am Wochenende gemacht?
○ Ich war in einem Rock-Konzert, „Pur im Park".
● Und, wie war's?
○ Super. Die haben über zwei Stunden gespielt – ohne Pause.

Dialog B

● Wo warst du gestern?
○ Ich war im Krankenhaus. Ich bin von der Leiter gefallen.
● Oh Gott, wie ist das denn passiert?
○ Ich hatte gestern Haushaltstag: Ich habe alles geputzt, gewaschen, Flaschen weggebracht und die Treppe gefegt. Dann habe ich noch die Fenster geputzt – na, was ist wohl passiert? Ich bin von der Leiter gefallen und habe mir den Arm gebrochen. Ich sag's ja: Hausarbeit ist Mord!

Dialog C

● Und was haben Sie am Wochenende gemacht, Herr Schuhmann?
○ Am Samstag habe ich lange geschlafen. Ich bin um elf aufgestanden und dann bin ich ins Schwimmbad gegangen. Danach habe ich Mittag gegessen und nachmittags bin ich noch zwei Stunden Rad gefahren. Dann habe ich meine Freundin besucht und dann ...
● Hoffentlich hört er bald auf. So genau will ich es doch gar nicht wissen.

Dialog D

● Oh, schaut mal Birsen hat einen Kuchen mitgebracht.
○ Was ist los? Hast du geheiratet?
■ Wen denn? Nein, ich hatte gestern Geburtstag.
Alle: He, super! Alles Gute! Wir gratulieren. Herzlichen Glückwunsch! Alles, alles Gute zum Geburtstag. Wie alt bist du?
○ Das fragt man doch nicht!
Alle: Zum Geburtstag viel Glück! Zum Geburtstag viel Glück! Zum Geburtstag, liebe Birsen, zum Geburtstag viel Glück!

Dialog E

● Wo ist eigentlich Helgi?
○ Die kommt sicher noch. Sie hat bestimmt verschlafen und den Bus verpasst.
■ Nein, die ist doch nach Wien gefahren. Sie hat schon eine Postkarte geschickt.

2.29

9 Das Fotoalbum von Swetlana Riesen

Ich heiße Swetlana Riesen. Ich bin 36 Jahre alt. Ich bin in Stadt Orenburg geboren, in Russland, am Ural, und ich lebe seit acht Jahren in Deutschland. Auf dem ersten Foto bin ich mit einem Jahr, und dazu ist meine Oma, meine Tante und meine ältere Schwester.
Das war im Winter '65. Nachher bin ich mit sechs Jahren zur Schule gekommen und auf diesem Foto ist ... typische russische Uni... Schuluniform. Und ich war zehn Jahre lang in der Schule. Nach der ... Schulabschluss habe ich mehrere Ausbildungen gemacht, als Erstausbildung war ... als Verkäuferin in der Stadt Tula. Nach fünf Jahren habe ich noch eine Umschulung gemacht als Straßenbahnfahrerin. Das war im Jahr '87. Und auf diesem Foto bin ich mit meine Schul... sozusagen Umschulkolleginnen und -kollegen da. Und nachher sind wir noch mal umgezogen nach Stadt Orenburg, d. h. zurückgekehrt. Und da wurde auch meine Tochter geboren, 1992. Und 1993 sind wir nach Deutschland umgesiedelt. Und am nächsten Foto, da sind wir schon in Minden. Das ist Benedictschule, wir hatten da einen Sprachkurs gemacht, sechs Monate lang. Und da hatten wir sehr viel Spaß gehabt und haben wir auch sehr viel gelernt.
Ich arbeite jetzt beim Altendorf-Aktivitätszentrum oder Altendorf-Stiftung. Und ich arbeite da seit zwei Jahren und ich bin als Büroangestellte da.

2.31 **12 Wiener Geschichten**

b

Helgi: Das weißt du doch, du Detektivin!
Carmen: Komm, erzähl mir deine Geschichte.
Helgi: Also, ich war im Riesenrad. Und er saß mir gegenüber. Und dann habe ich gefragt, ob er ein Foto von mir machen möchte – mit meinem Fotoapparat natürlich …
Carmen: Natürlich!
Helgi: Und dann hat es nicht funktioniert und ich habe ihm den Apparat erklärt. Wir haben viel gelacht …
Carmen: Und fotografiert …
Helgi: Willst du die Geschichte hören oder nicht?
Carmen: Doch, doch, erzähl mir mehr von ihm!
Helgi: Ja, und dann war die Fahrt mit dem Riesenrad zu Ende.

2.33 **d**

Helgi: Im Beisl hat er mich ganz lange angeschaut – und dann habe ich einfach seine Hand genommen und …
Carmen: … und er hat dich geküsst!
Helgi: Nein, nicht im Beisl! Wir waren am Abend im Burgtheater und sind danach zur Donau gefahren. Es war eine wunderbare Sommernacht. Und an der Donau …
Carmen: … hat er dich endlich geküsst!
Helgi: Ja, nein, ich habe ihn geküsst! Er ist so schüchtern. Alles war so wundervoll, Carmen. Er hat mich in seine Arme genommen und … He, Carmen wohin gehst du?
Carmen: Ich muss zum Bahnhof!
Helgi: Wieso?
Carmen: Ein Ticket kaufen. Ich muss am nächsten Wochenende nach Wien fahren!

Kapitel 12 – Das steht dir gut!

2.34 **1 Kleidung**

1
Im Büro trage ich einen Anzug mit Hemd und Krawatte. Auf dem Bau brauche ich immer meine Stiefel und einen Schutzhelm.

2
In der Bank trage ich einen Rock und Schuhe mit Absatz.

3
Am liebsten trage ich in der Freizeit Jeans und Sportschuhe.

4
Zu Festen trage ich immer meinen Anzug.

5
Die Kinder spielen Fasching. Erika trägt eine Strumpfhose als Mütze. Swen hat ein T-Shirt an und eine Männerunterhose.

6
Meine Winterausrüstung, Mütze, Anorak und Schal.

2.35 **3 Zu welchen Bildern passen die Texte?**

1
Ich heiße Lotte Lindemann und arbeite bei der Sparkasse. Gute Kleidung ist bei uns wichtig. Meistens trage ich eine Bluse, eine Jacke und einen Rock. In der Freizeit ziehe ich aber lieber Jeans und Hemden an.

2
Mein Name ist Thomas Lindemann. Ich bin Architekt. Im Büro trage ich meistens einen Anzug mit Hemd und Krawatte. Auf dem Bau ist Sicherheit sehr wichtig. Deshalb trage ich auf der Baustelle immer einen Schutzhelm und Arbeitsstiefel. Im Sommer trage ich auf der Baustelle manchmal auch nur ein T-Shirt.

3
Mein Mann und ich sind oft geschäftlich eingeladen. Dann trage ich gerne ein Kleid und meine Halskette. Thomas trägt meistens seinen Anzug. Zu Freunden gehen wir aber meistens ganz locker gekleidet.

2.36 4 Was trägst du wann?

Dialog 1
● Trägst du gern Jeans?
○ Nein, lieber Röcke oder Kleider, und du?
● Ich trage oft Jeans.

Dialog 2
● Was trägst du im Sommer?
○ Wo, in Deutschland?
● Ja.
○ Anorak, Pullover und Mütze! Nein, Quatsch! Im Sommer trage ich gern T-Shirts.

Dialog 3
● Trägst du bei der Arbeit Jeans?
○ Nein, da trage ich eine Arbeitshose.

2.37 6 Kleidung kaufen

Dialog 1
● Guten Tag, wo ist die Damenabteilung?
○ Im dritten Stock …
■ Kann ich Ihnen helfen?
● Ja, ich suche eine Bluse.
■ Blusen sind dahinten links.
● Danke …
● Entschuldigung, ich möchte diese Bluse anprobieren. Wo sind die Umkleidekabinen?
■ Gleich hier vorne rechts, neben dem Spiegel.
● Danke.

Dialog 2
○ Sind Sie hier zuständig?
● Ja, wie kann ich Ihnen helfen?
○ Mein Sohn braucht einen Anorak.
● Für den Winter?
○ Ja, schon warm, aber nicht zu warm.
● Welche Größe?
○ Das weiß ich nicht.
● Wie groß bist du?
■ Einen Meter 34.
● Dann schauen Sie mal dahinten … Na, gefällt dir der Anorak?
○ Ich glaube, der ist zu klein. Haben Sie den noch eine Nummer größer?
● Nein, aber ich hätte noch diesen hier.
■ Au ja, der ist super!
○ Ist das hier der Preis? 145 Euro?
● Ja, das ist Goretex.
○ Aber das ist mir viel zu teuer! Haben sie nicht einen billigeren?

Dialog 3
● Guten Tag. Mein Mann sucht einen Anzug.
○ Etwas „Festliches“ oder fürs Büro?
■ Eher fürs Büro. Ich bin Buchhalter, wissen Sie, und …
○ Welche Größe?
■ Keine Ahnung. Margot, welche Größe hab ich denn?
● Größe 52 oder 54, denke ich.
○ Dann können Sie erst mal hier vorne schauen.

Hörtexte im Arbeitsbuchteil

Index	Text
	Kapitel 1 – Hallo!

3.4 | **10 Kontinente**

1. Asien – 2. Südamerika – 3. Afrika – 4. Nordamerika – 5. Antarktis – 6. Australien – 7. Europa

3.5 | **11 Name**

● Wie heißen Sie?
○ Tokiko Ishihara.
● Der Vorname ist Tokiko?
○ Ja, Tokiko.
● Buchstabieren Sie bitte.
○ T – O – K – I – K – O.
● Und der Familienname?
○ Was ist das: „Familien…"?
● Tokiko ist der Vorname und Ishi…
○ Ishihara.
● Ja, das ist der Familienname. Buchstabieren Sie bitte.
○ I – S – H – I – H – A – R – A.
● Und Sie kommen aus Japan?
○ Nein, aus Brasilien.
● Brasilien?
○ Ja, wirklich!

Kapitel 2 – Wie geht's?

3.11 | **6 Welche Antwort passt?**

1. Kommst du aus Moskau?
2. Wie heißen Sie?
3. Was machen Sie in Deutschland?
4. Trinken Sie Kaffee?
5. Sprechen Sie auch Englisch?
6. Wo wohnst du?

3.12 | **10 Dialoge**

Dialog 1
● Und wo wohnst du?
○ In der Mozartstraße 12.
● Hast du Telefon?
○ Na, klar: 05 21, das ist Bielefeld, und dann 67 83 14.
● 05 21 / 67 83 14, o. k.?

Dialog 2
● Wie heißen Sie?
○ Toğrul Altıntas
● Haben Sie Telefon?
○ Ja, ein Handy. Die Nummer ist 01 71 / 9 45 67 89 und meine Adresse ist: Hegelstraße 23.
● Hegelstraße wie viel?
○ 23.
● Wie bitte?
○ 23.

Dialog 3
● Wo wohnst du jetzt, Brigitte?
○ Ich bin jetzt in Heidelberg.
● Hast du schon Telefon?
○ Ja. Die Nummer ist 25 88 37, und Heidelberg ist: 0 62 21.
● Also 0 62 21 / 25 88 37, und deine Adresse?
○ Äh, das ist die Kaiserstraße 46.

3.13 | **12 Mathematik**

1. Fünf mal fünf ist fünfundzwanzig.
2. Acht mal sieben ist sechsundfünfzig.
3. Sieben mal zehn ist siebzig.
4. Zwölf mal zwölf ist einhundertvierundvierzig.
5. Sieben mal dreiundzwanzig ist einhunderteinundsechzig.
6. Neunundneunzig mal zwei ist einhundertachtundneunzig.

Kapitel 4 – Wie spät ist es?

3.21 | **4 Uhrzeiten**

1

Turmuhr: 6 Uhr

2

Beim nächsten Ton ist es 13 Uhr 27 Minuten und 18 Sekunden. Beim nächsten Ton ist es 13 Uhr 27 Minuten und ...

3

● Wann macht die Bäckerei heute auf?
○ Sonntags immer erst um Viertel vor neun.

4

● Wie spät ist es genau?
○ Sieben Minuten nach drei!

5

● Wann beginnt der Unterricht?
○ Um halb neun.

6

● Wann kommen die Nachrichten im ZDF?
○ „Heute" kommt um 19 Uhr und „Heute Nacht" um 21 Uhr 45.

3.22 | **7 Diktat**

Um Viertel nach sechs klingelt der Wecker. Herr Schild steht auf. Dann duscht er, kocht Kaffee und geht zur Arbeit. Frau Schild schläft bis um acht Uhr. Dann duscht sie, frühstückt und liest die Zeitung. Um Viertel vor neun fährt Frau Schild ins Büro. Sie nimmt immer das Fahrrad. Herr Schild arbeitet von acht bis fünf. Dann kauft er ein und geht nach Hause. Frau Schild kommt um sechs nach Hause. Dann gibt es Abendessen.

Kapitel 5 – Haben wir alles?

3.31 | **10 Namen**

a

Möttler – Röllig – Behring – Schöne – Küsker – Miesam – Bühler – Lübermann

3.32 | **11 Vokale**

1. Ich übe am Dienstag und Mittwoch fünfzehn Minuten die Aussprache.
2. Natürlich frühstücke ich in München.
3. Wir essen viel Gemüse mit Olivenöl.

Kapitel 6 – Guten Appetit
Testtraining 2
3.36 4 Hörverstehen – Teil A

Situation 1: Ansage im Supermarkt

Verehrte Kunden! Die Grillsaison hat begonnen, deshalb für Sie im Angebot:
Schweinesteaks, gewürzt, je 100 Gramm 46 Cent. Ferner empfehlen wir Putensteaks, zart und saftig, das Kilo für nur 6 Euro. Und unsere Frischfleischtheke bietet Grillwürstchen, 10 Stück für nur 5 Euro. Unsere Gemüseabteilung hat heute spanische Tomaten, das Kilo für 1 Euro 70 für Sie im Angebot. Dazu passt aus unserer Kühltheke Mozzarella Valgrande, die 125-g-Packung für nur 52 Cent! Und in unserer Getränkeabteilung bieten wir Ihnen Harzburger Mineralwasser, den Kasten mit zwölf Liter-Flaschen ... Entschuldigung, ich korrigiere mich: den Kasten mit zwölf Einliterflaschen für nur 9 Euro. An unserer Kuchen...

Situation 2: Im Restaurant

Kellner: Guten Tag, Sie wünschen?
Vater: Habt ihr schon gewählt?
Tochter: Nö, noch nicht.
Sohn: Ich nehme eine Cola.
Mutter: Nein, keine Cola, einen Saft!
Sohn: Mensch ... O. k. einen Orangensaft.
Tochter: Ich auch.
Vater: Ich nehme ein Bier – und du, Schatz?
Mutter: Haben Sie trockenen Weißwein?
Kellner: Ja, den Trollinger.
Mutter: Aber das ist Rotwein!
Kellner: Ach so?
Mutter: Ich nehme den Riesling.
Sohn: Ich nehme die Pizza!
Tochter: Ich auch!
Kellner: Welche Pizza? Wir haben ...
Sohn: Pizza „Vier Jahreszeiten“.
Tochter: Die nehm ich auch. Dauert das lange?
Vater: Nein, nein. Also ich nehme zuerst die Tomatensuppe und dann Wiener Schnitzel.
Kellner: Oh, 'tschuldigung. Das Wiener Schnitzel ist aus.
Vater: Wie bitte?
Kellner: Wir haben kein Schnitzel mehr.
Vater: Schade. Dann nehme ich das Steak, mit Pommes.
Tochter: Pommes möchte ich auch!
Mutter: Keine Pizza? Möchtest du lieber Pommes?
Tochter: Ja, Pommes, Pommes! Mit viel Ketchup!
Mutter: Meinetwegen. Und ich nehme einen kleinen Salat und dann das Risotto.
Kellner: Also das waren ...

3.37 5 Hörverstehen – Teil B

35

● Wie viel kostet die Nähmaschine?
○ 60 Euro.

36

● Was möchten Sie essen? – Ein Schnitzel mit Pommes?
○ Nein, das Wiener Schnitzel mit Salat bitte.

37

● Wie heißen Sie?
○ Scherling.
● Wie schreibt man das?
○ S – C – H – E – R – L – I – N – G.

38

● Wie lange arbeitest du?
○ Nur zwei Stunden am Tag. Ich fange um 9 Uhr an und gehe um 11 nach Hause.

3.38 6 Minidialoge A

39. Möchten Sie noch ein Mineralwasser?
40. Zahlen Sie getrennt oder zusammen?
41. Alle Bücher zusammen nur 34 Euro. Ist das o. k.?

3.39 7 Minidialoge B

42. Wann stehen Sie auf?
43. Wo arbeiten Sie?
44. Wie viel Uhr ist es?
45. Wie lange arbeitest du pro Tag?

Kapitel 7 – Willkommen in Bielefeld

3.41 4 Diese Laute sprechen Sie „hart".

1. Das Museum ist montags geschlossen.
2. Die Tickets verkaufen wir montags bis freitags.
3. Montag und Donnerstag ist Markt.
4. Am Samstag ist Flohmarkt.
5. Tut mir Leid, aber der Bus fährt nach Bethel.
6. Der Bus fährt hier um sieben Uhr siebzehn ab.

3.42 7 In der Stadt

1. Entschuldigung, wo ist das Rathaus?
2. Muss ich umsteigen?
3. Was kostet der Brief?
4. Wann ist das Fußballspiel?
5. Wie lange ist das Bad geöffnet?
6. Entschuldigung, sind Sie von hier?
7. Kann ich hier parken?

Kapitel 8 – Ich arbeite bei der Spedition Höhne

3.43 2 Textzusammenfassung

Bei der Spedition Höhne arbeiten viele Menschen. Sabine Schütz ist Informatikerin. Sie hilft den Kollegen bei Problemen mit den Computern. Die Arbeit macht Spaß. Sie kann selbständig arbeiten und sie hat Gleitzeit. Manchmal muss sie am Wochenende arbeiten. Sie verdient ganz gut. Alvaro Peneda arbeitet nicht bei der Firma Höhne. Er ist Elektriker. Herr Peneda muss früh aufstehen. Im Winter findet er das manchmal hart. Alvaro arbeitet 35 Stunden in der Woche. In fünf Jahren will er eine eigene Firma haben. Frau Mladic ist eigentlich Verkäuferin, aber jetzt arbeitet sie bei einer Zeitarbeitsfirma. Sie putzt zurzeit die Büros bei der Firma Höhne. Sie mag die Arbeit nicht sehr. Die Bezahlung ist nicht gut und die Arbeitszeit wechselt oft. Ihr Mann möchte gern nach Amerika, aber sie und die Kinder wollen hier bleiben.

3.44 5 Welchen Laut hören Sie?

1 Achlaut oder „k"?
aufwachen, Markt, machen, wecken, Woche, brauchen, Buch

2 Ichlaut oder „sch"?
Deutsch, billig, schlecht, natürlich, Sprache, aufstehen, manchmal

3.46 11 Arbeitsplätze

1
Hallo, mein Name ist Petra Pause. Ich arbeite bei der Firma Siemens als Informatikerin. Ich arbeite 35 Stunden in der Woche. Von Montag bis Donnerstag immer von neun Uhr bis 17.30 Uhr. An diesen Tagen mache ich eine Stunde Mittagspause. Am Freitag arbeite ich von acht Uhr bis ein Uhr, da mache ich keine Pause, ich bin lieber früher zu Hause. Das Gehalt ist o. k. Ich bekomme so 2.200 Euro im Monat, netto. Ich habe 28 Tage Urlaub pro Jahr und mache nie Überstunden. Unser Team ist sehr nett und die Arbeit gefällt mir. Manchmal möchte ich eine Weiterbildung machen, aber das ist sehr anstrengend.

2
Ich heiße Rolf Benitz. Ich bin Taxifahrer. Ich arbeite oft nachts, wir haben eine kleine Tochter. Manchmal fahre ich zwölf, dreizehn Stunden. Dann verdiene ich gut, so 2.500 bis 2.800 Euro im Monat. Das ist der Preis für die vielen Überstunden. Einmal im Jahr machen wir richtig Urlaub, drei Wochen ans Meer mit der Familie. Lange mache ich den Job nicht mehr. Vielleicht mache ich eine Umschulung, was Praktisches, Schreiner oder so.

3
Ich bin Anne Reimann. Ich bin Köchin im Hotel „Vier Jahreszeiten". Ein richtiger Traumberuf! Zumindest für mich. Ich arbeite 38 Stunden in der Woche, manchmal auch am Wochenende für Partys oder Feste. Das macht Spaß, da kochen wir etwas Besonderes. Und die Überstunden werden gut bezahlt. Im Durchschnitt bekomme ich 2.400 Euro im Monat. Und dann habe ich 24 Tage Urlaub im Jahr, aber ich habe noch Urlaub vom letzten Jahr, ich arbeite lieber. Später möchte ich mein eigenes kleines Restaurant …

Kapitel 9 – Gesund und fit

3.48 3 Aussprache von Pluralendungen

Fahrräder – Feste – Freunde – Kinder – Konzerte – Filme – Männer – Länder – Finger – Beine – Häuser – Rezepte – Ärzte – Gläser – Schränke – Wecker – Arme – Messer

3.49 5 Was tun Sie für Ihre Gesundheit? Drei Interviews.

Interview mit Herrn Graf:
Also, ich rauche nicht mehr. Äh, schon seit fast zwei Jahren, ja. Und jeden Samstag gehe ich schwimmen. In meinem Job sitze ich jeden Tag acht Stunden, das ist nicht gut für den Rücken.
Meistens fahre ich mit dem Rad ins Büro, wenn das Wetter schön ist. Und in den Ferien mache ich mit meiner Frau lange Wanderungen. Ich glaube, ich lebe schon gesund.

Interview mit Herrn Heim:
Man ist gesund oder man ist nicht gesund. Ich komme aus einer gesunden Familie. Also, äh, extra mache ich nichts für meine Gesundheit. Ich schlafe viel und … Ja, und so modernes Fast Food esse ich auch nicht, das ist bestimmt ungesund. Und kein Stress! Ich glaube, der Stress macht die Menschen krank.

Interview mit Frau Thielen:
Das Wichtigste ist eine gesunde Ernährung! Wir haben einen kleinen Garten und essen viel frisches Gemüse. Wir sind aber keine Vegetarier. Ich trinke wenig Alkohol und rauche nicht. Und im Haushalt habe ich sowieso viel Bewegung. Ach ja, jeden Morgen laufe ich eine halbe Stunde mit Luka, das ist unser Hund.

Testtraining 3

3.51 **2 Hörverstehen – Teil A**

11
Die nächste Straßenbahn ist die 5. Äh, jetzt ist es fünf nach zwei. Die Linie 5 kommt um 15 ... ja in zehn Minuten.

12
Hallo, Maria. Ich weiß jetzt meine Zugverbindung. Ich fahre hier um zwei los und bin dann um 22 Uhr 52 in Bielefeld.

13
Guten Morgen, äh, die Frau Schütz ist heute nicht da. Sie verstehen doch auch was von Computern, können Sie mal in die Buchhaltung gehen, da gibt es ein Problem.

14
Ja, also, diese Woche dürfen Sie nicht mehr arbeiten gehen. Meine Sprechstundenhilfe schreibt Ihnen eine Krankmeldung bis Freitag und dann kommen Sie noch mal zu mir.

3.52 **3 Hörverstehen – Teil B**

15
● Wie viel kostet der Computer?
○ 916 Euro.

16
● Wie heißen Sie?
○ Buselmayer.
● Buchstabieren Sie bitte Ihren Namen.
○ B – U – S – E – L – M – A – Y – E – R.

17
● Wie lange dauert es bis zum Zentrum?
○ Eine Viertelstunde. Es sind acht Stationen.

18
● Um wie viel Uhr ist „Citizen Cane“ zu Ende?
○ Um Viertel nach acht fängt es an und ... ja, um 22 Uhr 15 ist er zu Ende.

19
● Mann, ich brauche dringend Urlaub!
○ Wie viel Urlaub hast du noch? Noch drei Wochen?
● Nein, das ist es ja, ich hab nur noch drei Tage.

3.53 **4 Minidialoge – Teil A**

20. Wann fährt der letzte Bus zum Bahnhof?
21. Guten Tag, Herr Kölmel, wie geht es Ihnen?
22. Möchtest du noch etwas essen?

3.54 **5 Minidialoge – Teil B**

23. Das Fahrrad kostet 560 Euro.
24. Möchten Sie noch einen Nachtisch?
25. Ich möchte gerne mit Frau Schütz sprechen.

3.57 **Kapitel 11 – Was ist passiert?**

6 Zwei Interviews

Interview mit Herrn Lenczak:
Vor fünf Jahren habe ich bei der Firma Schubach aufgehört. Ich war Lastwagenfahrer. Immer auf Baustellen und so. Das hat mir nicht gefallen. Dann habe ich einen Kurs gemacht und seitdem arbeite ich als Taxifahrer in einem großen Betrieb in der Stadt. Ich verdiene jetzt auch mehr und die Arbeit ist o. k. Man kommt mit vielen Menschen in Kontakt.
Ich lebe allein und arbeite von Mittwoch bis Sonntag. Ich hole den Wagen so um 14 Uhr und dann fahre ich bis 22 Uhr, manchmal auch bis Mitternacht. Hannover ist eine Messestadt und wir haben das ganze Jahr viele Gäste. Doch, ich arbeite gerne als Taxifahrer.

Interview mit Frau Fenzel:
Mein Dienst beginnt jeden Morgen um 6 Uhr. Zuerst machen wir eine Teambesprechung und dann wecke ich die kleinen Patienten auf der Station. Und dann das Übliche: waschen, Medikamente verteilen, Fieber messen, Frühstück verteilen, Betten machen ... Ich arbeite in der chirurgischen Abteilung. Da haben wir viele Unfall-Patienten. Das ist manchmal ganz schlimm. Um kurz vor acht kommen dann die Ärzte zur Visite.
Um drei Uhr endet mein Dienst und ich habe den Nachmittag Zeit für meine Kinder. Am Wochenende mache ich manchmal Notdienst oder Vertretung für eine Kollegin, aber nicht sehr oft. Ich bin gerne Kinderkrankenschwester. Leider verdient man als Krankenschwester ziemlich schlecht.

3.59

10 Wie schreibt man die Endungen?

seiner – meine – ein – meiner – sein – welche – euer – ihre – unser – dein – welcher – deine – ihr – sein – eine – welche

3.60 **Kapitel 12 – Das steht dir gut!**

2 Interviews

Thomas Urich
Guten Tag! Mein Name ist Thomas Ulrich. An meinem Arbeitsplatz muss ich immer korrekt gekleidet sein. Ich arbeite in einer Bank, am Schalter. Meistens trage ich einen Anzug, weißes Hemd und Krawatte. Aber in meiner Freizeit ziehe ich gerne bequeme Kleidung an: Jeans, T-Shirt, Pulli. Jeans trage ich am liebsten. Ja, und Hüte trage ich nie. Ich hasse Hüte!

Karin Nolte
Mein Name ist Karin Nolte. In der Arbeit hab ich immer einen Overall an. Ich bin Kfz-Mechanikerin, da ist ein Overall am besten, wegen dem Öl und so. Aber in der Freizeit ziehe ich mich gerne schick an: Kleid oder Rock und Bluse, immer nach der neuesten Mode. Ja, und zu Hause hab ich am liebsten meinen Jogginganzug an, der ist so schön bequem. Hm, ach ja, Schmuck trage ich nie!

Berhard Schmitt
Schmitt, mein Name. Bernhard Schmitt. Ich trage in der Freizeit eigentlich die gleichen Sachen wie bei der Arbeit: Hose und Jackett passt immer. Ich mag keine Jeans oder modische Sachen. Ich bin bei der Kleidung ein bisschen konservativ. Die Farben sollen eher dunkel sein und zueinander passen. Kurze Hosen oder Trainingsanzüge trage ich nie! Und Sandalen mag ich auch nicht. Aber ich trage gerne Strickjacken.

Silke Klein
Hallo, ich bin Silke Klein. In meiner Freizeit ziehe ich mich gerne flippig an: bunte T-Shirts, lange Röcke, Schals und komische Hüte. Im Büro trage ich Rock und Bluse! Ich liebe gute Kleidung. Ich arbeite als Empfangssekretärin in einer großen Firma, da brauche ich ein gutes Outfit. Oft trage ich auch Jeans und weite Pullover. Am wenigsten mag ich Kostüme, Rock und Jacke in gleicher Farbe, so etwas trage ich nie.

3.63 Testtraining 4

2 Hörverstehen – Teil A

11
Also, ich schreibe Ihnen hier ein Rezept. Das ist eine Art Penizillin. Nehmen Sie die Tropfen dreimal täglich nach dem Essen. Sie dürfen keinen Alkohol trinken und auch keine Milch.

12
Hallo, Olga. Ich mache am Samstag in einer Woche eine Party. Die neue Wohnung habe ich noch nicht. Wir feiern meinen Geburtstag noch in der alten. Die Adresse hast du ja noch, oder?

13
Guten Morgen, Herr Kölmel. Wir haben ja letzte Woche über ihr Gehalt gesprochen. Sie möchten 200 Euro mehr im Monat? Herr Kölmel, das ist viel Geld. Aber Sie sind jetzt schon drei Jahre in der Firma und deshalb kann ich Ihnen 80 Euro pro Monat mehr bezahlen. Wie finden Sie das?

14
Meine Damen, bitte besuchen Sie auch unsere Spezialabteilung im dritten Stock. Dort finden Sie heute Kinderkleidung und Damenblusen bis zu 50 % billiger.

3.64

3 Hörverstehen – Teil B

15
● Wie viel zahlst du für die Wohnung?
○ Die Miete ist 590 und dazu noch 43 Euro Nebenkosten. Zusammen 633.

16
● Seit wann lebst du in Deutschland?
○ Zuerst habe ich in Österreich gewohnt. Seit einem Jahr bin ich jetzt hier in Deutschland.

17
● Welche Größe suchen Sie?
○ Hm, ich weiß nicht genau. Entweder 34 oder 36.

18
● Wann bist du heute aufgestanden?
○ Mann, es war unheimlich spät gestern, ich bin erst um Viertel vor drei ins Bett. Und heute dann um 6 Uhr 45 raus. Das war echt hart, Mann.

19
● Was kostet der Mantel?
○ Normal 125 Euro, aber der ist im Angebot für 105.

3.65

4 Minidialoge – Teil A

20. Die Bluse steht Ihnen sehr gut.
21. Guten Tag, Frau Strelzig, was macht das Bein?
22. Sie können die Wohnung morgen früh ansehen.

3.66

5 Minidialoge – Teil B

23. Diese Krawatten kosten alle zwischen 30 und 60 Euro.
24. Ich habe einen Termin für Sie – am Mittwoch, um 8 Uhr 30.
25. Wohnen Sie schon lange hier?

Literaturhinweise

- Goethe-Institut Inter Nationes, Ständige Konferenz der Kulturminister der Länder in der Bundesrepublik Deutschland, Schweizerische Konferenz der Kantonalen Erziehungsdirektoren, Österreichisches Bundesministerium für Bildung, Wissenschaft und Kultur (Hrsg). Gemeinsamer europäischer Referenzrahmen für Sprachen: lernen, lehren, beurteilen. Berlin u. a.: Langenscheidt 2001.
- Schwerdtfeger, Inge C. Gruppenarbeit und innere Differenzierung. (Fernstudieneinheit 29 des Fernstudienangebots Deutsch als Fremdsprache und Germanistik). München: Goethe-Institut Inter Nationes, Langenscheidt 2001.
- Dieling, Helga u. Ursula Hirschfeld. Phonetik lehren und lernen. (Fernstudieneinheit 21 des Fernstudienangebots Deutsch als Fremdsprache und Germanistik). München: Goethe-Institut Inter Nationes, Langenscheidt 2000.
- „Aussprache“. Fremdsprache Deutsch: Zeitschrift für die Praxis des Deutschunterrichts 12. Hg. vom Vorstand des Goethe-Instituts, Hans-Jürgen Krumm und Gerhard Neuner. München: Klett Edition Deutsch 1995.
- Jung, Lothar. 99 Stichwörter zum Unterricht Deutsch als Fremdsprache. Ismaning: Max Hueber Verlag 2001.
- Kleinschroth, Robert. Sprachen lernen. Der Schlüssel zur richtigen Technik. 2., vollständ. überarb. u. erw. Aufl. Reinbek: Rowohlt 2000.
- Glaboniat, Manuela u. a. Profile deutsch. Lernzielbestimmungen, Kannbeschreibungen und kommunikative Mittel für die Niveaustufen A1, A2, B1 und B2 des „Gemeinsamen europäischen Referenzrahmens für Sprachen“. Berlin u. a.: Langenscheidt 2002.

Quellenverzeichnis

S. 138 Kopiervorlage 1a: Weltkarte: M. Frank

S. 143 Kopiervorlage 3c: Wörterbuchauszüge: Langenscheidts Großwörterbuch Deutsch als Fremdsprache. Hg. von Prof. Dr. D. Götz, Prof. Dr. G. Haensch und Prof. Dr. H. Wellmann. Berlin und München: Langenscheidt 2001

S. 151 Kopiervorlage 7a: Stadtplan: Kartengrundlage City – Plan, vervielfältigt mit Genehmigung des Vermessungs- und Katasteramtes der Stadt Bielefeld vom 06.12.2001 Nr. 5/01

S. 154 Kopiervorlage 7g: Stadtplan: Polyglott-Verlag, München